Regras de concorrência

no Direito Internacional Moderno

C393r Celli Júnior, Umberto
Regras de concorrência no Direito Internacional moderno / Umberto Celli Júnior. — Porto Alegre : Livraria do Advogado, 1999.
252 p.; 16 x 23 cm.

ISBN 85-7348-111-0

1. Direito da concorrência. 2. Direito Internacional. 3. Direito Comunitário. 4. Mercado Comum. 5. Subsídios governamentais. I. título.

CDU 339.13

Índices para catálogo sistemático

Direito Internacional
Direito Comunitário
Mercado Comum
Direito de concorrência
Subsídios governamentais

(Bibliotecária responsável: Marta Roberto, CRB 10/652)

Umberto Celli Junior

Regras de Concorrência
no Direito Internacional Moderno

Porto Alegre 1999

Capa, projeto gráfico e composição
Livraria do Advogado / Valmor Bortoloti

Revisão
Rosane Marques Borba

Livraria do Advogado Ltda.
Rua Riachuelo, 1338
90010-273 Porto Alegre RS
Fone/fax (051) 225-3311
E-mail: livadv@vanet.com.br
Internet: www.liv-advogado.com.br

Impresso no Brasil / Printed in Brazil

Dedico este livro a meus pais,
Neyde e *Umberto*, minha esposa
Heloisa, e meus filhos
Daniel e *André.*

Gilberto Castor Marques, in memoriam.

Agradeço especialmente aos Professores
Luiz Olavo Baptista e
Guido Fernando Silva Soares,
pela valiosa orientação, e à
Professora *Maristela Basso* pelo
inestimável apoio na publicação
deste livro.

Prefácio

O tema da globalização tem servido de desculpa a toda a sorte de discursos, o dos populistas ao dos interessados, mas sobretudo o dos desinformados. Tudo é tratado à base de *slogans*, frases feitas (e de efeito), e a realidade é relegada ao segundo plano, ignorada e menosprezada.

Sem sombra de dúvida, neste final de século assistimos a fenômenos que, pela sua escala, parecem novos. Entretanto, são tão antigos quanto a expansão marítima e colonial da Europa. Também se ouve o rufar dos tambores de uma postura ideológica segundo a qual a economia deve estar livre de qualquer controle social e político. De outro lado, soam os clarins do populismo que procura demonizar e caricaturar a realidade, furtando-se de análises mais profundas e da mínima reflexão. Há, de ambos os lados charlatanice, absurdos, ledo engano ou má-fé.

A realidade é que a economia é um sistema, criado pelo homem e a seu serviço, e como este, sujeito ao direito.

Entre o querer que cessem as intervenções inadequadas do Estado, que se mudem os modos ineficazes de gestão social, enfim, querer menos Estado, e o afirmar que os mercados devem se auto-regular sem intervenção externa, vai uma grande distância.

A última afirmação é a repetição das teorias, superadas há séculos, do capitalismo histórico. A elas vieram se superpor, corrigindo-as o liberalismo e o socialismo, teorias irmãs, ainda que aparentemente opostas.

Cada uma destas visões políticas propugnava um papel para o Estado como regulador da economia, variando o modo e o grau da sua ação. Com toda a razão, exigiram algum controle, como os fatos o demonstraram no curso dos tempos.

Qualquer leitor da história moderna recordará o caos econômico e político que se instaurou do fim do século passado ao início deste, porque se acreditou que o mercado poderia se auto-regular. A Primeira Grande Guerra, os regimes totalitários, os nacionalismos exacerbados, as formas de populismo de esquerda e direita mais reacionárias foram frutos dessa visão.

Hoje, mesmo ao examinarmos a movimentação financeira internacional, vamos observar que dos países em desenvolvimento só escaparam de ataques especulativos aqueles que puderam se premunir de medidas de controle dos capitais – como estamos fazendo agora ao Brasil. Pode-se afirmar com certeza de que é o crescimento com a estabilidade da moeda e das instituições que atrai o capital, e este virá em investimentos produtivos, e não em atividades especulativas. A ameaça para a humanidade não é a mundialização da economia, mas, sim, a liberdade sem freios de circulação dos capitais e dos mecanismos financeiros utilizados. A liberdade no comércio de bens, evitadas as distorções que afetam o mercado, ao contrário, é benéfica.

Nos dois casos, impõe-se a presença de uma regra de direito, de uma regulação protetora dos interesses da humanidade e da sociedade. Essa é a razão do primado do político sobre o econômico.

Outra distinção que é preciso fazer, a bem de uma visão realista do mundo, é entre mundialização (ou globalização) e sociedade da informação. A economia mundializada vale-se de recursos da sociedade de informação, as empresas tornando-se mediadoras entre os mundos dos mercados e o das tecnologias como apontavam Robert Reich e Manuel Castells.

Isso mostra que as escolhas políticas ainda têm seu lugar, destruindo os mitos dos adeptos do mercado sem freios e os discursos dos populistas denuncistas que nada constroem.

É porque há escolhas políticas, e é porque é preciso controlar os mercados que temos que aperfeiçoar o nosso sistema de controle contra os abusos de poder econômico. Justamente é esse o propósito do livro de Umberto Celli que estou prefaciando, uma obra muito oportuna e bem situada.

É ela uma reflexão de jurista de bom-senso, capaz de ver a realidade e compreender a necessidade do controle dos atos de concorrência para assegurar que o mercado funcione sem distorções.

Há obras que são oportunas em razão da hora em que aparecem; outras por causa do tema; outras, ainda, pelo que anunciam de novo, abrindo caminhos. Este trabalho de Umberto Celli é oportuno por todas essas razões.

Vem às livrarias numa época em que o controle dos abusos de poder econômico no Brasil começam a ser tratados com seriedade. Do CADE adormecido dos primeiros anos, passando pelas turbulências do período subseqüente à redemocratização, neste último lustro, a SDE e o CADE passaram a ter uma atuação que é, ao mesmo tempo, mais efetiva e menos ideológica.

O livro também é oportuno, pois oferece uma visão crítica e sintética das práticas de defesa econômica da União Européia, mesclando a história de sua evolução com o panorama atual de modo muito equilibrado. A oportunidade dessa demonstração reside justamente no fato de que um sistema jurídico aparentado ao nosso – romano-germânico – cuida de um tema até então reservado ao sistema da *common law*. Dessa forma, aponta os pontos frágeis e fortes da construção feita na Europa, que servirão de roteiro para que evitemos certos problemas, e, porque não, repitamos as boas soluções.

Também é um texto oportuno porque mostra que o abuso de poder econômico não reside só nas concentrações horizontais, mas também nas verticais (fato que parece ser ignorado na prática brasileira). Este aspecto é muito importante, pois estamos vivendo uma fase de aquisição de empresas brasileiras por sociedades estrangeiras, e em certos setores, como o automobilístico, as práticas mais desaconselháveis vêm acontecendo sem que nenhuma reação se esboce. A montadoras adotaram o método do produto universalizado, e a este pretexto poucas companhias – as denominadas integradoras – passaram a dominar internacionalmente o mercado de auto-peças, concentrando-se em perigoso oligopólio, sem qualquer exame ou oposição por parte do CADE. Exemplos como o das grandes produtoras brasileiras de auto-peças, COFAP, Metal Leve, Varga e tantas outras, hoje divisões de alguma empresa em posição dominante no cenário mundial, passaram em branco. A exigência das montadoras de que não haja senão um ou dois fornecedores universais (e não produtos universais como seria de desejar) leva a uma situação que os bons manuais de direito antitruste teriam classificado como inaceitáveis.

O fato de que na Europa também se haja examinado a ocorrência de medidas violadoras da livre concorrência por parte de Estados é outro aspecto que precisaríamos estudar melhor, tendo em vista a nossa zona aduaneira comum, o Mercosul.

A problemática do controle dos subsídios – objeto de regulamentação detalhada na OMC, tem características especiais dentro de espaços econômicos regionais, como mostra bem o Autor no capítulo V deste livro.

A oportunidade da obra fica então evidente, e a ela se alia a competência com que o tema foi tratado.

Não posso usar os adjetivos elogiosos que desejaria e que a obra merece, porque Umberto Celli foi meu orientando, e este livro decorre de sua tese de doutorado. Posso, entretanto, depor em favor da seriedade e dedicação com que se atirou ao trabalho, posso também contar que é alguém que sabe sustentar suas opiniões com denodo, mas que ao ser-lhe demonstrado que o caminho que segue não estaria correto, muda de idéia com inteligência, aceitando servir à verdade, e não à vaidade. Aliás, a par de sua cultura e inteligência, a modéstia é traço dominante em seu caráter. Devo acrescentar que os diálogos que mantivemos durante todo o tempo em que escreveu este trabalho foram sempre cordiais, apesar de muitas vezes termos pontos de vista que não coincidiam, o que permitiu a cada um de nós ver as razões do outro e compreendê-las. Nesses diálogos, aprendi a apreciar a inteireza do pensamento de Umberto Celli e me afeiçoei a ele, como tem ocorrido com meus orientandos. Por isto seu pedido de um prefácio me comoveu e honrou.

Só me resta formular um voto, auto-realizável: o de que a obra faça sucesso nas livrarias, o que verei com grande prazer.

Luiz Olavo Baptista

Professor Titular da Faculdade de Direito da USP

Sumário

Siglas e breviaturas

CDE	Cahier de Droit Européen
CMLRev.	Common Market Law Review
CMLR	Common Market Law Reports
Comissão	Comissão das Comunidades Européias
Conselho	Conselho de Ministros das Comunidades Européias
ECLR	European Competition Law Review
ECR	European Court Reports
ELRev.	European Law Review
FCLI	Fordham Corporate Law Institute
FILJ	Fordham International Law Journal
GATT	General Agreement on Tariffs and Trade
ICLQ	International Comparative Law Quarterly
JBL	Journal of Business Law
JT	Journal des Tribunaux
Mercosul	Mercado Comum do Cone Sul
MLR	Modern Law Review
OJ	Official Journal of the European Communities
OMC	Organização Mundial do Comércio
Parlamento	Parlamento Europeu
RMC	Revue du Marché Commun
RTDE	Revue Trimestrielle de Droit Européen
Tratado	Tratado de Roma (1957) / Tratado da Comunidade Européia
Tribunal	Tribunal de Justiça das Comunidades Européias
ULR	Utilities Law Review
YJIL	The Yale Journal of International Law
YLJ	The Yale Law Journal

Introdução

Entre as inúmeras rupturas institucionais nas estruturas jurídicas do Estado geradas pelo convencionalmente denominado fenômeno da globalização econômica, destaca-se, sem dúvida, como pondera *José Eduardo Faria*, o esvaziamento da soberania e da autonomia dos Estados nacionais.[1] Ao longo do tempo, uma nova concepção de soberania, embasada na crescente aceitação de uma ordem jurídica supranacional, foi-se sobrepondo ao conceito clássico-tradicional que teve sua origem na necessidade de consolidação da territorialidade do Estado moderno.

Pode-se afirmar que essa nova concepção de soberania é um desdobramento contemporâneo da visão grociana que traz subjacente a idéia da interdependência e do funcionalismo que limitam seu alcance por força da construtiva reciprocidade de interesses comuns. Esses interesses comuns, como lembra *Celso Lafer*, encontram seu exemplo mais desenvolvido e adiantado na Comunidade Européia, a qual, a caminho da conformação de uma União Européia, se constitui em uma experiência sobretudo econômica de integração, caracterizada pela delegação de competências das soberanias a instituições supranacionais.[2]

Os Tratados que instituíram as Comunidades Européias permitiram a formação gradativa de uma nova ordem supranacional, na qual a aplicação de normas jurídicas passou a estar sujeita a um Tribunal de Justiça, com a primazia do Direito Comunitário sobre o direito interno de cada Estado-Membro. Trata-se, pois, de um novo fenômeno das relações internacionais.

Para melhor conhecer esse novo fenômeno das relações internacionais, realizamos pesquisa na Faculdade de Direito da Universidade de Nottingham, Inglaterra, onde, portanto, a maior parte deste estudo foi escrita.

Muito embora, como se sabe, nos Tratados que instituíram as Comunidades Européias, não se tenha consagrado oficialmente a adoção do sistema da *common law*, a prática tem demonstrado que a evolução do processo de integração deve-se, em larga medida, à existência do controle

1 Cf. José Eduardo Faria, *Direito e Globalização Econômica*, José Eduardo Faria org., São Paulo, Malheiros Editores, 1996, Introdução, p. 11.

2 Ver Celso Lafer, *Desafios: ética e política*, São Paulo, Siciliano, 1995, p. 233.

jurisdicional supranacional exercido pelo Tribunal. Outro não poderia ser, pois, o enfoque analítico das Comunidades utilizado pelos pesquisadores ingleses, acostumados que estão com o sistema da *common law*.

Assim, não coincidentemente, uma parte significativa das análises feitas na Inglaterra sobre as Comunidades tem como apoio básico o farto material jurisprudencial emanado das decisões do Tribunal. Esse fato acabou por reforçar a convicção que já possuíamos sobre a importância do controle jurisdicional em qualquer processo de integração. Como, por formação, sempre preferimos trabalhar com a norma jurídica vista do prisma sociológico da eficácia, não nos foi difícil estabelecer, desde logo, que nosso estudo, qualquer que fosse seu objeto, teria de se ocupar com o exame dos resultados alcançados pelo processo de integração europeu por meio da evolução da jurisprudência do Tribunal.

Conforme salientado acima, o aspecto revolucionário desse processo de integração reside exatamente na transferência de soberania a instituições de caráter supranacional. Ora, não há nada mais complicado para um Estado do que delegar decisões de política econômica. Aliás, como bem reflete *Rubens Ricupero*, haverá sempre uma tensão dialética entre a propensão de que as economias se tornem cada vez menos nacionais e mais regionalizadas ou globalizadas, de um lado, e a afirmação, na tomada de decisões, da base nacional e soberana em que se fundamenta a organização política dos Estados, do outro.[3]

Esse tipo de dificuldade ou tensão dialética é claramente encontrável no âmbito do Direito da Concorrência. Daí a decisão de limitar o objeto deste estudo às regras de concorrência da Comunidade. Com efeito, não se pode ignorar que a mais importante parte da jurisprudência comunitária é relativa ao Direito da Concorrência, mais especificamente da aplicação dos artigos 85 e 86 do Tratado.

O princípio da livre concorrência, como dizem *Green, Hartley e Usher*, *"lies at the heart of the Community's economic order"*.[4] Tanto é verdade que o artigo 3(f) do Tratado, que passou a ser 3(g) com as modificações introduzidas pelo Tratado da União Européia, estabelece, como objetivo da Comunidade, a instituição de um sistema que assegure que a concorrência não seja falseada. Note-se também que o próprio Tratado da União Européia reitera, em seu artigo 130, a importância da livre concorrência, ao dispor que o objetivo de assegurar as condições necessárias à existência da competitividade industrial na Comunidade, não deverá, em nenhuma hipótese, afetar ou distorcer a livre concorrência.

[3] Cf. Rubens Ricupero, *Visões do Brasil (ensaios sobre a história e a inserção internacional doBrasil)*, Rio de Janeiro/São Paulo, Ed. Record, 1995, p. 110.

[4] Ver Green, Hartley e Usher, *The Legal Foundations of the Single European Market*, Oxford, Oxford University Press, 1991, p. 197.

Os objetivos básicos do Direito da Concorrência da Comunidade, vale ressaltar, estão inextricavelmente ligados aos artigos 3°, referido, acima, e 2°, que, fundamentalmente, explicitam os princípios gerais do Tratado. O artigo 2°, com a nova redação que lhe foi dada pelo Tratado da União Européia, dispõe, *inter alia*, sobre a necessidade de alcançar-se um elevado padrão de qualidade de vida e uma equilibrada e harmoniosa expansão de suas atividades econômicas. Isso equivale a dizer que todas as restrições de caráter governamental, como, por exemplo, as barreiras tarifárias e a imposição de quotas de importação, devem ser abolidas. A abolição dessas restrições governamentais seria por si só ineficaz se pudesse ser substituída pela criação de cartéis, por meio dos quais os mercados internos de cada um dos Estados-Membros, no dizer de *Valentine Korah*, ficassem "preservados" de qualquer concorrência dos outros Estados-Membros.[5]

Essa explícita referência à concorrência nos princípios gerais do Tratado tem tido uma significativa importância e influência nos processos decisórios da Comissão e do Tribunal. Tanto a Comissão como o Tribunal têm interpretado as normas específicas de concorrência com base nas disposições dos aludidos artigos 2° e 3° do Tratado.

Existem muitas formas de falseamento da concorrência. Acordos restritivos, como a fixação de preços mínimos entre concorrentes que controlam parte substancial do mercado da Comunidade, podem, efetivamente, capacitá-los a virtualmente eliminar a concorrência. Daí a razão da proibição contida no Artigo 85(1) do Tratado. O abuso de posição dominante, contemplado pelo Artigo 86, é outra das práticas que podem levar à distorção ou falseamento da concorrência.

No entanto, o risco desse falseamento da concorrência é muito maior quando gerado pela atividade do Estado. Isso, em primeiro lugar, porque o Estado, entendido em seu sentido amplo que inclui as autoridades públicas, busca implementar políticas econômicas que nem sempre são compatíveis com as metas de uma economia de livre mercado. Segundo, porque a intervenção do Estado, por mais que hoje se apregoe a necessidade do chamado "Estado Mínimo", tende a expandir-se e a afetar, direta ou indiretamente, os mais importantes setores da economia. Esse fato, aliado aos inúmeros instrumentos legais de que o Estado dispõe para implementar seus objetivos econômicos, torna difícil para qualquer autoridade internacional ou supranacional exercer um controle efetivo sobre tal intervenção.

Os Estados-Membros podem interferir no funcionamento da concorrência na Comunidade por meio de medidas legislativas ou administrativas. Ao longo dos anos, a Comissão e o Tribunal têm examinado a legalidade e

---

5 Ver Valentine Korah, *An Introductory Guide to EEC Competition Law and Practice*, 4ª ed., Oxford, Esc Publishing Limited, 1990, p.1.

a compatibilidade com o mercado interno de um grande número de medidas violadoras da livre concorrência postas em vigor pelos Estados-Membros. No entendimento do Tribunal, muitas dessas medidas estão em desacordo com a obrigação dos Estados-Membros, estatuída no Artigo 5 (2), de não tomar quaisquer medidas, inclusive de natureza legislativa, *"suscetíveis de pôr em perigo a realização dos objetivos do presente Tratado"*.

Em que pese o fato de boa parte dos Estados-Membros já ter privatizado um número considerável de empresas sob seu controle, durante tempo considerável a muitas dessas empresas foi conferido um tratamento privilegiado. Trata-se, inequivocamente, de uma outra forma de intervenção do Estado que pode levar, como de fato levou, a distorções da concorrência. O artigo 90, ainda plenamente em vigor, proíbe aos Estados-Membros outorgar a empresas públicas ou a empresas detentoras de direitos especiais ou exclusivos, tratamento privilegiado ou diferenciado em relação às empresas do setor privado. Apenas muito recentemente, em face de posição inédita manifestada pela Comissão e pelo Tribunal, é que a possibilidade de um Estado-Membro conferir tais direitos especiais ou exclusivos e, portanto, de interferir em sua economia, foi significativamente reduzida.

Outra medida de intervenção que pode levar a um falseamento da concorrência e afetar o comércio entre os Estados-Membros consiste na outorga de subsídios a empresas,[6] propiciando-lhes, assim, uma injusta vantagem competitiva sobre as demais empresas que não recebem tal ajuda governamental. A concessão de subsídios a empresas "doentes" e ineficientes foi e, em certa medida ainda é, prática corrente entre os Estados-Membros.

Com efeito, com a proximidade da consolidação do mercado único, muitas empresas sentiram-se tentadas a recorrer a práticas violadoras da livre concorrência, visando a ganhar um certo "fôlego" para poder enfrentar a batalha da competitividade ou, mesmo, com o propósito de dispor, ainda que durante curto espaço de tempo, de uma vantagem artificial para penetrar em novos mercados, como pondera *Ehlermann.*[7]De seu lado, muitos Estados-Membros também foram persuadidos da necessidade de prestar tal assistência, retardando, assim, a remoção dos obstáculos ainda remanescentes à livre circulação de mercadorias e adotando medidas protecionistas ou falseando a concorrência por meio da concessão de subsídios.

Vale dizer, portanto, que o universo e o campo de análise deste estudo se restringem aos artigos 90 e 92 do Tratado, que, como mencionado, tratam

[6] É interessante esclarecer, desde logo, já que, ao longo deste estudo, nas citações em inglês, o termo é recorrente, que a expressão *undertaking*, na versão oficial do Tratado em português, aparece como "empresa".

[7] Cf. Ehlermann, "The Contribution of EC Competition Policy to the Single Market", [1992] 29 *CMLRev.* 257, p. 259.

da outorga, pelos Estados-Membros, de vantagens e direitos especiais e exclusivos a algumas empresas e da concessão de subsídios, respectivamente, e aos artigos 85/86 vistos, porém, da perspectiva da responsabilidade dos Estados-Membros relativamente à adoção de medidas violadoras da livre concorrência.

Procura-se demonstrar, assim, a importância que o controle exercido por órgãos de caráter supranacional, como a Comissão e, sobretudo, o Tribunal, sobre práticas violadoras das regras de concorrência por parte dos Estados-Membros, teve, e continua tendo, para a consolidação do processo de integração europeu.

Para tanto, discutimos, no Capítulo I, as características do Direito Comunitário e sua autonomia em relação aos direitos nacionais, a qual foi consagrada pelo Tribunal. Destacamos a competência supranacional do Tribunal como condição fundamental para a eficácia do projeto de integração europeu. Constatamos que uma justiça supranacional e competente a todos os litígios significa adequação à realidade do Direito Econômico Internacional, tendo como epicentro o Direito da Concorrência. No Capítulo II, tratamos, em primeiro lugar, de significado, amplitude e função das regras de concorrência em geral, discorrendo, em seguida, sobre as regras de concorrência da Comunidade. Nos Capítulos III, IV e V, que constituem a essência do estudo, abordamos os modos de ação e tendências do Tribunal no controle da aplicação das regras de concorrência. No Capítulo III, examinamos as medidas violadoras das regras de concorrência postas em vigor pelos Estados-Membros; no Capítulo IV, o tratamento igualitário entre empresas públicas e privadas, e, no Capítulo V, o controle dos subsídios. Nas Conclusões, contrapomos esse modelo comunitário de controle das regras de concorrência ao do incipiente modelo do Mercosul.

1. Características do Direito Comunitário e a competência do Tribunal

1.1. BREVE HISTÓRICO E OBJETIVOS DA INTEGRAÇÃO EUROPÉIA

A moderna história da integração européia começa imediatamente após a Segunda Guerra Mundial. Alguns Estados partilhavam o interesse comum de reestruturar o continente. O clima do pós-guerra contribuiu para disseminar a idéia de que, para recuperar-se, a Europa deveria trilhar o caminho da integração.

Os franceses Jean Monnet e Robert Schuman foram responsáveis pela concretização do primeiro estágio desse processo de integração. Em 1950, Schuman revelou um plano para a fusão das indústrias do carvão e do aço da França e da Alemanha, com a possibilidade de adesão de outros países. Em 1951, seis Estados, a saber, França, Alemanha, Itália, Holanda, Bélgica e Luxemburgo, firmaram o Tratado de Paris, que criou a Comunidade do Carvão e do Aço (CECA). Estabeleceu o Tratado de Paris novas instituições, independentes dos seis Estados-Membros, com poderes de supervisão sobre o desenvolvimento das indústrias do carvão e do aço. A responsabilidade sobre o carvão e o aço passou das mãos dos seis Estados-Membros para as de instituições internacionais. Essa transferência de poderes legislativos e administrativos foi considerada vital no sentido de tornar viável a integração proposta no Tratado de Paris. Como assinalado por *Weatherill e Beaumont*, após quarenta anos, o debate sobre a disposição dos Estados de transferir poderes soberanos para as instituições européias continua sendo *the political flashpoint of Community affairs*[1]

A Conferência de Messina de 1955 preparou terreno para uma integração econômica mais ampla, que consolidaria a passagem da fase de cooperação que, no dizer de *Luiz Olavo Baptista*, *"implicava em ações*

[1] Cf. Stephen Weatherill e Paul Beaumont, *EC Law: the essential guide to the legal workings of the European Community*, Londres, Penguin Books, 1993, p. 3.

coordenadas porém com a manutenção de todos os aspectos da soberania", para a da integração, que *"redundava na constituição de uma formulação de aspectos da soberania de maneira supranacional e integrada"*.[2] Tratou-se, como acentuado por *Eric Hobsbawm "de uma voluntária abdicação de poder nacional para autoridades supranacionais por Estados médios que não mais se sentiam fortes para garantir-se no mundo"*.[3]

Em 1957, os seis Estados participantes estavam preparados para dar um passo adiante. Os dois Tratados de Roma foram assinados, criando, a partir de 1958, duas novas Comunidades: a Comunidade Econômica Européia (CEE) e a Comunidade Européia de Energia Atômica (CEEA ou EURATOM). A exemplo do Tratado de Paris, caracterizaram-se esses Tratados pela criação de instituições autônomas com poderes para desenvolver uma nova estrutura independentemente dos Estados-Membros. Em 1967, celebrou-se o Tratado de Fusão das três Comunidades com o objetivo de racionalizar sua administração. Os membros das Comissões da CEE, da CEEA e os da Alta Autoridade na CECA, bem assim os membros dos Conselhos, apesar de exercerem diferentes funções representativas, passaram a ser os mesmos. Continuaram, pois, a existir formalmente três Tratados distintos e três distintas Comunidades. Por razões práticas, porém, estas passaram a ser administradas, no seu dia-a-dia, como uma só Comunidade. O Tratado da União Européia, assinado em Maastricht, em 07 de fevereiro de 1992, determinou, em seu artigo G, item A, nº 1, que a expressão "Comunidade Econômica Européia" fosse substituída pela expressão "Comunidade Européia". Com isso, consagrou-se, definitivamente, em que pese o fato de as três Comunidades continuarem a existir, a adoção da expressão "Comunidade Européia" no singular, ainda que, como lembra *Casella*, *"sua configuração definitiva permaneça em aberto e seu cronograma sujeito a consideráveis marchas e contramarchas"*.[4]

Enquanto os Tratados da CECA e da CEEA foram concebidos para serem aplicados apenas a determinadas atividades, o Tratado da CEE sempre teve objetivos bem mais amplos. Nos termos do artigo 3º do Tratado da CEE, dentre tais objetivos, destacam-se o de eliminar as restrições comerciais, tais como as barreiras alfandegárias e a imposição de quotas de importação, bem como a abolição dos obstáculos ao livre movimento de pessoas, serviços e capital entre os Estados-Membros, tudo isso visando à criação de um mercado comum. Uma política comum na esfera da agricul-

---

[2] Ver Luiz Olavo Baptista, "Impacto do Mercosul sobre o Sistema Legislativo Brasileiro", *in Mercosul: das negociações à implantação*, org. Luiz Olavo Baptista *et al*, São Paulo, LTr 1994, p. 18.

[3] Eric Hobsbawm, *A Era dos Extremos: o breve século XX (1914-1991)*, São Paulo, Companhia das Letras, 1995, p. 419.

[4] Cf. Paulo Borba Casella, *Comunidade Européia e seu Ordenamento Jurídico*, São Paulo, LTr, 1994, pp.57/58.

tura também foi estabelecida. Não menos importante, fixou-se o compromisso de se assegurar um sistema de livre concorrência. De modo mais abrangente ainda, na forma do artigo 3 h, foi determinada a uniformização legislativa dos Estados-Membros na medida necessária ao adequado funcionamento do mercado comum. Do ponto de vista externo, uma tarifa exterior comum e uma política comercial comum também foram previstas.

Em 1973, a Comunidade dos seis tornou-se a Comunidade dos nove, com a adesão de Reino Unido, Dinamarca e República da Irlanda, e alguns anos mais tarde, em 1981, a Grécia também passaria a ser parte integrante. Ainda durante a década de 80, a Comunidade atingiria o número de doze Estados-Membros, com o ingresso de Espanha e Portugal, em 1986. Nesse mesmo ano de 1986, importantes ajustes nos rumos da Comunidade foram feitos com a assinatura do Ato Único Europeu, que entrou em vigor em 1º de julho de 1987. O artigo 8a do Ato Único Europeu inseriu no Tratado da CEE o compromisso de serem adotadas medidas com o objetivo de se estabelecer o mercado interno até 31 de dezembro de 1992, cuja concretização demandou uma intensa atividade legislativa no âmbito da Comunidade.

O Ato Único Europeu constituiu, na expressão de *Weatherill* e *Beaumont*, *"both a reaction to political readiness to deepen the process of European integration and in itself an impulse in the direction of deepening"*.[5] Em dezembro de 1991, os líderes dos governos dos Estados-Membros reuniram-se em Maastricht, na Holanda, e acordaram modificações ainda mais expressivas na estrutura da Comunidade. Firmado, como referido acima, em 07 de fevereiro de 1992, o Tratado da União Européia caracteriza-se, de um lado, por ser separado do ordenamento jurídico da Comunidade e, de outro, por efetuar alterações substanciais no Tratado da CEE, inclusive, como visto, de sua denominação que, de Tratado da CEE, passou para Tratado da CE. Assim, após Maastricht, passam a existir quatro Tratados: o Tratado da União Européia, o Tratado da CE, o Tratado da CECA e o Tratado da CEEA.

Esclareça-se, ademais, que a expressão "União Européia" é utilizada *interna corporis*, com finalidade marcadamente retórica. A União Européia é um *"fiat"*, isto é, foi determinado, na forma do artigo B, do Tratado da União Européia, o estabelecimento de *"uma União Econômica e Monetária, que incluirá, a prazo, a adoção de uma moeda única..."*. Ainda não se constitui, portanto, em uma União.[6]

Externa corporis, até que se consolide efetivamente essa união econômica e monetária, a "Comunidade Européia" continuará sendo a pessoa

---

[5] Weatherill e Beaumont, *EC Law...*, *op.cit.*, p. 9.

[6] Da mesma forma que o Mercosul não se constitui ainda em um mercado comum, mas, em uma União Aduaneira.

jurídica com representatividade, por exemplo, para firmar tratados internacionais. Por essa razão, e tendo em vista o fato de a maioria da jurisprudência aqui analisada ser anterior à entrada em vigor do Tratado da União Européia, é que se adota neste estudo a expressão "Comunidade" significando "Comunidade Européia", em vez de União Européia. Também se adota a expressão "Tratado" significando "Tratado da Comunidade Européia"/ "Tratado de Roma (1957)".

O Tratado da União Européia é, em larga medida, uma declaração de objetivos políticos, contendo relativamente poucas obrigações legais específicas. O artigo A, por exemplo, declara : *"O presente Tratado assinala uma nova etapa no processo de criação de uma união cada vez mais estreita entre os povos da Europa, em que as decisões serão tomadas ao nível mais próximo possível dos cidadãos"*. Apesar de mais ampla que a Comunidade, a União *"funda-se nas Comunidades Européias, contempladas pelas políticas e formas de cooperação instituídas pelo presente Tratado"*. No artigo G, está contida a maior parte das emendas feitas ao Tratado da CEE. Relativamente às regras de concorrência, não houve nenhuma alteração mais significativa.[7]

Em 1995, Áustria, Suécia e Finlândia tornaram-se novos Estados-Membros, passando, então, a ser quinze o número de integrantes. Em junho de 1997, os chefes dos quinze Estados-Membros reuniram-se em Amsterdã e, apesar de algumas divergências entre França e Alemanha, ratificaram o compromisso de adotar uma moeda única, o euro, em 1º de janeiro de 1999.

1.2. ESTRUTURA INSTITUCIONAL DA COMUNIDADE

O que distingue a Comunidade da maioria das organizações internacionais é justamente a existência de um sofisticado conjunto de instituições que gozam de poderes autônomos e que lhe permitem implementar seus objetivos. Possuem essas instituições a tarefa de supervisionar o processo de integração econômica, gerando e assegurando a eficácia da legislação comunitária pertinente. A evolução da Comunidade tem visto muitas modificações formais e informais no papel e no relacionamento entre as instituições.

O Conselho é o órgão que representa os interesses individuais de cada Estado-Membro e tem a incumbência de definir as principais políticas da Comunidade. Sua composição varia conforme a natureza do assunto em discussão. Se se tratar de assuntos ligados a agricultura, por exemplo, os

[7] Como se verá mais adiante, foi apenas inserido um novo item no artigo 92, relativo a subsídios que podem ser considerados compatíveis com o mercado comum, e atribuídos maiores poderes ao Parlamento no artigo 94.

Ministros da Agricultura dos Estados-Membros é que se reunirão para debatê-los; se se tratar de assuntos financeiros, serão os Ministros dos Estados-Membros encarregados dessa pasta a se encontrar. Se, por outro lado, a matéria em pauta estiver relacionada a assuntos de interesse geral da Comunidade, os Ministros das Relações Exteriores comporão o Conselho. A presidência do Conselho é exercida rotativamente por seus integrantes, por períodos de seis meses.

A Comissão, ao contrário, é o órgão representativo dos interesses da Comunidade, administrando-a em seu dia-a-dia. A Comissão supervisiona a correta aplicação dos tratados e, se necessário, toma medidas contra os Estados-Membros que violam as normas comunitárias. É integrada por nacionais indicados pelos governos dos Estados-Membros, os quais devem agir, no entanto, somente no interesse da Comunidade. A Comissão é dividida em Diretórios-Gerais, que desenvolvem e executam políticas nas diversas áreas de competência da Comunidade. O Diretório DG1V responde pela área de concorrência.

O Parlamento que, desde 1979, tem seus membros diretamente eleitos, é integrado por representantes agrupados conforme sua filiação a correntes políticas, e não pelo critério da nacionalidade. Seus poderes sob o Tratado da CEE foram severamente limitados. Possuía apenas alguns direitos de participação no processo legislativo e de supervisão das atividades da Comissão. Também exercia uma tênue influência informal sobre a Comissão e o Conselho. Esses fracos poderes do Parlamento que, afinal, é o único órgão comunitário eleito pelo povo, deixou a Comunidade sujeita a críticas por sua falta de democracia. Por essa razão, desde o Ato Único Europeu, ainda que de maneira cautelosa, seus poderes têm sido gradativamente aumentados. Com o Tratado da União Européia, foi, pela primeira vez, atribuído ao Parlamento o direito de veto sobre propostas legislativas em algumas áreas. A pressão para um aprimoramento radical da democracia no âmbito da Comunidade continua em alta na agenda institucional.

O Tribunal, braço judicial da Comunidade, é sua maior instituição. Localizado em Luxemburgo, é composto de juízes dos diferentes Estados-Membros. Obviamente, ao serem nomeados para o Tribunal, tornam-se juízes da Comunidade, *"untainted by national bias"*, como dizem *Wheatherill* e *Beaumont.*[8] O Tribunal conta com a assistência dos chamados Advogados-Gerais, os quais apresentam pareceres sobre os casos, antes de seu julgamento. Como se verá ao longo deste estudo, apesar de serem fundamentais para a avaliação dos casos pelo Tribunal, tais pareceres não têm caráter vinculante.

[8] Cf. Weatherill e Beaumont, *EC Law...*, *op.cit.*, p. 30.

Pode-se afirmar que o aspecto mais importante da função do Tribunal é sua competência para decidir questões que lhe são formuladas pelos tribunais dos Estados-Membros, a título prejudicial, na forma prevista no artigo 177 do Tratado, que prescreve *verbis*:

"Artigo 177 O Tribunal de Justiça é competente para decidir, a título prejudicial:

a) Sobre a interpretação do presente Tratado.

b) Sobre a validade e a interpretação dos atos adotados pelas instituições da Comunidade e pelo BCE.

c) Sobre a interpretação dos estatutos dos organismos criados por ato do Conselho, desde que estes estatutos o prevejam.

Sempre que uma questão desta natureza seja suscitada perante qualquer órgão jurisdicional de um dos Estados-Membros, esse órgão pode, se considerar que uma decisão sobre essa questão é necessária ao julgamento da causa, pedir ao Tribunal de Justiça que sobre ela se pronuncie.

Sempre que uma questão desta natureza seja suscitada em processo pendente perante um órgão jurisdicional nacional cujas decisões não sejam suscetíveis de recurso judicial previsto no direito interno, esse órgão é obrigado a submeter a questão ao Tribunal de Justiça".[9]

Em regra, nenhuma questão ou controvérsia surgida no âmbito da Comunidade entre nacionais ou empresas ou entre particulares e autoridades nacionais dos Estados-Membros é trazida diretamente ao Tribunal, devendo ser antes apreciada pelos tribunais nacionais. Daí ser o artigo 177 essencial para a preservação da natureza comunitária da legislação emanada do Tratado. Com efeito, o artigo 177 assegura que, em quaisquer circunstâncias, referida legislação seja a mesma em todos os Estados-Membros.

Como assinalado por *Neville*, a aplicação uniforme do Direito Comunitário é a base do mercado comum. Se aplicado pelos tribunais nacionais, o Direito Comunitário *"would be liable to fragment and become overlaid by the national legal systems. In the absence of a federal structure or of any Community appellate court, the preliminary ruling is the only means by which uniform application of Community law can be attained"*.[10]

De fato, a função da questão prejudicial é mais bem explicada pela própria natureza *sui generis* do Direito Comunitário. O Direito Comunitário é, por sua natureza, um direito interno comum dos Estados-Membros, e não um direito que regule as relações entre eles. Assim, na ausência de uma estrutura federativa, é natural que as políticas comunitárias sejam imple-

[9] Com a redação que lhe foi dada pelo artigo G 56 do Tratado da União Européia.

[10] Ver Neville L. Brown, *The Court of Justice of the European Communities*, 3ª ed., Londres, Sweet & Maxwell, 1989, pp. 174/175.

mentadas pelas autoridades dos Estados-Membros e o Direito Comunitário aplicado, com base nas interpretações do Tribunal, pelos tribunais nacionais. Assim, diz *Neville*, *"it is to be expected that, in the normal way, Community Law is enforced through the national courts, which ... have an exclusive jurisdiction to apply it in disputes between individuals, and between the individual and the authorities of the Member States"*. E arremata: *"conflicts of jurisdiction between a national court and the Court of Justice can therefore rarely arise, but the exact demarcation line may be a delicate one to draw"*.[11]

Pela importância que o papel desempenhado pelo Tribunal, com lastro no artigo 177 do Tratado, tem para o desenvolvimento deste estudo, vale a pena transcrever o seguinte trecho de autoria de *Bingham*, citado por *Neville*, que explica cristalinamente as razões pelas quais o Tribunal está mais bem aparelhado para decidir sobre as questões comunitárias:

> *"Sitting as a judge in a national court, asked to decide questions of Community Law, I am very conscious of the advantages enjoyed by the Court of Justice. It has a panoramic view of the Community and its institutions, a detailed knowledge of the treaties and of much subordinate legislation made under them, and an intimate familiarity with the functioning of the Community market which no national judge denied the collective experience of the Court of Justice could hope to achieve. Where questions of administrative intention and practice arise the Court of Justice can receive submissions from the Community institutions, as also where relations between the Community and non-member states are in issue. Where the interests of member states are affected they can intervene to make their views known... Where comparison falls to be made between Community texts and different languages, all texts being equally authentic, the multinational Court of Justice is equipped to carry out the task in a way which no national judge, whatever his linguistic skills, could rival. The interpretation of Community instruments involves very often not the process familiar to common lawyers of laboriously extracting the meaning from words used but the more creative process of supplying flesh to a spare and loosely constructed skeleton. The choice between alternative submissions may turn not on purely legal considerations, but on a broader view of what the orderly development of the Community requires. These are matters which the Court of Justice is very much better placed to assess and determine than a national court."*[12]

---

[11] *Ibid.*, pp. 178/179.
[12] *Ibid.* , pp. 175/176.

Claro está, pois, que, se aos Estados-Membros fosse confiada a tarefa de interpretar o Direito Comunitário, haveria, sem nenhum exagero, tantos ordenamentos jurídicos comunitários quantos fossem os ordenamentos jurídicos nacionais de cada um dos Estados-Membros. Nesse sentido, pois, como será examinado neste estudo, tem sido crescente a atuação do Tribunal no controle da aplicação das normas comunitárias, especialmente das normas de concorrência.[13]

Em 1989, por força das determinações do Ato Único Europeu, foi criado o Tribunal de Primeira Instância para, em um certo sentido, aliviar a carga de trabalho do Tribunal. Tem sua competência estabelecida e limitada pelo artigo 168a do Tratado, não podendo julgar ações propostas pelos Estados-Membros ou pelas instituições da Comunidade. Tampouco tem competência para conhecer das questões prejudiciais submetidas nos termos do artigo 177.[14]

1.3. A LEGISLAÇÃO COMUNITÁRIA

O direito primário da Comunidade,[15] como visto, é formado por seus tratados constitutivos. O Direito Comunitário derivado tem sua fonte formal nos atos unilaterais das instituições da Comunidade.

Nos termos do artigo 189 do Tratado, com a redação que lhe foi dada pelo artigo G.60 do Tratado da União Européia, para o desempenho de suas

---

[13] É preciso mencionar, contudo, que existe certa oposição à essa atuação crescente do Tribunal. Hjalte Rasmussen, por exemplo, aponta para os riscos do que ele denomina de "ativismo judicial" do Tribunal, o qual poderia levar a uma perda de sua autoridade e legitimidade. Ver a respeito seu livro intitulado *On Law and Policy in the European Court of Justice*, Dordrecht/Boston/Lancaster, Martinus Nijhoff Publishers, 1986. Os chamados "eurocéticos" também criticam a "intrepidez" dos juízes do Tribunal, cuja ação é vista como própria para agigantar a burocracia de Bruxelas. Outra crítica que é feita comumente ao Tribunal é a de que ele é cheio de políticos e burocratas que advogam uma agenda federalista. Ver nesse sentido artigo extraído do jornal *Financial Times* e transcrito na *Gazeta Mercantil*, de 25 de abril de 1995, p.A-10.

[14] Com a redação que lhe foi dada pelo artigo G. 50 do Tratado da União Européia, estabelecem os parágrafos primeiro e segundo do artigo 168a do Tratado: "*1.É associada ao Tribunal da Justiça uma jurisdição encarregada de conhecer em primeira instância, sem prejuízo de recurso para o Tribunal de Justiça limitado às questões de direito e nas condições estabelecidas pelo respectivo Estatuto, de certas categorias de ações determinadas nas condições definidas no nº 2. O Tribunal de Primeira Instância não tem competência para conhecer das questões prejudiciais submetidas nos termos do artigo 177. 2. A pedido do Tribunal de Justiça e após consulta do Parlamento Europeu e da Comissão, o Conselho, deliberando por unanimidade, determina as categorias de ações a que se refere o nº 1 e a composição do Tribunal de Primeira Instância e adota as necessárias adaptações e disposições complementares ao Estatuto do Tribunal de Justiça. Salvo decisão em contrário do Conselho, são aplicáveis ao Tribunal de Primeira Instância as disposições do presente Tratado relativas ao Tribunal de Justiça, e nomeadamente as disposições do Protocolo relativo ao Estatuto do Tribunal de Justiça*".

[15] Sempre lembrando que estamos nos referindo às três Comunidades, embora haja pequenas diferenças formais entre alguns desses seus atos unilaterais, cuja análise refoge aos objetivos deste estudo. Ver a respeito Celso D. de Albuquerque Mello, *Direito Internacional da Integração*, Rio de Janeiro, Renovar, 1996, pp. 139 a 178.

funções, o Parlamento, em conjunto com o Conselho, o Conselho e a Comissão *"adotam regulamentos e diretivas, tomam decisões e formulam recomendações e pareceres"*. O regulamento tem caráter geral, sendo obrigatório em todos os seus elementos e diretamente aplicável em todos os Estados-Membros. Já a diretiva vincula o Estado-Membro destinatário quanto ao resultado a alcançar, deixando, no entanto, às instâncias nacionais a competência quanto à forma e aos meios ou, como explica *Maristela Basso*, permite *"aos Estados-Membros escolherem a sua forma de aplicação"*.[16] A decisão é obrigatória em todos os seus elementos para os destinatários que designar.[17] Por fim, as recomendações e os pareceres não são vinculantes.

Como observa *Guido Soares*, inexiste no Tratado qualquer definição enumerativa dos assuntos que deverão ser legislados sob a forma de regulamentos, diretivas, decisões, recomendações ou pareceres. Na verdade, diz ele, *"a denominação do ato tem implicações nos seus efeitos em relação aos Estados-Partes e em relação ao cumprimento dos objetivos da Comunidade Européia"*. Assim, o regulamento cumpre a função de realizar o Direito Uniforme, *"pedra angular da integração regional"*. A diretiva desempenha a tarefa de aproximar e harmonizar as disposições legislativas, regulamentares e administrativas dos Estados-Membros, *"constituindo um instrumento plástico de uniformização parcial e possível, uma vez que aos poderes legiferantes domésticos são deixadas as atribuições das grandes linhas gerais da política legislativa comunitária"*. A decisão, prossegue o autor, constitui *"um poderoso instrumento de influir, no sentido de reformar, as decisões isoladas dos Estados ou de pessoas físicas ou jurídicas sob a jurisdição dos mesmos"*. Por fim, as recomendações e pareceres *"previnem qualquer feitura de atos (administrativos, legislativos por parte dos Estados ou suas autoridades ou jurídicos de direito privado, leia-se "contratos") que possam contrariar as normas comunitárias"*.[18]

---

[16] Cf. Maristela Basso, "*Livre circulação de mercadorias e a proteção ambiental no Mercosul*", *in Mercosul: seus efeitos jurídicos, econômicos e políticos nos Estados-Membros*, org. Maristela Basso, Porto Alegre, Livraria do Advogado, 1995, p. 198.

[17] Como sublinhado por Casella, "*a aplicabilidade direta de Decisão, dirigida a um Estado-Membro, normalmente é recusada; e os particulares, normalmente, não podem fazer valer direitos ou obrigações, com base em Decisão*". Contudo, prossegue o autor, "*pode também ocorrer a aplicabilidade direta da Decisão, produzindo efeito jurídico imediato na ordem interna dos Estados-Membros...sobretudo em dois exemplos..., com interesse todo especial, em matéria de direito da concorrência...*". Refere-se ele aos artigos 85 e 86 do Tratado. Cf. Paulo Borba Casella, *Comunidade Européia..., op.cit.*, pp. 138/139.

[18] Cf. Guido Soares, "MERCOSUL - Órgãos Legisladores e Administrativos" (estudo encaminhado em maio de 1993, ao Governador André Franco Montoro, Presidente do Instituto Latino-Americano de São Paulo, ILAM, sob o contrato com o PNUD). Ver também do autor "A Atividade Normativa do Mercosul, nos Dois Primeiros Anos de Vigência do Tratado de Assunção: um Balanço Positivo?", *in Boletim de Integração Latino-Americana*, nº 12 - MRE/SGIE/NAT, pp. 11/12.

Vale aduzir, por fim, que o Tribunal tem competência para examinar a legalidade dos regulamentos, diretivas e decisões. De acordo com o artigo 173 do Tratado, com a redação que lhe foi dada pelo artigo G. 53 do Tratado da União Européia, *"o Tribunal é competente para conhecer dos recursos com fundamento em incompetência, violação de formalidades essenciais, violação do presente Tratado ou de qualquer norma jurídica relativa à sua aplicação, ou em desvio de poder, interpostos por um Estado-Membro, pelo Conselho ou pela Comissão"*. Da mesma forma, qualquer *"pessoa singular ou coletiva pode interpor, nas mesmas condições, recurso das decisões de que seja destinatária e das decisões que, embora tomadas sob a forma de regulamento ou de decisão dirigida a outra pessoa, lhe digam direta e individualmente respeito"*.

1.4. OS PRINCÍPIOS FUNDAMENTAIS DA COMUNIDADE

Parece existir uma certa uniformidade entre os autores sobre os princípios fundamentais do Direito Comunitário. Dentre esses princípios, destacam-se: *(a)* o democrático; *(b)* o da solidariedade; *(c)* o da liberdade econômica; *(d)* o da primazia do Direito Comunitário; e *(e)* o da subsidiariedade.[19]

O princípio democrático abrangeria o reconhecimento dos direitos fundamentais, dentre os quais o da igualdade. O princípio da igualdade ou da não-discriminação, pedra angular da realização dos objetivos da Comunidade, pode ser encontrado em vários dispositivos do Tratado como, por exemplo, no artigo 6º, com a nova redação trazida pelo Tratado da União Européia, que diz: *"Artigo 6º No âmbito de aplicação do presente Tratado, e sem prejuízo de suas disposições especiais, é proibida toda e qualquer discriminação em razão da nacionalidade"*. Com base nesse princípio, asseguram-se outros, como o da livre concorrência (artigos 85, 86 e 92). Também enquadrar-se-iam no princípio democrático, o princípio da legalidade e o do equilíbrio institucional, este último implicitamente previsto no artigo E do Tratado da União Européia, segundo o qual: *"Artigo E - O Parlamento Europeu, o Conselho, a Comissão e o Tribunal de Justiça exercem suas atribuições e competências nas condições e de acordo com os objetivos previstos, por um lado, nas disposições dos Tratados que instituem as Comunidades Européias e dos Tratados e atos subseqüentes*

---

[19] Para um exame mais aprofundado a respeito do assunto, ver Celso D. de Albuquerque Mello, *Direito Internacional da Integração, op.cit.*, pp. 179 a 223; Paulo Borba Casella, *Comunidade Européia..., op.cit.*, pp. 289 a 315; e Elizabeth Accioly, *Mercosul & União Européia (estrutura jurídico-institucional)*, Curitiba, Juruá Editora, 1996, pp. 35 a 40.

que os alteraram ou complementaram e, por outro, nas demais disposições do presente Tratado".

O princípio da solidariedade está estampado no artigo 5º do Tratado, segundo o qual, os Estados-Membros *"tomarão todas as medidas gerais ou especiais capazes de assegurar o cumprimento das obrigações decorrentes do presente Tratado ou resultantes de atos das instituições da Comunidade. Os Estados-Membros abster-se-ão de tomar quaisquer medidas suscetíveis de pôr em perigo a realização dos objetivos do presente Tratado".*

Acerca do princípio da liberdade econômica, assinala *Mota de Campos* que o *"princípio constitucional da liberdade econômica" reflete precisamente, a realidade de que o Mercado Comum é expressão de uma economia de mercado, de inspiração neoliberal - o que explica a importância que os tratados atribuem "ao princípio da livre concorrência"*[20] (grifamos).

Crucial para os objetivos deste estudo é o princípio da primazia do Direito Comunitário, analisado, por essa razão, em item separado, mais adiante.

O princípio da subsidiariedade foi aditado ao Tratado pelo artigo G. 5 do Tratado da União Européia. Nessa conformidade, prescreve o artigo 3º B do Tratado que:

> "Artigo 3º B - Nos domínios que não sejam das suas atribuições exclusivas, a Comunidade intervém apenas, de acordo com o princípio da subsidiariedade, se e na medida em que os objetivos da ação encarada não possam ser suficientemente realizados pelos Estados-Membros, e possam pois, devido à dimensão ou aos efeitos da ação prevista, ser melhor alcançados ao nível comunitário".

É muito cedo para se saber em que medida esse princípio afetará as decisões do Tribunal que, como se verá ao longo deste estudo, se têm pautado pelo fortalecimento do equilíbrio institucional, ficando, na maioria das vezes, assegurados os interesses da Comunidade. Como assinala *Fausto de Quadros*, *"o princípio da subsidiariedade, que na sua gênese e na sua natureza é um princípio descentralizador, pode vir, num efeito contrário, a reforçar o poder político da Comunidade em conseqüência da inépcia e da incapacidade dos Estados-Membros".*[21]

1.5. O TRIBUNAL E A EFICÁCIA DO PROCESSO DE INTEGRAÇÃO

A afirmação de que a construção exitosa do mercado comum e do processo de integração da Comunidade pode ser atribuída exclusivamente

---

[20] *Apud* Celso de Albuquerque Mello, *Direito Internacional..., op.cit.*, p. 184.

[21] *Apud* Elizabeth Accioly, *Mercosul..., op.cit.*, p. 39.

ao papel desempenhado pelo Tribunal seria, para dizer o mínimo, pouco científica, além de estar impregnada do que *Goulene* muito apropriadamente denominou de "positivismo esclerosado".[22] Claro está que qualquer análise a respeito não poderia prescindir de uma série de fatores políticos, culturais, históricos e econômicos que tiveram influência decisiva na conformação da Comunidade. Nos limites traçados para esta tese, porém, cabe apenas demonstrar a importância que o Tribunal teve e tem tido na formação desse processo de integração europeu.

Como discutido precedentemente, para poder desenvolver o mercado comum, tiveram os Estados-Membros de definir o contorno institucional da Comunidade, isto é, optar entre uma concepção diplomática e federalista. Em decorrência da opção feita pelo federalismo, estão os Estados-Membros submetidos em comum às regras de Direito Comunitário, o qual também pode ser qualificado como um sistema jurídico de caráter supranacional. Participam, assim, os Estados-Membros da elaboração das regras comunitárias, cuja aplicação, como se verá mais adiante, se torna efetiva dentro dos Estados, aos Estados e pelos Estados. E a efetividade do direito é, como enfatiza *Golene*, *"condicionada à existência de tribunal, ou, pelo menos, à existência de terceiro, árbitro independente e capaz de ditar o direito e a sanção de sua aplicação"*.[23]

Nesse mesmo diapasão, salienta *Hartley* que:

"The supranational element in the Community constitution would be ineffective without a Court. The most important functions of the Court of Justice of the European Communities- to give it full official name are to ensure that the law is enforced, irrespective of political considerations (specially against Member States); to act as referee between the Member States and the Community as well as between the Community institutions inter se; and to protect the rigths of the individual from infringement by the Brussels bureaucracies. Those functions are specially important in view of the fact that the democratic element is still weak in the Community."[24]

A condição para eficácia do projeto de integração europeu se realiza, assim, pelas amplas competências outorgadas ao Tribunal. Um tribunal supranacional é, como diz *Goulene*, *"uma condição para a existência do jurídico que conduz, por sua vez, a uma efetividade do direito comu-*

[22] Cf. Alain Goulene, "Supranacionalidade da Justiça: efetividade da integração econômica regional e proteção dos direitos subjetivos", *in Contratos Internacionais e Direito Econômico no Mercosul*, org. Paulo Borba Casella *et al.*, São Paulo, LTr, 1996, p. 314.

[23] *Ibid.*, p. 313.

[24] Ver Hartley, TC, *The Foundations of European Community Law*, 2ª ed., Oxford, Clarendon Press, 1988, p.49.

nitário".[25] O Tratado da União Européia, vale lembrar, não trouxe muitas inovações do ponto de vista institucional, tendo procurado, apenas, conciliar a natureza federativa da Comunidade com a eficácia supranacional do Tribunal. Veio, na verdade, fortalecer a natureza federativa da Comunidade, na medida em que outorgou poderes ao Tribunal para aplicar sanções pecuniárias.

Ressalte-se, desde logo, que a afirmação acima sobre a condição de eficácia do projeto de integração europeu pode não ser necessariamente válida para outros processos de integração. Dependerá sempre do modelo de integração adotado e dos objetivos a serem perseguidos. O Mercosul, por exemplo, com a assinatura do Protocolo de Ouro Preto em 1994, ganhou nítidos contornos de um modelo de integração cooperativo e consensual, abandonando, como diz *Luiz Olavo Baptista*, *"a rota da supranacionalidade dos organismos do novel mercado comum"*. Segundo o autor, *"não há quase campo para disputas jurídicas em projetos de integração de caráter cooperativo, como é o do MERCOSUL, tal como se desenvolveu até hoje. O conteúdo das divergências, quando as houve, foi predominantemente político, e por isso resolveu-se pela via diplomática"*. Assim, prossegue ele, o *"aperfeiçoamento possível e desejável num futuro próximo é aumentar a competência do tribunal arbitral para proferir decisões declaratórias - interpretando o Tratado de Assunção ou os documentos dele decorrentes - com caráter vinculante para os Estados-Membros que, dessa forma teriam uma interpretação uniforme".*[26]

Relativamente à Comunidade, saliente-se, também, que outros órgãos comunitários, como a Comissão, igualmente têm contribuído para a eficácia da ordem jurídica supranacional. Com efeito, a credibilidade da Comissão se deve à sua imparcialidade. Os Estados-Membros dispõem-se a aceitar seu papel porque acreditam que ela esteja acima de rivalidades nacionais. A grande fraqueza da Comissão, porém, é que lhe falta base política. Não se encontra em condições de apelar à opinião pública contra atitudes dos governos dos Estados-Membros como poderia fazê-lo se seus membros fossem indicados, por exemplo, pelo Parlamento.

Seja como for, ainda que outros órgãos, como a Comissão, participem ativamente do aperfeiçoamento do processo de integração, é forçoso reconhecer que o trabalho do Tribunal tem sido dos mais cruciais, sobretudo após ter consagrado a primazia do Direito Comunitário sobre o Direito Interno, fato que, indiscutivelmente, abriu caminho para a consolidação definitiva do processo de integração.

---

[25] Cf. Goulene, "Supranacionalidade...", *op.cit.*, p. 323.

[26] Cf. Luiz Olavo Baptista, "As instituições do MERCOSUL: comparações e prospectiva", *in O Mercosul em movimento (Série Integração Latino-Americana)*, Deisy de Freitas Lima Ventura, org., Porto Alegre, Livraria do Advogado Editora, 1995, pp. 55/70.

1.6. O TRIBUNAL E A "CONSTITUCIONALIZAÇÃO" DA ESTRUTURA JURÍDICA COMUNITÁRIA

1.6.1. A doutrina do efeito direto

Como se sabe, o Tratado foi concebido de maneira a conter termos e princípios gerais, sobretudo nas áreas relativas a políticas sociais, econômicas e monetárias internas. Sua vagueza e suas ambigüidades foram intencionais ou, dito de outra forma, constituíram o resultado inevitável de uma "fórmula compromisso", que deixou para um Tribunal imparcial a tarefa de desenvolver a Comunidade *in the light of experience*, como afirma *Gordon Slynn.*[27] Nessa conformidade, a partir de 1963, o Tribunal, em uma série de julgados, acabou por estabelecer doutrinas fundamentais que fixaram o relacionamento entre a Comunidade e os Estados-Membros.

A primeira delas consubstancia-se no entendimento pelo Tribunal, manifestado no Caso *Van Gend en Loos,*[28] de que a Comunidade constitui uma "nova ordem jurídica" que confere direitos a seus indivíduos. Alguns dispositivos do Direito Comunitário são diretamente aplicáveis nos Estados-Membros na medida em que criam *"individual rights which national courts must protect without any need for implementing legislation in that member state".*[29] Trata-se do efeito direto das diretivas e decisões dirigidas aos Estados-Membros.[30]

A doutrina do efeito direto parte da seguinte premissa: normas comunitárias que forem claras, precisas e, em um certo sentido, "auto-suficientes" (ou seja, que não demandarem medidas legislativas adicionais pelas autoridades da Comunidade ou dos Estados-Membros) têm de ser consideradas como se fossem normas internas do Estado-Membro no campo de aplicação do Direito Comunitário. O efeito direto aplica-se a todas as ações que produzem efeitos legais na Comunidade, isto é o Tratado e a legislação secundária. Ademais, opera não somente no sentido de criar obrigações jurídicas entre particulares e Estados-Membros, mas também entre os próprios particulares. Como parte da lei interna do Estado-Membro, as normas comunitárias podem ser invocadas perante o judiciário de cada um dos Estados-Membros, o qual deve estar suficientemente aparelhado para dar-lhes a necessária eficácia.

---

[27] Ver Gordon Slynn, "The Court of Justice of the European Communities", [1984] 33 *ICLQ*, P. 409.

[28] Caso *Van Gend en Loos v Nederlandse Administratie der Belastingen*, [1963] *ECR* 1.

[29] *ibid.*, p.13.

[30] Como discutido precedentemente, as diretivas e as decisões dirigidas aos Estados-Membros, à diferença do regulamento, não gozam de aplicabilidade direta. O efeito direto, criação jurisprudencial, consiste exatamente na possibilidade de os particulares invocarem em tribunais nacionais, se a natureza e os termos da norma ou do ato assim o permitirem, uma disposição dos tratados comunitários ou um ato de direito derivado para afastar a aplicação de uma norma do Estado-Membro.

As implicações dessa doutrina foram e continuam sendo extremamente abrangentes. Com efeito, o Tribunal "*reversed the normal presumption of public international law whereby international legal obligations are result-oriented and addressed to states*".[31] Nos moldes do Direito Internacional Público clássico, é permitido à ordem constitucional interna do Estado-Membro determinar o método pelo qual as obrigações internacionais irão produzir efeitos dentro de seu ordenamento jurídico e a extensão das mesmas. Mesmo quando uma obrigação internacional, tal como um acordo de comércio ou uma convenção de direitos humanos, prevê a outorga de direitos (ou obrigações) para indivíduos dentro do Estado, se tal Estado deixar de outorgar tais direitos, não podem tais indivíduos invocar o cumprimento de uma obrigação internacional perante seus tribunais, a menos que a Constituição interna, que, geralmente, é indiferente ao Direito Internacional Público, prescreva tal remédio legal.

Na prática, portanto, depois de *Van Gend en Loos*, os Estados-Membros que violassem suas obrigações comunitárias não mais poderiam deslocar a disputa para o plano do contencioso entre Estados. Eles passaram a estar sujeitos ao ajuizamento de ações visando ao cumprimento das normas comunitárias perante seus próprios tribunais. A respeito, *Weiler* arremata:

> *"Effectively, individuals in real cases and controversies (usually against state public authorities) became the principal 'guardians' of the legal integrity of Community Law within Europe similar to the way that individuals in the United States have been the principal actors in ensuring the vindication of the Bill of Rights and other federal law."*[32]

O pleno impacto do conceito do efeito direto da norma comunitária só foi possível com o desenvolvimento da segunda doutrina de "constitucionalização" do Direito Comunitário, que é a supremacia deste último sobre o Direito Interno dos Estados-Membros. A combinação dessas duas doutrinas, como se verá na seqüência, significa que as normas comunitárias que produzem efeitos diretos não constituem meramente "Leis de Direito Interno" mas, sim, as "Leis Máximas" do Estado-Membro. Paralelismos com essa arquitetura constitucional, com poucas exceções, são encontráveis na ordem constitucional interna de Estados Federais.

1.6.2. A primazia do Direito Comunitário

A exemplo do efeito direto, é preciso notar que a primazia do Direito Comunitário sobre o Direito Interno dos Estados-Membros, pedra funda-

---

31 Cf. J.H.H. Weiler, "The Transformation of Europe", [1991] *The Yale Law Journal*, vol. 100, nº 8, p. 2413.

32 *ibid.*, p. 2414.

mental da ordem jurídica comunitária e conseqüência imediata da delegação de poderes soberanos pelos Estados-Membros à Comunidade, não foi estabelecida explicitamente pelo Tratado, nem por quaisquer de suas modificações subseqüentes. Na verdade, foi o Tribunal, em decisão proferida no Caso *Costa v ENEL*,[33] que firmou jurisprudência a respeito.

Com efeito, o Tribunal, ao utilizar-se de uma interpretação contextual do Tratado, chegou à conclusão de que o Direito Comunitário tinha precedência sobre o Direito Interno. A ênfase conferida aos princípios gerais do Tratado pode ser vista no seguinte parágrafo em que o Tribunal faz referência ao fato de os Estados-Membros terem limitado seus direitos de soberania ao criarem a Comunidade e outorgarem poder legiferante às suas instituições:

> *"By creating a Community of unlimited duration, having its own institutions, its own personality, its own legal capacity and capacity of representation on the international plane and, more particularly, real powers stemming from a limitation of sovereignty or a transfer of power from the States to the Community, the Member States have limited their sovereign rights, albeit within limited fields, and have thus created a body of law which binds both their nationals and themselves.*
> *The integration into the laws of each Member State of provisions which derive from the Community, and more generally, the terms and the spirit of the Treaty, make it impossible for the States, as a corollary, to accord precedence to a unilateral and subsequent measures of a legal system accepted by them on a basis of reciprocity."*[34]

Do argumento da transferência de soberania, o Tribunal extraiu a conclusão de que o Direito Comunitário configurava algo de especial (*"la spécificité du droit communautaire"*). A partir de tal especificidade, deduziu a supremacia do Direito Comunitário.

O Tribunal também levou na devida conta algumas das possíveis conseqüências para diversos dispositivos do Tratado, caso o Direito Comunitário não viesse a prevalecer sobre o Direito Interno de cada um dos Estados-Membros. Em especial, o Tribunal referiu-se aos artigos 5º, que prescreve a obrigação de os Estados-Membros se absterem de tomar quaisquer medidas suscetíveis de pôr em perigo a consecução dos objetivos do Tratado, e 189,[35] que dispõe sobre os regulamentos, diretivas, decisões e

---

[33] Caso 6/64, *Costa v ENEL*, [1964] ECR 585.

[34] *Ibid.*, pp. 593-4.

[35] Modificado posteriormente pelo Tratado da União Européia no sentido de atribuir competência ao Parlamento Europeu para, juntamente com o Conselho e a Comissão, elaborar regulamentos e emitir diretivas, tomar decisões e fazer recomendações.

recomendações, concluindo que tais dispositivos "*would lose their purpose if Member States could renounce their obligations by means of an ordinary law*".[36]

Por outras palavras, se "*as normas comunitárias pudessem ser anuladas por uma qualquer lei nacional, estaria igualmente excluída a aplicação uniforme do Direito Comunitário. Dessa maneira, o funcionamento da Comunidade seria posto em causa e a construção de uma Europa unida estaria definitivamente comprometida*".[37]

Trata-se, pois, de exemplo em que o Tratado é silente acerca do assunto específico, mas dá claras indicações em seu texto quanto à sua melhor interpretação. *Rasmussen*, no entanto, discorda dessa afirmação, ao declarar que o Tribunal, nesse caso "*pushed its gap-filling activities beyond the proper scope of judicial involvement in society's law and policy making [in] the judgments stating that...Community law must be considered the supreme law of the land*".[38]

De qualquer forma, no entendimento do Tribunal, a Comunidade vai muito além dos tratados internacionais tradicionais que apenas estabelecem relações entre os Estados-Partes contratantes, na medida em que cria instituições com poderes legiferantes, os quais, por sua vez, geram direitos e obrigações para pessoas físicas e jurídicas dos Estados-Membros.

Mais tarde, em 1991, o Tribunal referiu-se ao Tratado como "a carta constitucional de uma Comunidade baseada no Estado de Direito ("*constitutional charter of a Community based on the rule of law*"). O Tribunal, como bem lembram *Weatherill* e *Beaumont*, modificou inclusive sua afirmação no Caso *Costa v ENEL* relativamente às "áreas restritas" em que os Estados-Membros limitam sua soberania, para declarar que tais direitos de soberania são limitados em "*ever wider fields*". Nesse ponto, prosseguem os autores, o Tribunal revelou estar consciente da extensão da competência da Comunidade acordada no Ato Único Europeu, e em Maastricht em 9 e 10 de dezembro de 1991. Naquele estágio da evolução da Comunidade, arrematam, "*the Court maintained that the two of the essential provisions of the Community constitution that had been firmly established were the primacy of Community law over the law of the member states and the direct effect of a whole series of Community law provisions*".[39]

---

[36] Caso 6/64, *Costa v.ENEL*, [1964] *ECR* 585, p. 594.

[37] Cf.Elizabeth Accioly, *in Mercosul & União Européia: estrutura jurídico-institucional*, Curitiba, Juruá Editora, 1996, p. 96.

[38] Ver Hjalte Rasmussen, *On Law and Policy in the European Court of Justice*, Dordrecht, Boston e Lancaster, Martinus Nijhoff Publishers, 1986, p. 28.

[39] Ver Stephen Weatherill e Paul Beaumont, *in EC LAW: the essential guide to the legal workings of the European Community*, Londres,Penguin Books,1993, pp.315/316. Os autores baseiam-se em parecer acerca do projeto do Tratado da Área Econômica Européia, publicado em [1992] I *CMLR* 245.

1.7. O PRIMADO CONSTITUCIONAL DO DIREITO COMUNITÁRIO

Como visto, a ordem jurídica comunitária só sobrevive na medida em que o seu respeito e a sua proteção sejam garantidos. Garantias essas constituídas pelo efeito direto e pelo primado do Direito Comunitário sobre o direito nacional. Esses princípios, para cuja existência o Tribunal contribuiu de forma decisiva, *"garantem a aplicação uniforme e prioritária do direito comunitário em todos os Estados-Membros"*.[40]

O Direito Comunitário, portanto, porque dá corpo à concepção comunitária, que, como diz *Fausto Quadros*, *"exprime a superioridade da agregação sobre a desagregação"*,[41] tem como característica intrínseca a uniformidade da sua interpretação e da sua aplicação na ordem interna dos Estados-Membros. Para tanto, é preciso que seu primado seja absoluto e incondicional sobre todo o Direito nacional, aí incluídas as respectivas Constituições.

É por isso que *Pierre Pescatore* salienta que o primado constitucional é uma *"exigência existencial do direito comunitário. Sem primado sobre a Constituição não há direito comunitário e não há Comunidade"*.[42]

Assim é que, após estabelecer, no Caso *Costa v ENEL*, o princípio da primazia do Direito Comunitário sobre o Direito Interno comum ou legislação infraconstitucional, deparou o Tribunal, no Caso *Internationale Handelsgesellschaft*,[43] com a questão da supremacia do Direito Comunitário sobre as Constituições dos Estados-Membros e, em particular, sobre as disposições referentes a direitos fundamentais contidos em tais Constituições. O Tribunal enfatizou a necessidade de preservar-se a uniformidade e eficácia do Direito Comunitário em todos os Estados-Membros, as quais seriam prejudicadas se os Estados-Membros pudessem se valer de suas Constituições para anular as obrigações comunitárias. O Tribunal concluiu que *"the validity of a Community measure or its effect within a Member State cannot be affected by allegations that it runs counter to either fundamental rights as formulated by the constitution of that State or the principles of a national constitutional structure"*.[44]

Dessa forma, consolidou-se o entendimento de que a legislação comunitária também tem primazia sobre a Constituição dos Estados-Membros. Pouco tempo mais tarde, no Caso *Itália v Comissão*,[45] o Tribunal simples-

---

[40] Cf. Elizabeth Accioly, *Mercosul..., op.cit.*, p. 98.

[41] Cf. Fausto Quadros, apud Elizabeth Accioly, *Mercosul & União Européia..., op.cit.*, p. 97.

[42] Cf. Pierre Pescatore, citado por Fausto Quadros em texto reproduzido por Elizabeth Accioly, *Mercosul..., op.cit.*, p. 98.

[43] Caso 11/70, *Internationale Handelsgesellschaft v Einfuhr-und Vorratsstelle für Getreide und Futtemittel*, [1970] *ECR* 1125.

[44] *ibid*, p. 1134.

[45] Caso 48/71, *Itália v Comissão* [1972] *ECR* 527, 532.

mente declarou que nenhum dispositivo de lei interna poderá ser invocado para revogar a lei comunitária. Restava ainda esclarecer se os Estados-Membros deveriam reservar a um tribunal em particular, como, por exemplo, um tribunal constitucional, algo equivalente ao Supremo Tribunal Federal no Brasil, a competência de aplicar a lei comunitária em detrimento da lei nacional ou interna.

No Caso *Simmenthal,*[46] o Tribunal teve a oportunidade de apreciar essa questão. Declarou que mesmo um juiz *a quo* é obrigado a aplicar a lei comunitária ainda que, para tanto, tenha de desconsiderar as disposições internas sobre conflitos de leis. Como explicam *Weatherill* e *Beaumont,* o tribunal ou o juiz de primeira instância, conforme o caso, *"must not wait for such provisions of national law to be set aside by legislation or by a constitutional court. Here the European Court is not requiring the national court to annul the provisions of national law that conflict with Community law but simply stating that it must not apply them".*[47]

Assim é que, nos Estados-Membros, com exceção do Reino Unido, que não possui Constituição escrita, todas as Constituições, mormente após as revisões constitucionais realizadas em decorrência do Tratado da União Européia, contêm dispositivos que aceitam a delegação do exercício de certas competências para um poder supranacional, *"donde se conclui que os Estados-Membros devem ter mecanismos para recepcionar e acatar as leis comunitárias, que atuam nos limites por eles delegados".*[48] Vejam-se alguns exemplos.

Na Grã-Bretanha, que, como mencionado acima, não possui Constituição escrita, o *"European Communities Act"* de 1972, que dispõe sobre a adesão daquela à Comunidade estabelece, em seu artigo 2(I), que:

> *"All such rights, powers, liabilities, obligations and restrictions from time to time created or arising by or under the [Community] Treaties, and all such remedies and procedures from time to time provided for by or under the Treaties, as in accordance with the Treaties are without further enactment to be given legal effect or used in the United Kingdom shall be recognized and available in law, and be enforced, allowed and followed accordingly."*

Na Alemanha, antes da revisão constitucional de 1992, a Constituição, em seu artigo 24, já autorizava a transferência de poderes soberanos a instituições intergovernamentais. Nessa conformidade, de um modo geral, os tribunais daquele país não tiveram tantas dificuldades em aceitar a su-

[46] Caso 106/77, *Amministrazione delle Finanze dello Stato v Simmenthal,* [1978] *ECR* 629.

[47] Cf. Weatherill e Beaumont, *EC LAW..., op.cit.,* p. 317.

[48] Ver Elizabeth Accioly, *Mercosul & União Européia, op. cit,* p. 118.

premacia do Direito Comunitário. Como lembra *Albuquerque Mello*, já *"houve quem afirmasse que na Alemanha a questão em análise não provocou tantos debates em virtude de uma 'longa familiaridade dos juristas com o sistema federal'."*[49]

É bem verdade, porém, que a questão envolvendo a supremacia do Direito Comunitário sobre os direitos fundamentais inalienáveis contidos na Constituição suscitou certa polêmica. No Caso *Internationale Handelgesellschaft,*[50] o *Bundesverfassungsgericht* (a Suprema Corte Alemã) posicionou-se no sentido de não renunciar a seu direito de aplicar os direitos fundamentais na Alemanha em face de um conflito com uma lei comunitária. A Suprema Corte Alemã, assim, acabou por não aceitar determinação do Tribunal no sentido de que o Direito Comunitário deveria prevalecer mesmo sobre os direitos fundamentais vigentes na Alemanha, ainda que reconhecesse que, naquele caso em particular, a lei comunitária não infringia tais direitos. O argumento utilizado pela Suprema Corte Alemã foi o de que o Parlamento não era eleito diretamente (isso em 1974), e que o Direito Comunitário não continha normas claras e precisas sobre direitos humanos fundamentais.

Mais tarde, em 1987, é que a Suprema Corte Alemã decidiu não mais examinar a compatibilidade da legislação comunitária com os direitos fundamentais vigentes na Alemanha, desde que o Tribunal continuasse a proteger adequadamente aqueles direitos.

Em 1992, foi feita uma revisão constitucional para adaptar não somente a República Federal da Alemanha (pós-unificação), mas também seu federalismo ao novo contexto do Tratado da União Européia. Assim, o artigo 23 foi redigido da seguinte forma:

> *"A União Européia. 1. Para a edificação de uma Europa unida, a República Federal da Alemanha contribui para o desenvolvimento da União Européia que deverá respeitar os princípios da democracia, do Estado de direito, do Estado social federativo com o princípio da subsidiariedade e que garante uma proteção dos direitos fundamentais substancialmente comparável à lei fundamental. Para este efeito, a Federação pode transferir direitos de soberania por uma lei aprovada pelo 'Bundesrat'..."*[51]

---

[49] Ver Celso D. de Albuquerque Mello, *Direito Internacional da Integração*, Rio de Janeiro, Renovar, 1996, p. 210, embasado em reflexões de G. Sperdutti feitas no texto "Le principe de souveraineté et le problème des rapports entre le droit international et le droit interne, *in Recueil des Cours de l'Academie de Droit International de la Haye*, 1976, vol. v, t. 153, pp. 319 e segs., Martinus Nijhoff Publishers, The Hague.

[50] Caso 11/70 *Internationale Handelsgesellschaft v Einfuhr- und Vorratsstelle fur Getreide und Futtemittel*, [1972] *CMLR*, 255.

[51] Apud Elizabeth Accioly, *Mercosul...*, *op.cit.*, pp. 118/119.

Em outubro de 1993, o Tribunal Federal Constitucional alemão proferiu a denominada decisão de *Maastricht*, a qual corroborou a constitucionalidade do Tratado da União Européia e abriu caminho para a participação da Alemanha no futuro do processo de integração. Algumas afirmações feitas por referido Tribunal alemão, porém, provocaram intensa preocupação no âmbito da Comunidade. Dentre elas, destaca-se a de que o Tribunal Federal Constitucional irá examinar se os atos legislativos emanados dos órgãos e instituições da Comunidade estão em conformidade ou extrapolam os poderes soberanos a ela transferidos.

Por outras palavras, como explica *Steve J. Boom*, *"the Federal Constitutional Court, not the European Court of Justice (ECJ), will decide where the limits to European power lie, at least with respect to Germany"*.[52]

Ademais, declarou o referido Tribunal alemão que os atos legislativos da Comunidade que, em seu entendimento, excederem as competências delineadas no Tratado da União Européia, não terão efeito vinculante na Alemanha.

As implicações dessas declarações, como bem assinala o autor, são profundas. Podem colocar em risco a uniformidade do Direito Comunitário e o próprio futuro da integração. Afinal, o *"danger to the central authority is not merely the occasional dramatic conflict over the legitimacy of one or another of its enactments, but the corrosive effect of continual challenges to its authority that cannot be resolved authoritatively"*.[53]

Na França, o que se nota é uma clara divisão entre as posições adotadas pelo *"Conseil d'État"* e a *"Cour de Cassation"*. A *"Cour de Cassation"* tem consistentemente sustentado a supremacia da lei comunitária sobre a francesa. O mesmo já não pode ser dito sobre o *"Conseil d' État"*.

No passado, o *"Conseil d'État"* recusava-se a questionar a validade da lei francesa em face de um conflito com a lei comunitária. Tampouco aceitava a doutrina do efeito direto das diretivas, desconsiderando, conseqüentemente, suas obrigações previstas no artigo 177(3) do Tratado.[54] Negava-se, ademais, a cumprir decisões do Tribunal nos casos que lhe eram submetidos.

Apenas mais recentemente, o *"Conseil d'État"* passou a dar sinais da sua disposição em aceitar a primazia do Direito Comunitário sobre o Direito Interno. Em 1990, incorporou o Direito Comunitário ao Direito Francês e

---

[52] Ver Steve J. Boom, "The European Union after the Maastricht decision: is Germany the 'Virginia of Europe?'", Harvard Law School, 1995, p. 2.

[53] *Ibid.*, Steve Boom, aqui, transcreve texto de Terrance Sandalow, "The Expansion of Federal Legislative Authority", *in Courts and Free Markets* 49, 51 (Terrace Sandalow e Eric Stein, org.), 1982.

[54] O artigo 177(3) estabelece: *"Sempre que uma questão desta natureza seja suscitada em processo pendente perante um órgão jurisdicional nacional cujas decisões não sejam susceptíveis de recurso judicial previsto no direito interno, esse órgão é obrigado a submeter a questão ao Tribunal"*.

afirmou a submissão das leis francesas aos regulamentos comunitários. No Caso *Boisdet*, o *"Conseil d' État"*, ao afirmar que uma lei nacional não pode servir de obstáculo à aplicação de um regulamento comunitário, acabou por anular uma decisão ministerial.[55] Em 1992, nos Casos *Rothmans* e *Philips*, anulou decreto que conferia ao Ministro do Orçamento o direito de fixar o preço do tabaco, afastando, assim, a incidência de lei de 1976 que infringia uma diretiva da Comunidade.[56]

A exemplo da Alemanha, também a França adaptou sua Constituição à União Européia, uma vez que o Tratado da União Européia estabelece, *inter alia*, uma união monetária, participação de estrangeiros em eleições municipais e a criação de uma cidadania européia que se sobrepõe à do Estado. Com efeito, prescreve o artigo 88:

> "Artigo 88-1
> A República participa das Comunidades Européias e da União Européia, constituídas de Estados que escolheram livremente, em virtude dos tratados que as instituíram, de exercer em comum algumas de suas competências.[57]
> Artigo 88-2
> Sob reserva de reciprocidade e conforme as modalidades previstas pelo tratado sobre a União Européia assinado em 7 de fevereiro de 1992, a França consente às transferências de competências necessárias ao estabelecimento da união econômica e monetária européia bem como a estipulação de regras relativas a travessia das fronteiras exteriores dos Estados-Membros da Comunidade Européia".[58]

Há, ainda, segundo lembra *Albuquerque Mello*, uma grande discussão na França acerca do alcance desse dispositivo constitucional. Alguns autores procuram distinguir as palavras "limitação" de "transferência" de soberania. Outros ponderam que se trata de uma questão tão sutil que resiste a qualquer análise. Para outros, toda limitação é uma transferência.[59]

Na Itália, a Corte Constitucional refutou inicialmente a supremacia do Direito Comunitário sobre o Direito interno. Mais tarde, passou a aceitá-la sempre condicionado a que o Tribunal funcione como um instrumento efetivamente adequado de proteção aos direitos fundamentais no âmbito da

---

[55] Ver [1991] I *CMLR* 3, também comentado pela Comissão em seu *Oitavo Relatório Anual*, Com (91) 321, parte final.

[56] Casos *SA Rothmans International France* e *SA Philip Morris France; Société Arizona Tobacco Products e SA Philip Morris France* mencionados em Weatherill e Beaumont, *EC Law..., op.cit.*, p. 325.

[57] Art. 88 da Constituição da República Francesa, com a redação dada pela revisão de 1992, conforme transcrição de Elizabeth Accioly, *Mercosul..., op.cit.*, p. 119.

[58] Apud Celso D. de Albuquerque Mello, *Direito Internacional..., op. cit*, p. 214.

[59] *ibid.*, p. 215.

Comunidade. Caso contrário, a Corte italiana reserva-se a possibilidade de interferir no sentido de fazer prevalecer os direitos fundamentais vigentes naquele Estado-Membro.

Como já referido anteriormente, foi no Caso *Simmenthal,*[60] que a Corte italiana acatou a orientação do Tribunal de que não era necessário aos juízes de primeira instância submeter à apreciação da Corte Constitucional conflitos entre a lei comunitária e a lei interna. Todos os órgãos jurisdicionais italianos ficavam, assim, obrigados a não aplicar medidas internas que fossem incompatíveis com o Direito Comunitário. De uma forma muito similar à do *"Conseil d'État"* francês, o *"Consiglio di Stato"* italiano, porém, tem manifestado ao longo do tempo certa relutância em aceitar a aplicabilidade direta da lei comunitária.

De qualquer forma, o artigo 11 da Constituição italiana prescreve: *"A Itália ... consente, em condições de paridade com os outros Estados, nas limitações de soberanias a uma ordem que assegure a paz e a justiça entre as nações; ajuda e favorece as organizações internacionais que tenham este objetivo".*[61]

Em outros Estados-Membros, também houve, em maior ou menor intensidade, é claro, contestações ao primado do Direito Comunitário por parte dos respectivos órgãos jurisdicionais. De um modo geral, porém, atualmente a doutrina do primado do Direito Comunitário desenvolvida, como visto, pelo Tribunal, tem sido por eles amplamente aceita.

Na Holanda, o reconhecimento da superioridade da norma internacional já estava, de certa forma, estampado no artigo 63 da Constituição de 1956, o qual estipulava que, se necessário para o desenvolvimento do Direito Internacional, seria permissível a conclusão de um tratado contrário a ela; todavia, tal tratado deveria ser aprovado por 2/3 dos Estados Gerais. A Constituição de 1983 estabelece claramente a superioridade da ordem jurídica internacional.

As Constituições da Espanha e da Dinamarca aceitam a limitação das competências das autoridades nacionais, desde que se adote um procedimento especial. Veja-se o que diz o artigo 20 da Constituição da Dinamarca: *"As atribuições de que estão investidas as autoridades do Reino nos termos da presente Constituição podem ser delegadas por lei, em termos a determinar, às autoridades interestatais que são criadas para promover a ordem jurídica e a colaboração entre Estados".*[62]

Existem, ainda, certos obstáculos à plena consolidação dessas doutrinas desenvolvidas pelo Tribunal, tais como a necessidade de o *"Conseil*

---

[60] Caso 106/77, *Amministrazione delle Finanze...*, [1978] *ECR* 629.

[61] Apud Elizabeth Accioly, *Mercosul..., op. cit,* p. 119.

[62] *Ibid.*

d'État" francês e o *"Consiglio di Stato"* italiano acatarem-nas de maneira consistente, em particular a doutrina do efeito direto das diretivas e decisões da Comunidade. Teoricamente, também se cogita da possibilidade de os tribunais constitucionais da Alemanha e da Itália ficarem descontentes com a proteção geral dos direitos fundamentais no âmbito da Comunidade. Em face do desenvolvimento da proteção desses direitos na Comunidade, é pouco provável que tal "rebelião" se concretize.

Vale enfatizar, por fim, que o Tribunal não se tem utilizado de uma retórica vazia quando afirma ser o primado do Direito Comunitário sobre o Direito Interno dos Estados-Membros uma das características essenciais da ordem jurídica da Comunidade. A respeito, comentam *Weatherill* e *Beaumont*:

> *"It is remarkable that the constitutional provisions, legislatures and judiciary in each of the member states by their acceptance of the principle have made it a reality. This has not been brought about by coercion or threat of financial sanctions, but rather by the political and legal will to found a Community established on the principle of respect for the rule of the law. A situation where the application of Community law varies from member state to member state would be a denial of the rule of law and would make the Community untenable."*[63]

1.8. A SUPREMACIA DAS REGRAS DE CONCORRÊNCIA DA COMUNIDADE

Como será examinado mais adiante, as regras de concorrência da Comunidade aplicam-se apenas às atividades que afetam o comércio entre os Estados-Membros. Durante muito tempo, o Tribunal interpretou de maneira extremamente abrangente o conceito "comércio entre os Estados-Membros", tendo, dessa forma, os Estados-Membros ficado, de certa forma, desimpedidos para editar normas que tratassem de assuntos puramente domésticos.

---

[63] Cf. Weatherill e Beaumont, *EC LAW..., op.cit*, p. 327. Os próprios autores ressalvam que, com as modificações introduzidas pelo Tratado da União Européia, foi estabelecida a sanção pecuniária para os Estados-Membros que descumprirem os acórdãos do Tribunal. Com efeito, o artigo 171(2), com a redação que lhe foi dada pelo Tratado da União Européia, prescreve : "*Se o referido Estado-Membro não tomar as medidas necessárias para a execução do acórdão do Tribunal dentro do prazo fixado pela Comissão, esta pode submeter o caso ao Tribunal. Ao fazê-lo, indicará o montante da quantia fixa ou progressiva correspondente à sanção pecuniária, a pagar pelo Estado-Membro, que considerar adequada às circunstâncias. Se o Tribunal declarar verificado que o Estado-Membro em causa não deu cumprimento ao seu acórdão, pode condená-lo ao pagamento de uma quantia fixa ou progressiva correspondente a uma sanção pecuniária*".

De fato, quando o Tratado entrou em vigor, a legislação pertinente às regras de concorrência era significativamente limitada, variando desde a relativamente sofisticada existente na Alemanha até a praticamente inexistente na Itália. Apesar de todos os Estados-Membros possuírem atualmente alguma forma de legislação nacional dispondo sobre o controle de práticas restritivas e abusos de monopólio, sua administração e execução, como pondera *Goyder*, oscila entre o avançado e o rudimentar.[64]

Essa participação legislativa dos Estados-Membros, em maior ou menor grau, em matéria de concorrência, gerou, ao longo do tempo, difíceis questões envolvendo a extensão da supremacia do Direito Comunitário sobre o Direito Interno. Ilustrativo disso seria, por exemplo, uma isenção outorgada pela Comissão, na forma do artigo 85(3) do Tratado. O artigo 85(3), como exceção à regra, permite às empresas, após aprovação pela Comissão, celebrar acordos restritivos ao comércio, desde que os mesmos contribuam para melhorar a produção ou distribuição de mercadorias ou possam promover o progresso técnico e econômico.

A pergunta que se coloca é se essa outorga de isenção implicaria, por força do princípio da supremacia do Direito Comunitário sobre o Direito Interno, a impossibilidade de sua proibição por norma emanada de um Estado-Membro. O artigo 177 do Tratado prevê o mecanismo adequado para se obter uma resposta a tal indagação, qual seja o envio da mesma sob a forma de questão prejudicial.

Foi justamente por meio desse mecanismo que um Tribunal de Berlim, na Alemanha, obteve, em 1969, uma orientação do Tribunal sobre a relação entre a norma comunitária e a de Direito Interno, no contexto de investigações paralelas sobre acordo restritivo entre empresas sendo realizadas tanto pela Comissão quanto pelo *"Bundeskartellamt"* (equivalente, grosso modo, ao Conselho Administrativo de Defesa Econômica (CADE) no Brasil).

Trata-se do Caso *Wilhelm,*[65] no qual alguns produtores de corantes de anilina efetuaram negociações sobre aumento de preços do produto em circunstâncias que levaram à forte suspeita de que, na prática, haviam celebrado acordo estipulando prazos e percentuais para tal aumento. O *"Bundeskartellamt"* havia iniciado suas investigações sobre esse acordo do qual, aparentemente, algumas empresas alemãs estavam participando. Foi alegado, então, por um dos membros da equipe do *"Bundeskartellamt"*, que o *"Bundeskartellamt"* deveria interromper tal investigação, na medida em que a mesma já estava sendo conduzida pela Comissão. A questão sobre se deveria ou não o *"Bundeskartellamt"* suspender a investigação foi submetida à apreciação do Tribunal.

---

[64] Ver D.G. Goyder, *EC Competition Law*, 2ª ed, Oxford, Clarendon Press, 1993, p.427.
[65] Caso 14/68, *Walt Wilhelm v. Bundeskartellamt*, [1969] *ECR* 1.

O Tribunal enfatizou que a lei comunitária e a interna tinham enfoques distintos sobre cartéis e práticas restritivas de comércio. Enquanto nos termos do artigo 85 tais práticas restritivas eram analisadas à luz dos obstáculos que poderiam apresentar para o comércio entre os Estados-Membros, a aplicação da lei interna levava em conta as prioridades específicas do Estado-Membro em questão. Assim, apesar de constatar alguma sobreposição de funções entre as duas investigações, não havia, em princípio, segundo o Tribunal, nenhuma objeção a que as mesmas continuassem sendo feitas paralelamente.

Para assegurar, no entanto, que os objetivos gerais do Tratado fossem plenamente respeitados, tal investigação simultânea e paralela somente poderia ser permitida, em nível nacional, se três condições fossem devidamente preenchidas, a saber:

a) que a aplicação da lei nacional não prejudicasse a aplicação uniforme das regras comunitárias, ou o amplo efeito das medidas adotadas para implementação dessas regras ("regra da uniformidade");

b) no caso de algum conflito entre a norma comunitária e as regras nacionais, ficasse assegurado que as regras comunitárias deveriam prevalecer integralmente, a fim de se proteger a efetividade do Tratado. Os Estados-Membros não deveriam introduzir quaisquer medidas que pudessem se constituir em obstáculo a esse objetivo ("eficácia prática da norma"); e

c) seria responsabilidade individual dos Estados-Membros tomar medidas apropriadas para evitar o risco de que uma decisão interna concernente à concorrência viesse a conflitar com os procedimentos que estivessem sendo adotados *in casu* pela Comissão ("regras dos procedimentos paralelos").

2. Direito da concorrência: significado e função. As regras da Comunidade

2.1. BREVE HISTÓRICO DO DIREITO DA CONCORRÊNCIA

O Direito da Concorrência surgiu nos Estados Unidos. No final do século passado, havia uma disseminada insatisfação popular com as redes ferroviárias que, por deterem o monopólio do transporte de bens e mercadorias, acabavam por praticar preços extremamente desproporcionais aos serviços efetivamente prestados.

Além disso, muitas indústrias abusavam de seu poder econômico, buscando, de maneira concertada, sempre aumentar sua participação acionária e influência em outras indústrias estratégicas, a fim de assegurar a manutenção dos preços altos. Apareceram, assim, os denominados *trusts*, entre os quais o mais notório talvez tenha sido o composto pelo legendário John Rockefeller. A legislação americana visou exatamente a coibir a ação desses *trusts*. Daí a expressão legislação *antitrust*.

A primeira lei federal *antitrust* norte-americana foi o *Sherman Act* de 1890, o qual, segundo *Goyder*, *"operated on the assumption that its principal commercial and industrial markets were organized on at least an interstate, if not a nationally integrated, basis to which Federal rather than State law would necessarily apply the US Constitution"*.[1]

Na Europa, apenas após a Segunda Guerra é que a legislação *antitrust* ganhou importância. O Tratado da CECA, do qual, como visto, são signatários França, Alemanha, Itália, Bélgica, Holanda e Luxemburgo, proíbe em seus artigos 65 e 66 a prática de medidas restritivas à livre concorrência por parte das empresas (*"anti-competitive agreements between undertakings"*) e o abuso de posição dominante.

Igualmente, e de maneira até mais detalhada e abrangente, o Tratado tem vários dispositivos que visam a assegurar a livre concorrência. Apesar

---

[1] Ver D.G. Goyder, *EC Competition Law*, *op.cit.*, p. 14, nota 7.

disso, não há no Tratado, nem tampouco no Tratado da União Européia, uma definição precisa do que seja concorrência. Na verdade, o termo concorrência nesses Tratados aparece mais como um conceito vago e genérico, estampado sobretudo, como se verá mais adiante, nos artigos 3(g) (antigo 3 (f) no Tratado) e 85.

2.2. A TEORIA DA CONCORRÊNCIA

Antes de se passar à análise do Direito da Concorrência e de sua importância na consolidação do processo de integração da Comunidade, é necessário perquirir primeiramente o significado da concorrência do ponto de vista da teoria econômica e a necessidade de sua regulamentação jurídica.

Concorrência é, como diz *Whish,*[2] *"a struggle or contention for superiority, and in the commercial world this means a striving for the custom and business of people in the market place".*

Para *Goyder,*[3] concorrência é o relacionamento existente entre um determinado número de empresas, que circunstancialmente se encontram vendendo ao mesmo tempo produtos ou serviços da mesma espécie a um determinado e identificado grupo de consumidores.

Assim, cada empresa, após ter tomado a decisão comercial de colocar seus produtos no mercado, estará criando potencialmente conflito ou rivalidade com outras empresas no mesmo mercado geográfico, cujos limites podem ser um simples *shopping center*, uma cidade, um estado, um país, um grupo de países, ou, até mesmo, em alguns casos, o mundo inteiro.

Existem, é importante salientar, sensíveis diferenças entre a concorrência no plano da teoria econômica e seus resultados práticos nos chamados mercados reais. Apesar de algumas imperfeições relativamente a seus resultados nos mercados reais, a presença da concorrência, segundo boa parte dos economistas, é capaz de conferir vantagens efetivas. Entre essas vantagens, podem ser citadas:

a) a alocação de recursos em conformidade com as preferências dos consumidores ("eficiência alocativa"). A eficiência alocativa proporciona uma redução do risco de serem colocados no mercado à disposição dos consumidores produtos e serviços não desejados ou, pelo menos, não desejados por determinado preço;

b) o incentivo ao investimento em pesquisa na área de tecnologia, que é, de resto, decorrente das constantes mudanças no gosto e preferência dos consumidores; e

[2] Richard Whish, *in Competition Law*, Londres/Edinburgo, Butterworths, 1989, p. 3.

[3] D.G.Goyder, *in EC Competition Law*, 2ª ed., Oxford, Clarendon Press, 1993, p. 8.

c) a permanente pressão sobre produtores e vendedores, que, por receio de perderem mercado, estarão sempre dispostos a atrair novos consumidores oferecendo-lhes redução de preços ou descontos especiais.

Para ilustrar os resultados práticos gerados pela concorrência, os economistas em geral utilizam-se ou têm como referência dois modelos teóricos,[4] a saber: *concorrência perfeita* e *monopólio perfeito.*

É muito raro encontrar-se qualquer desses modelos no mundo real. Porém, como lembra *Goyder,*[5] *"they represent the two ends of the spectrum between which markets in the real world are found".*

A situação de concorrência perfeita é caracterizada pela existência de um grande número de compradores e vendedores, ambos negociando produtos idênticos ou similares; os consumidores têm total e completa informação acerca das condições do mercado; os recursos podem fluir livremente entre as diversas áreas da atividade econômica; e não há barreiras à livre circulação de mercadorias, o que poderia impedir o surgimento de novos concorrentes no mercado.

Claro está que, conforme já salientado, uma estrutura de mercado que preencha todas essas condições é improvável, se não impossível. Esse modelo teórico permite visualizar que *"in perfect competition any producer will be able to sell his product on the market only at the price which the market is prepared to bear".*[6] Seria, por exemplo, o caso de um mercado com um grande número de produtores agrícolas da mesma safra, do qual nenhum deles tivesse uma fatia significativa a ponto de influenciar preços e condições.

O monopólio perfeito, por seu turno, o oposto da concorrência perfeita, configura uma situação em que o fornecedor de produtos e serviços detém o controle de 100% (cem por cento) do mercado, no qual inexiste para o comprador a opção de produtos ou serviços similares. Como explica *Whish,*[7] na medida em que o produtor é responsável *"for all the output, and since it is aggregate output that determines price through the relationship of supply to demand, he will be able to increase price by reducing the volume of its own production".*

Mais do que isso, o produtor monopolista facilmente dá-se conta de que aumentará sua margem de lucro se deixar de expandir, o máximo possível, sua produção.

Tal situação, claramente lesiva aos interesses dos consumidores, pode ser o resultado da intervenção estatal em que o governo, diretamente ou

---

4 Esses modelos *"are designed to show, on certain assumption, what would be the rational behaviour of sellers under two extreme sets of conditions", ibid.,* p.9.

5 *Ibid.,* p.9.

6 Ver Whish, *op.cit.,* p.4.

7 *Ibid.,* p.5.

através de órgãos da administração indireta, é o provedor de serviços ou de produtos, como, por exemplo, serviços de correios e transportes ferroviários. Ainda nesses casos, porém, pode haver concorrência da parte do próprio Estado, o qual pode oferecer serviços similares ou correlatos através de empresas de seu controle, ou mesmo por parte de agentes privados no caso específico dos serviços de correios.

Enquadram-se também nessa situação ou categoria os monopólios privados, os quais, da mesma forma, são raramente encontráveis. Entende-se por monopólios privados aqueles grupos econômicos que controlam 100% (cem por cento) de um determinado mercado ou, mais precisamente, de um determinado produto não fornecido pela concorrência.

Nos termos da Lei Antitruste norte-americana, esse tipo de monopólio seria denominado *"bottleneck monopoly"*. Exemplo clássico disso é o Caso *United States v Terminal Railroad Association of St. Louis (1912)*, em que a última controlava o único acesso ferroviário da região oeste para St. Louis e, por decisão da Suprema Corte, foi compelida a franquear tal acesso a todas as demais companhias que desejassem explorar tal serviço, sem qualquer discriminação.

Em que pese seu distanciamento do mercado real, os modelos teóricos acima pelo menos permitem, desde logo, identificar algumas das vantagens da concorrência. Verifica-se, especialmente, que o monopólio resulta na restrição ao sistema de produção, favorecendo unicamente os produtores, enquanto a concorrência propicia um aumento da eficiência produtiva e confere ao consumidor um leque de opções indiscutivelmente maior.

A concorrência perfeita é inatingível. Por isso, a questão que se coloca é se seria cabível ou desejável aspirar-se a um outro modelo de mercado. Para muitos economistas, que reconhecem as limitações da teoria da concorrência perfeita, o que se deve buscar é o que denominam de "concorrência factível".[8] Ao discorrerem sobre o assunto, como se verá na seqüência, contrapõem o conceito de concorrência factível ao de oligopólio, duas das principais formas de mercado.

2.2.1. A concorrência factível

Oligopólio é a forma de mercado em que subsiste certo grau de concorrência, ainda que mínimo. Na maioria dos casos, não há menos do que duas nem mais do que oito empresas concorrentes, e a natureza da rivalidade entre elas é substancialmente afetada por esse fato.

Já a concorrência factível caracteriza a forma de mercado em que o número de empresas rivais é certamente menor do que aquele necessário à concorrência perfeita. Porém, os concorrentes envolvidos e outras circuns-

[8] Em inglês *"workable competition"*.

tâncias relevantes permitem a existência de um grau mais intenso e acirrado de reação mútua do que aquele encontrável em uma situação oligopolística.

É bem verdade que, em certas ocasiões, pode ser extremamente difícil distinguir mercados de concorrência factível daqueles em que predominam os oligopólios. Muitos oligopólios notabilizam-se por revelar diferentes elementos de concorrência entre seus membros, enquanto algumas formas do que aparenta ser um mercado de concorrência factível são afetadas de maneira significativa por tendências oligopolísticas.

Seja como for, se se considerar como desejável um modelo de mercado caracterizado pela presença da concorrência factível, logo afigurar-se-á como indispensável a existência de um direito que a regulamente e proteja.

2.2.2. Concorrência factível e o paradoxo da regulamentação jurídica

Com efeito, pode-se afirmar que, em quase todos os mercados desprovidos de intervenção ou regulamentação governamental, é muito provável que o processo competitivo, mais cedo ou mais tarde, favoreça o surgimento de grupos com amplas fatias de poder.

A aquisição desse, por assim dizer, estratégico "poder de mercado", por sua vez, irá permitir a esses grupos influenciar preços e aumentar suas margens de lucro. Ao aumentarem suas margens de lucro, seja por tirarem proveito das economias de escala ou pelo investimento bem-sucedido em pesquisa e desenvolvimento, esses grupos intensificam ainda mais sua vantagem sobre os demais concorrentes.

Assim fortalecidos, estarão em melhores condições de enfrentar situações econômicas adversas, como um período de recessão ou uma diminuição de demanda. Em tais circunstâncias, o provável declínio ou enfraquecimento de alguns de seus concorrentes poderá tornar ainda mais privilegiada sua posição no mercado.

Todas essas conseqüências, no entanto, são o resultado normal de um bem-sucedido esforço de determinados grupos econômicos, esforço esse não necessariamente indesejável.

Nesse sentido, é que, como assinala *Goyder*, *"competition policy seeks to protect the process of competition, not simply to retain competitors in existence"*.[9] Esse é o caso, apesar de, paradoxalmente, a saúde e a integridade do processo competitivo dependerem, em certa medida, da força individual e da quantidade dos grupos concorrentes. O direito antitruste ou Direito da Concorrência, desse modo, *"se vê às voltas com imensos paradoxos. Para garantir a liberdade de iniciativa, deve proibir e sancionar*

[9] Goyder, *op.cit.*, p.12.

iniciativas. É, por outro ângulo, o direito da anarquia do mercado, a organização da desorganização".[10]

Por outras palavras, é função, portanto, da política ou do Direito da Concorrência coibir a injusta aquisição de poder de mercado por grupos ou empresas, *"without at the same time becoming too overprotective over rivals"*.[11]

A extensão ou medida dessa intervenção da política e do Direito da Concorrência sobre a maneira pela qual os grupos ou empresas atuam no mercado é matéria extremamente controvertida, sobretudo entre os economistas.

A escola ou corrente tradicional de economistas recomendaria uma forma dupla de intervenção. A primeira, que, aliás, está consubstanciada na Seção 1 do *Sherman Act* dos Estados Unidos, ou seja, a lei que dispõe sobre as práticas restritivas ao comércio naquele país, e no artigo 85 do Tratado, procuraria coibir restrições à livre concorrência levadas a efeito por meio de acordos ou práticas concertadas entre grupos ou empresas, tornando-as inválidas e impondo penalidades civis e criminais.

A segunda forma ou método de intervenção teria como objetivo impedir a aquisição indevida de poder por grupos ou empresas através de fusões, monopolização de mercados, ou abusos de posição dominante resultantes de práticas anticompetitivas ou predatórias. Essas são as metas previstas na Seção 1 do *Sherman Act* dos Estados Unidos, na Seção 7 do *Clayton Act*, legislação equivalente no Reino Unido, e no artigo 86 do Tratado, que trata expressamente da questão do abuso de posição dominante.

Assim, se se aceitar a concorrência factível como um modelo de mercado a ser alcançado, será necessária a existência de normas jurídicas que a disciplinem e regulamentem. O direito desenhado para proteger essa concorrência factível terá de lidar, particularmente, com quatro tipos diferentes de problemas, a saber:

a) impedir grupos ou empresas de celebrar acordos entre eles ou entre eles e terceiros, cujo efeito seja o de restringir a concorrência. É o caso dos chamados acordos horizontais e verticais. Acordos horizontais são aqueles firmados entre empresas concorrentes (reais ou potenciais) do mesmo nível, como, por exemplo, fabricantes e atacadistas. Acordos verticais, ao contrário, são aqueles celebrados entre grupos ou empresas, cujo relacionamento tenha características de complementaridade, como, por exemplo, o do fabricante e do distribuidor, e do distribuidor ou licenciante e o licenciado;

---

[10] Conforme Fábio Ulhoa Coelho, *in Direito Antitruste Brasileiro (comentários à Lei nº 8.894/94)*, São Paulo, Saraiva, 1995, prefácio.

[11] Cf.Goyder, *op.cit.*, p.13.

b) controlar tentativas de grupos ou empresas monopolistas com posição dominante de abusarem de tal posição e de criarem obstáculos ao surgimento de novos concorrentes;

c) assegurar que a concorrência factível seja mantida entre oligopólios; e

d) monitorar e fiscalizar fusões entre grupos ou empresas independentes, fusões essas que podem resultar na concentração do mercado e na diminuição da concorrência.

2.3. AS TENSÕES E CONTRADIÇÕES ENTRE OS DIVERSOS SISTEMAS DE PROTEÇÃO À LIVRE CONCORRÊNCIA

É preciso, desde logo, salientar que o direito da concorrência não tem como única função o aumento do bem-estar do consumidor, o qual, conforme precedentemente mencionado, seria obtido mediante a alocação de recursos e diminuição de custos.

Se assim fosse, a formulação de suas regras e sua aplicação seriam relativamente simples. Na verdade, inúmeras políticas governamentais, em diferentes países, têm sido adotadas em nome de um suposto fortalecimento das regras de concorrência.

Muitas dessas políticas governamentais, porém, sequer estão embasadas na noção de bem-estar do consumidor, além de serem absolutamente contrárias à busca da eficiência produtiva e alocativa. O resultado disso é a constante inconsistência e, até mesmo, incompatibilidade entre os sistemas de proteção à livre concorrência vigentes em diferentes países.

Vale notar que a própria noção de distorção ou falseamento da concorrência não é consensual. A evolução do mercado comum europeu, por exemplo, como se verá mais adiante, deixa claro que o sentido de tal distorção ou falseamento obedece, basicamente, a dois critérios ideológicos distintos: liberalismo econômico e intervencionismo estatal. Esses diferentes sentidos e concepções da distorção ou falseamento da concorrência, que, obviamente, sempre implicaram práticas políticas também distintas, têm sido moldados por contextos econômicos e sociais.[12]

A política ou as regras de concorrência, assim, não existem no vácuo, como ensina *Whish*, mas são a expressão dos valores e objetivos de uma determinada sociedade e, como tal, são *"as susceptible to change as political thinking generally"*.[13]

---

[12] Ver a respeito Synder, "Ideologies of Competition in European Community", *in Modern Law Review*, n. 52, 1989, p.149.

[13] Cf. Whish, *op.cit.*, p. 17.

Exatamente por ocorrerem mudanças de concepção e posturas ao longo do tempo é que o Direito da Concorrência, na expressão do referido autor, *"is infused with tension"*.[14] Além disso, os inúmeros sistemas de proteção à concorrência refletem diferentes preocupações, o que fica bem evidente, quando se compara, por exemplo, o direito antitruste norte-americano e o da Comunidade.

No que respeita às preocupações e objetivos do Direito da Concorrência da Comunidade, algumas pistas foram dadas em recente relatório publicado pela Comissão. Da página 11 daquele documento, vale citar o seguinte trecho:

> *"Competition is the best stimulant of economic activity since it guarantees the widest possible freedom of action to all. An active competition policy pursued in accordance with the provisions of the Treaties establishing the Communities makes it easier for the supply and demand structures continually to adjust to technological development. Through the interplay of decentralized decision-making machinery, competition enables enterprises continuously to improve their efficiency, which is the* sine qua non *for a steady improvement in living standards and employment prospects within the countries of the Community..."*[15]

Mais elucidativa ainda é a posição da Organização de Cooperação e Desenvolvimento Econômico (OCDE) quanto à relevância das regras da concorrência na formação do mercado comum europeu. Nos termos de um documento datado de 1984 acerca dos objetivos da então Comunidade Econômica Européia, à política da concorrência atribuíram-se, como meta principal, a preservação e a promoção do processo de concorrência, por meio das quais se buscaria estimular a eficiência na promoção e alocação de bens e serviços.

Com o tempo, o incremento dessa eficiência dos setores produtivos deveria resultar em inovação tecnológica e em um processo dinâmico de crescimento sustentado. Dessa forma, prossegue o documento, em condições de *"effective competition, rivals have equal opportunities to compete for business on the basis and quality of their outputs, and resource deployment follows market success in meeting consumers' demand at the lowest possible cost"*.[16]

Essas regras de concorrência, que compõem o chamado Direito da Concorrência da Comunidade, foram também qualificadas por *Green, Har-*

---

[14] *Ibid.*, p. 17.

[15] Ver *XX1st Competition Report*, Bruxelas, Comissão das Comunidades Européias, 1991, p.1.

[16] Cf. *Competition and Trade Policies: Their Interaction*, Paris, OCDE, parag. 232.

tley e *Usher* como sendo um instrumento fluido e dinâmico, que tem a capacidade de amoldar-se às necessidades do desenvolvimento econômico e político.[17]

Subjacente a esses conceitos a respeito das regras e do Direito da Concorrência na Comunidade parece estar a idéia da necessária regulamentação do mercado *"in order to bring it close to the ideal"*, conforme pondera *Josephine Steiner.*[18]

Bem diferente dessa visão é aquela propugnada pelos economistas da chamada Escola de Chicago, segundo os quais o mundo real se aproxima muito bem do modelo de concorrência perfeita. Para os adeptos daquela Escola, cujo número tem aumentado significativamente, em especial nos Estados Unidos, até mesmo os monopólios não seriam cerceadores da livre concorrência, *"as long as there are no barriers to entry, i.e., as long as other business people are not prevented from entering the field as competitors".*[19] Dessa forma, apenas um mínimo de intervenção seria necessário, isto é, somente para coibir as mais ostensivas formas de atividade anticompetitiva.

Esse pensamento da Escola de Chicago parece permear muitos sistemas de proteção à concorrência em vários países. Verificam-se inúmeras discussões acerca da conveniência de intervenção governamental nessa área. Argumenta-se que o envolvimento governamental pode criar mais problemas do que efetivamente resolver, na medida em que, necessariamente, ocorre uma interferência nos processos de mercado. Além disso, pondera-se, o Direito da Concorrência outorga poderes a funcionários governamentais que podem usar tais poderes para fins não relacionados à proteção da concorrência. Finalmente, dentre essas discussões, constatam-se muitas ponderações no sentido de que, se o Direito da Concorrência já teve um papel importante no passado, atualmente, com a crescente internacionalização da economia que faz aumentar a capacidade de competição, a necessidade de sua existência diminui significativamente.

Ao se utilizar de uma perspectiva denominada de "ordoliberal", *David Gerber* rebate tais argumentos, afirmando que as reflexões acima não minam a importância do Direito da Concorrência. Em primeiro lugar, diz ele, a história convenceu os ordoliberais de que as posições de poder econômico não foram facilmente enfraquecidas. Com base no processo de industrialização da Europa e no período de Weimar, os ordoliberais *"were convinced*

---

[17] Green, Hartley and Usher, *The Legal Foundations of the Single European Market*, Oxford, Oxford University Press, 1991, p. 197.

[18] Ver Josephine Steiner, *Textbook on EEC LAW*, 3ª ed., Londres, Blackstone Press Limited, 1992, p.117.

[19] *Ibid.*, p.117.

that such positions tended to perpetuate themselves and even to strengthen over time".

Em segundo lugar, a idéia de que o Direito da Concorrência "interfere" no mercado é equivocada porque fundada em uma perspectiva de curto prazo. No longo prazo, assinala *Gerber*, *"measures that maintain the conditions of competition can hardly be said to interfere with competition"*.

Terceiro, a crítica do poder discricionário outorgado aos administradores públicos *"does not apply to the ordoliberal conception of competition law, because a cardinal principle of their framework is that competition law should not place any significant degree of discretionary power in the hands of administrators - rather they are authorized only to implement the fundamental principles of economic constitution"*.

Finalmente, arremata o autor, quanto ao impacto da internacionalização da economia sobre as estruturas de competição, *"an ordoliberal response is likely to focus on the issue of whether such process actually reduce the capacity of firms to coerce the behaviour of other firms. Where they do, this would automatically reduce the need for enforcement action, and the result would be welcome"*.[20]

Entre nós, *Isabel Vaz* agrupa o conjunto das regras de concorrência, isto é, normas de "repressão ao abuso do poder econômico" e de "defesa da concorrência", sob a denominação de Direito Econômico da Concorrência *"devido à sua vocação de regulamentar as medidas de política econômica, destinadas a atingir os objetivos da Ordem Econômica, harmonizando-se com os princípios ideológicos comprometidos com a democracia econômica e social"*.[21] Para *Franceschini*, o Direito da Concorrência *"pode ser entendido como o ramo do Direito Penal-Econômico que disciplina as relações de mercado entre os agentes econômicos e os consumidores, tutelando-lhes, sob sanção, o pleno exercício do direito à livre concorrência como instrumento da livre iniciativa, em prol da coletividade"*. Segundo ele, três são as correntes doutrinárias que cuidam do tema, procurando situar o Direito da Concorrência ora na esfera do Direito Administrativo, ora na do Direito Econômico ora na do Direito Penal-Econômico.[22]

Vale destacar que, apesar de algumas críticas que serão feitas mais adiante às regras de concorrência estabelecidas pelo Tratado e, mais do que isso, à maneira pela qual tanto a Comissão e, por vezes, o Tribunal têm interpretado tais regras, a concepção do Direito da Concorrência adotada neste estudo aproxima-se muito mais do modelo vigente no processo de

---

[20] Ver David J. Gerber, "Constitutionalizing the Economy: German Neo-liberalism, Competition Law and the 'New' Europe", [1994] 42 *American Journal of Comparative Law* 25, pp.77/78.

[21] Cf. Isabel Vaz, *Direito Econômico da Concorrência*, Rio de Janeiro, Forense, 1993, p.284.

[22] Ver José Inácio Gonzaga Franceschini, *Introdução ao Direito da Concorrência*, São Paulo, Malheiros Editores, 1996, p.8.

integração europeu do que a que permeia a legislação antitruste norte-americana, grandemente influenciada pela Escola de Chicago.[23]

A sistematização das principais funções do Direito da Concorrência feita na seqüência reflete tal concepção.

2.4. A FUNÇÃO DO DIREITO DA CONCORRÊNCIA

Com base, portanto, na análise da teoria da concorrência, de sua até certo ponto paradoxal regulamentação jurídica, das tensões, inconsistências e contradições entre os diversos sistemas de proteção à livre concorrência, e, tendo em vista o objeto deste estudo que é a Comunidade, cumpre explicitar, agora de forma mais sistematizada, as diversas funções do Direito da Concorrência.

A primeira dessas funções é a de proteger o consumidor. Essa proteção deve dar-se não no sentido técnico de maximização do bem-estar do consumidor, mas no mais específico sentido de salvaguardar os indivíduos do poder dos monopólios ou dos acordos violadores da livre concorrência celebrados por empresas independentes.

A segunda possível função do Direito da Concorrência é a de dispersar o poder e redistribuir a riqueza, ou seja, a promoção da justiça econômica em vez da eficiência econômica. A concentração de recursos nas mãos de monopólios e grandes conglomerados pode ser considerada como uma ameaça à noção de democracia, da liberdade individual de escolha e oportunidade econômica.

As regras de concorrência podem ainda ser utilizadas como um instrumento de outras políticas. Desemprego e políticas regionais, por exemplo, são questões que algumas vezes aparecem em decisões atinentes à concorrência.[24] Por outro lado, em alguns países, como o Brasil, a legislação antitruste serviu, durante bom tempo, para coibir o aumento abusivo de preços, ou seja, foi usada como instrumento de combate à inflação. Atualmente, porém, com base na nova legislação,[25] em que pesem algumas críticas que lhe possam ser feitas, o CADE tem tido um papel crescentemente

---

[23] Vale sempre reiterar que, como diz Steiner, a aprovação *"or disapproval of Community policies will ultimately depend on one's view of its economic, social and political priorities"*. Cf. Josephine Steiner, *op.cit.*, p. 118.

[24] Por exemplo, a legislação do Reino Unido (art. 84 do Fair Trading Act de 1973) refere-se especificamente à manutenção e promoção *"of the balanced distribution of industry and employment in the UK"* como elementos a serem levados em consideração na análise dos efeitos dos monopólios e fusões de empresas. Nesse sentido, também o Restrictive Trade Practices Act de 1976 permite a formação de cartéis *"which may prevent local and persistent unemployment"*.

[25] Lei nº 8.884/94.

atuante, no sentido de evitar a chamada "cartelização" de empresas no Brasil.[26]

A regulamentação do processo de fusões entre grupos econômicos com vistas a impedir *"takeovers"* de empresas nacionais por empresas estrangeiras é outra das possíveis funções das regras de concorrência.

Por fim, dois pontos de extrema relevância para os objetivos deste estudo devem ainda ser mencionados. O primeiro é que a política de concorrência no contexto da Comunidade tem uma função adicional bem diferente daquelas descritas acima.

As regras de concorrência exerceram, e continuam a exercer, decisivo papel na implementação e consolidação do mercado único europeu. Como se sabe, a verdadeira idéia do mercado comum é ter desmanteladas todas as barreiras ao comércio no âmbito da Comunidade e ter assegurada a livre circulação de bens, serviços, capital e trabalho. As empresas devem ser capazes de expandir suas fronteiras e operar em uma mais eficiente escala dentro da Comunidade.

As regras de concorrência têm uma dupla função nesse sentido: uma negativa e outra positiva.

Negativa, na medida em que prescrevem rigorosas punições para medidas tendentes a isolar os mercados domésticos de cada um dos Estados-Membros, como, por exemplo, a formação de cartéis e a divisão de mercados.

Positiva, uma vez que tais regras podem e têm sido usadas como um instrumento de estímulo ao comércio entre os Estados-Membros. É inegável que a aplicação eficaz de tal instrumento resulta na eliminação ou, pelo menos, na diminuição de barreiras comerciais.

O Direito da Concorrência da Comunidade estimula, assim, a concorrência no sentido de fazer com que o mercado único funcione com o máximo de eficiência. Pode-se afirmar que eficiência, inovação, preços baixos e competitivos se constituem em partes essenciais de seus objetivos.

Como se verá mais adiante, esses objetivos básicos do Direito da Concorrência da Comunidade estão contidos nos artigos 85-86 e 90-94 do Tratado.

---

[26] Roberto Campos, em artigo publicado no Jornal *Folha de São Paulo*, de 17/03/96, p. 1.4, observou: *"No Brasil, a agência antitruste é o Cade (Conselho Administrativo de Defesa Econômica). Foi criado por legislação de 1942, que se tornou mais abrangente e intrusiva pela lei nº 8.884, de junho de 1994. Isso ocorreu precisamente no momento em que as leis antitrustes no mundo começavam a ser flexibilizadas. O governo brasileiro nunca teve autoridade, ou credibilidade, para fomentar concorrência, pois nasceu cevado na cultura (ou incultura) dos monopólios estatais"*.

2.5. AS REGRAS DE CONCORRÊNCIA DA COMUNIDADE: PRINCÍPIOS GERAIS

Deve-se notar, inicialmente, que o Direito da Concorrência da Comunidade é muito mais recente que seu equivalente nos Estados Unidos. Por essa razão, sua aplicação na prática tem sido considerada como mais afinada com as novas tendências do comércio internacional. Ou seja, reflete mais realisticamente (1) a evolução do Japão como uma potência comercial e econômica, (2) a grande ênfase que se atribui à tecnologia de ponta, e (3) a crescente importância do setor de serviços, como banco e seguros.[27]

Os objetivos básicos do Direito da Concorrência da Comunidade estão contidos nos artigos 85-86 e 90-94 do Tratado, capítulo I, parte III, com pequenas alterações introduzidas pelo Tratado da União Européia. Cumpre ressaltar, no entanto, que esses artigos estão inextricavelmente ligados aos artigos 2 e 3, que, fundamentalmente, explicitam os princípios gerais do Tratado.

O artigo 3, "g", conforme precedentemente mencionado, estabelece expressamente como objetivo da Comunidade a criação de um sistema que vise a assegurar a inexistência de distorções ou restrições à livre concorrência. O artigo 2, com a nova redação que lhe foi dada pelo Tratado da União Européia, dispõe, *inter alia,* sobre a necessidade de se alcançar um desenvolvimento harmonioso e equilibrado das atividades econômicas. Isso equivale a dizer que todas as restrições de caráter governamental, como, por exemplo, as barreiras tarifárias e a imposição de quotas de importação, devem ser abolidas. A abolição dessas restrições governamentais seria por si só ineficaz, se pudesse ser substituída por cartéis, por meio dos quais os mercados internos de cada um dos Estados-Membros ficassem "preservados" de qualquer concorrência dos outros Estados-Membros.[28]

Essa explícita referência à concorrência nos princípios gerais do Tratado tem tido uma significativa importância e influência nos processos decisórios da Comissão e do Tribunal. Tanto a Comissão como o Tribunal têm interpretado as normas específicas de concorrência com base nas disposições dos aludidos artigos 2 e 3 do Tratado.

27 Se bem que, reconhecidamente, até há pouco tempo, fossem ainda significativas as dificuldades para a implementação do mercado único de serviços. Ver, nesse sentido, artigo transcrito da revista britânica "The Economist" e publicado na "Gazeta Mercantil" de 15.06.94, p.2, onde se indaga:" *Por que é que, por exemplo, o mercado único ainda não trouxe para os 340 milhões de cidadãos da Europa Ocidental as baratas tarifas aéreas vigentes nos Estados Unidos, ou serviços de telecomunicações igualmente baratos e eficientes? Por que uma empresa na Alemanha precisa esperar até julho antes de poder comprar seguro barato da Grã-Bretanha? E arremata: "Evidentemente, o mercado único, produto da Lei do Mercado único de 1986, ainda não existe na prática".*

28 Ver a respeito Valentine Korah, *An Introductory Guide do EEC Competition Law and Practice,* 4ª ed., Oxford, Esc Publishing Limited, 1991, p.1.

2.6. PRÁTICAS E ACORDOS RESTRITIVOS

As já referidas normas específicas da concorrência contemplam as diversas formas pelas quais a mesma pode ser falseada ou distorcida. A primeira dessas normas está relacionada com abusos decorrentes das atividades de empresas. Assim, acordos restritivos, como, por exemplo, a fixação de preços mínimos entre duas ou mais empresas concorrentes, que detenham controle substancial do mercado da Comunidade, podem levar à eliminação da concorrência.[29] É por isso que o artigo 85 (1) do Tratado proíbe expressamente, ressalvadas as hipóteses de isenção enunciadas em seu parágrafo terceiro, por serem incompatíveis com o mercado comum, *"todos os acordos entre empresas, todas as decisões de associações de empresas e todas as práticas concertadas que sejam susceptíveis de afetar o comércio entre os Estados-Membros e que tenham por objetivo ou efeito impedir, restringir ou falsear a concorrência no mercado comum..."*.

Trata-se, como salientam *Jacobs* e *Stewart-Clark*, de definição ampla e genérica, *"which have provided the European Commission and the European Court, to which appeals can be made, with flexibility of interpretation to meet changing problems and circumstances"*.[30] Conseqüentemente, tem havido, ao longo dos anos, alguma incerteza quanto ao cumprimento das regras de concorrência. O objetivo desse artigo foi sendo explicitado por meio de regulamentos, decisões, manifestações da Comissão, isenções outorgadas a algumas categorias de acordos e, sobretudo, por decisões do Tribunal que, em inúmeras ocasiões, modificaram por completo decisões da própria Comissão.

De qualquer forma, em tal definição, oito elementos cruciais podem ser identificados, a saber: (a) acordo; (b) decisões de associações ou conjunto de empresas; (c) práticas concertadas; (d) entre empresas; (e) que possam afetar o comércio entre os Estados-Membros; (f) objeto ou efeito; (g) impedimento, restrição, distorção ou falseamento da concorrência; e (h) no âmbito do mercado comum. Veja-se abaixo o alcance e significado desses elementos:

a) Acordo - O artigo 85 (1) somente é aplicável quando existir um acordo, uma decisão por uma associação de empresas ou uma prática concertada. Com base na jurisprudência já existente a respeito, pode-se afirmar que a expressão acordo tem de ser interpretada de maneira abrangente, de

---

[29] Como conseqüência, os consumidores seriam compelidos a pagar qualquer preço imposto por tal acordo, ou aceitar quaisquer termos e condições de venda que lhes fossem apresentados. Ver nesse sentido, E. S. Singleton, *Introduction to Competition Law*, Londres, Blackstone Press Limited, 1992, pp. 122/123.

[30] Ver D. Mand Jacobs e J. Stewart-Clark, *Competition Law in the European Community*, 2ª ed., Londres, Kogan Page, 1991, p. 33.

forma a incluir não apenas documentos formalmente concluídos, como também acordos verbais e os chamados "Acordos de Cavalheiros". Acordos nos quais somente uma das partes concorda em restringir sua liberdade de ação também são enquadráveis, assim como acordos em que a restrição da liberdade de ação não é voluntária. Pode-se inferir a existência de um acordo a partir de determinados fatos e circunstâncias, ainda que as partes se neguem a reconhecê-lo;

b) Decisões de associações de empresas - Refere-se a atividades de associações comerciais ou outras entidades representativas. É irrelevante o fato de tais entidades possuírem ou não personalidade jurídica ou mesmo se a elas foi ou não atribuída uma determinada função pública. O conceito de decisão também deve ser interpretado de maneira não-restritiva. Deve abranger não somente as decisões de caráter vinculante e obrigatório aos membros de tais entidades, como também as recomendações na medida em que estas últimas podem influenciar seus membros a agir de determinada maneira;

c) Práticas concertadas - Este conceito atrai para o âmbito das proibições contidas no artigo 85 (1) os acordos informais que não se encaixam na definição de "acordos" ou "decisões de associações de empresas". A clássica definição de práticas concertadas foi dada pelo Tribunal no Caso *ICI v Comissão,*[31] no qual o Tribunal declarou que a frase foi usada no Tratado a fim de permitir o enquadramento no artigo 85 de uma forma de cooperação entre empresas que, muito embora não tenha sido o resultado de um acordo propriamente dito, *"knowingly substitutes practical co-operation between them for the risks of competition"*.

No que respeita aos requisitos para se determinar a existência de práticas concertadas, algumas decisões da Comissão sugerem que se busquem indícios em contatos ou comunicações havidos entre as partes, os quais tenham tido como objetivo influenciar condutas comerciais no mercado. Para determinar se houve ou não prática concertada, a Comissão deve levar em consideração as características do mercado. Ou seja, deve a Comissão perquirir se o "comportamento paralelo" investigado decorre de uma resposta natural e independente das empresas ao mercado ou se existe um consenso entre elas quanto ao modo de conduzirem suas operações. Somente se esse "comportamento paralelo" derivar do consenso entre as empresas é que ocorrerá prática concertada;

d) Entre empresas - Resta claro da leitura do artigo 85 (1) que o mesmo deve ser aplicado quando houver acordo entre empresas (*undertakings*, em inglês). O termo "empresa" não está definido no Tratado. De acordo com a Comissão, *"'undertaking' must be viewed in the broadest sense covering any entity engaged in economic or commercial activities such as produc-*

[31] Caso 48/69, [1971] *ECR* 619, par. 64, também conhecido como caso *Dyestuffs*.

tion, distribution or the supply of services ranging from small shops run by one individual to large industrial companies".[32] Com efeito, o termo abrange toda pessoa física ou jurídica que exerça atividade econômica, incluindo, entre outras, empresas públicas, sociedades limitadas, sociedades anônimas (capital aberto ou fechado), associações comerciais, cooperativas e sociedades sem fins lucrativos. Pessoas físicas, como já referido, podem ser consideradas "empresas", desde que exerçam atividades econômicas por sua conta própria. Apesar de os Estados-Membros não serem qualificados como "empresas" e, portanto, não serem destinatários dos artigos 85 e 86, estes últimos, como se verá mais adiante, juntamente com os artigos 3 (g) e 5 do Tratado, têm sido usados pelo Tribunal para investigar os efeitos da legislação nacional sobre a concorrência;

e) Que possam afetar o comércio entre os Estados-Membros - Se o acordo ou a prática concertada não afetar o comércio entre os Estados-Membros, não se aplicam as disposições do artigo 85, mas, se houver, as regras de concorrência do Estado-Membro no qual tal acordo ou prática tiver sido realizado. Dessa forma, explicam *Green*, *Hartley* e *Usher*, *"the words constitute a rule for determining the jurisdiction of the Community".*[33] Para se poder determinar tal jurisdição, é necessário, em primeiro lugar, analisar, separadamente, o significado de "afetar" e "comércio".

"Comércio" deve ser interpretado de maneira extensiva para abarcar todas as formas de atividade econômica. Segundo o Tribunal, para se poder aplicar o artigo 85, deve ser possível, com base em um conjunto de fatores objetivos, que o acordo em questão possa ter uma influência, direta ou indireta, real ou potencial, sobre a estrutura do comércio entre Estados-Membros. Para o Tribunal, a fim de se aquilatar a existência do efeito sobre o comércio, é preciso examinar o acordo como um todo. Se o acordo como um todo afetar o comércio, torna-se irrelevante o fato de restrições individuais ou isoladas não o fazerem.[34] Utiliza-se, ademais, uma regra *de minimis*, no sentido de serem considerados apenas os acordos cujo efeito sejam apreciáveis ou significativos. O desenvolvimento de tal regra ocorreu no Caso *Völk v Vervaecke*, no qual o Tribunal declarou que *"an agreement falls outside the prohibition in Article 85 (1) when it has only an insignificant effect on the markets, taking into account the weak position which the persons concerned have on the market of the product in question";*[35]

---

[32] Ver a respeito Ivo van Bael e Jean-François Bellis, *Competition Law of the EEC*, 2ª ed., Reino Unido, CCH Editions Limited, 1990, p.23, citando algumas decisões da Comissão.

[33] Cf. N. Green, TC. Hartley e J.A. Usher, *The Legal Foundations of..., op.cit.*, 223.

[34] *Ibid.*, p. 223. Os autores se referem a um julgado do Tribunal no Caso *Société Technique Minière v Maschinenbau Ulm*.

[35] Caso citado por Ivo van Bael e Jean-François Bellis, *in Competition Law..., op.cit.*, p. 44. Explicam também os autores que a Comissão tem, periodicamente, oferecido alguma orientação sobre o que se considera efeito apreciável ou significativo.

f) Objeto ou efeito - Essa alternatividade entre objeto e efeito levou o Tribunal a ter um entendimento inicial de que o artigo 85 (1) seria aplicável, independentemente de serem examinados os efeitos concretos de um acordo. Nessa conformidade, bastaria tão-somente que o acordo tivesse por objeto o impedimento, a restrição, a distorção ou o falseamento da concorrência. Na prática, no entanto, afirmam *Bael e Bellis*, faz-se minimamente necessária a verificação dos efeitos do acordo, ainda que o mesmo seja claramente anticompetitivo. De fato, prosseguem os autores, *"pursuant to Article 85 (1) it is in any event mandatory to examine whether the agreement may affect trade between Member States"*. Além disso, tendo em vista os casos que vieram a ser subseqüentemente analisados pelo Tribunal, passou a ser essencial *"to assess the agreement in its economic context and to see whether the effect on competition is 'appreciable', rather than de minimis"*;[36]

g) Impedimento, restrição, distorção ou falseamento da concorrência - Há pouca diferença entre essas condutas. Na verdade, o que releva salientar é o fato de o artigo 85 (1) abranger tanto os acordos de fixação de preços e de divisão de mercado entre concorrentes (ou seja, os denominados acordos horizontais) como os acordos de exclusividade celebrados entre produtores e distribuidores ou entre fornecedores e recipientes de tecnologia (isto é, os acordos verticais).

Muito embora não tenha utilizado a expressão, o critério que o Tribunal tem adotado no exame de tais acordos é o da "regra da razão" (*"the rule of reason approach"*). Por meio desse critério, evita-se a condenação *a priori* e automática de algumas cláusulas que contenham aparente caráter violador da livre concorrência. O que se busca, em primeiro lugar, é perquirir o objetivo geral do acordo em questão para se poder determinar se, efetivamente, o mesmo impede ou pode levar a uma restrição ou distorção da concorrência. Em seguida, verifica-se a adequabilidade de suas cláusulas a seu objetivo geral. Em um contrato de compra e venda de ativos, por exemplo, o vendedor muito freqüentemente obriga-se a, durante determinado período, não concorrer com o comprador no mesmo ramo de negócio. Segundo acentuam *Green*, *Hartley* e *Usher*, o Tribunal, ao não enquadrar esse tipo de cláusula na proibição do artigo 85 (1), parece ter aceitado o que chamam de "sabedoria ortodoxa" nela contida que é justamente a necessidade de permitir a transferência integral do fundo de comércio para o comprador;[37] e

h) No âmbito do mercado comum - Não há dúvidas de que o artigo 85 contempla acordos restritivos à livre concorrência celebrados apenas no

[36] *Ibid.*, p. 36.
[37] Ver Green, Hartley e Usher, *The Legal Foundations...*, *op.cit.*, pp. 225/226.

âmbito da Comunidade. Houve, como se verá mais adiante, ao se abordar a questão da extraterritorialidade, algumas tentativas de se impor a jurisdição da Comunidade sobre empresas nela não sediadas, o que resultou em problemas de difícil solução, inclusive do ponto de vista diplomático.

Entre os acordos vedados, listados pelo próprio artigo 85 (1), incluem-se:

i) a fixação, de forma direta ou indireta, dos preços de compra ou de venda ou quaisquer outras condições de transação;

ii) a limitação ou controle da produção, da distribuição, do desenvolvimento técnico ou dos investimentos;

iii) a repartição dos mercados ou das fontes de abastecimento;

iv) a aplicação relativa a parceiros comerciais de condições desiguais, no caso de prestações equivalentes, colocando-os, por conseqüência, em desvantagem na concorrência; e

v) a subordinação da celebração de contratos à aceitação de prestações suplementares que, pela sua natureza ou de acordo com os usos comerciais, não tenham ligação com o objeto desses contratos.

Nos termos do parágrafo segundo, todos os acordos ou decisões proibidos no artigo 85 (1) são automaticamente nulos.[38]

Ilustrativo desses acordos é o Caso *Züchner v Bayerische Vereinsbank.*[39] O Sr. Züchner possuía uma conta bancária no Bayerische Vereinsbank, em Rosenheim, Alemanha. Ao transferir determinada quantia de dinheiro de sua conta para a Itália, o Sr. Züchner questionou o valor da taxa de transferência cobrada pelo banco, alegando ser esse exatamente igual ao cobrado pelos demais bancos. No entender do Sr. Züchner, tal uniformidade na cobrança de taxa de transferência constituía uma clara violação das disposições do artigo 85 do Tratado.

A questão foi levada ao Tribunal, nos termos do artigo 177 do Tratado ("questão prejudicial"), o qual confirmou que, se houvesse qualquer tipo de acordo ou contrato entre os bancos dos Estados-Membros estipulando uma taxa de transferência única de divisas, portanto, uma prática concertada em (possível) detrimento da livre concorrência no âmbito da Comunidade, tal acordo ou contrato poderia ser considerado como uma infringência às normas do artigo 85.[40]

---

[38] Apesar disso, o Tribunal tem entendido que "*it is only the offending clauses in the agreement which are avoided and further that it is for national courts to determine the legal significance of the fact that certain clauses are void*". Ver Green, Hartley e Usher, *The Legal..., op.cit.*, p. 228.

[39] Caso 172/80, *Züchner v Bayerische Vereinbank*, [1981] *ECR* p. 2021.

[40] Para o Tribunal, "*that parallel conduct in debiting uniform charges on transfers by banks from one Member State to another could amount to a concerted practice if it was established both that the paralell conduct exhibited the features of co-ordination and co-operation characteristic of such a practice and that such conduct was capable of having sufficient effect on competition*". Ver a respeito Goyder, *EC Competition..., op.cit.*, p. 101.

Por outro lado, é importante notar que, na forma do artigo 85 (3), as disposições dos parágrafos 1º e 2º, poderão não ser aplicáveis a acordos, decisões entre associações de empresas e práticas concertadas que contribuam para melhorar a produção ou distribuição de produtos ou para promover o progresso técnico ou econômico da Comunidade. Para tanto, (a) as vantagens daí decorrentes deverão ser eqüitativamente repartidas; (b) não poderão ser impostas restrições que não sejam indispensáveis; e (c) não se poderá eliminar a concorrência relativa a uma parte substancial dos produtos em causa. Em uma palavra, como explica *Vera Thorstensen*, são proibidos acordos que criem barreiras ao comércio ou ao investimento no mercado comum.[41]

2.7. O ABUSO DA POSIÇÃO DOMINANTE

O abuso de posição dominante é outra das práticas que pode levar à distorção da concorrência. O artigo 86 procura justamente regular o comportamento abusivo de monopólios ou oligopólios que controlam parte substancial do mercado. Assim, *"incompatível com o mercado comum e proibido, na medida que tal seja susceptível de afetar o comércio entre os Estados Membros, o fato de uma ou mais empresas explorarem de uma forma abusiva uma posição dominante no mercado comum ou em uma parte substancial deste"*.

Entre os tipos de abuso de posição dominante que o artigo 86 visa a coibir estão:

i) a imposição, de forma direta ou indireta, de preços de compra ou de venda ou outras condições de transação;

ii) a limitação da produção, da distribuição ou do desenvolvimento técnico em prejuízo dos consumidores;

iii) a aplicação a parceiros comerciais de condições desiguais no caso de prestações equivalentes; e

iv) a subordinação do contrato à aceitação de prestações suplementares que não tenham ligação com o objeto do contrato.

É preciso notar que a mera posição de dominância no mercado não é, *prima facie*, ilegal. A que o artigo 86 visa proscrever é o mau uso desse poder de mercado, e não sua existência *"simpliciter"*.

Muitos fatores podem levar uma empresa a assumir posição de proeminência comercial, como, por exemplo, o desenvolvimento de tecnologias avançadas devidamente patenteadas e a qualidade de seu desempenho em termos de preço, produto e serviços oferecidos. Essa posição, no entanto,

---

[41] Cf. Vera Thorstensen, *Comunidade Européia*, 1ª ed., São Paulo, Brasiliense, 1992, p. 117.

nem sempre é o resultado de seu próprio mérito, podendo ser alcançada em face da existência de um mercado interno protegido por barreiras tarifárias e não-tarifárias.

A prática tem demonstrado que, quando uma empresa conquista essa posição de dominância, ou seja, quando desaparece o efeito disciplinador da concorrência, a pressão para manter baixos custos e preços e a motivação para melhorar a qualidade de seus produtos e serviços tendem a uma inexorável diminuição. Além disso, a conduta de uma empresa dominante pode, a um custo relativamente reduzido, levar à ruína ou impedir a entrada de potenciais concorrentes. Exemplo disso seria o eventual desvio de lucros de um determinado setor para subsidiar um outro, no qual a empresa ainda não possui posição de dominância, *"thereby providing a source of 'easy money' to which other participants have no access"*.[42]

Não existe, contudo, no artigo 86, uma definição de posição dominante. Essa definição tem sido explicitada pelos casos apreciados pela Comissão e pelo Tribunal. No Caso *United Brands v Comissão*, o Tribunal definiu o conceito de posição dominante como sendo aquela em que uma empresa dispõe de uma ponderável força econômica, *"which enables it to prevent effective competition being maintained on the relevant market by giving it the power to behave to appreciable extent independently of its competitors, customers and ultimately of its consumers"*.[43]

No Caso *European Sugar Industry,*[44] a Comissão considerou que duas empresas holandesas produtoras de açúcar, a Sukier Unie e a Centrale Sukier Maatschappij, tinham posição dominante no mercado de açúcar daquele país. O entendimento da Comissão baseou-se no estreito relacionamento comercial existente entre aquelas duas empresas que envolvia a compra conjunta de matéria-prima, racionamento da produção, colaboração no uso de produtos intermediários, cooperação em pesquisas de mercado, propaganda e promoção de venda, harmonização de preços *ex-factory* e condições de venda.

Qualquer exame da aplicabilidade do artigo 86 a um determinando conjunto de fatores deve começar por perquirir o conceito de mercado relevante. Conforme declarado pelo Tribunal no Caso *Continental Can,*[45] a definição de mercado relevante é de importância crucial para a apreciação da posição dominante. Definir o mercado relevante, no entendimento da

---

[42] Ver Green, Hartley e Usher, *The Legal..., op.cit.*, p. 256.

[43] Caso 27/76, *United Brands v Comissão*, [1978] 207 *ECR*, 277, parágrafo 65.

[44] Caso *European Sugar Industry, in Official Journal of the European Communities*, 1973, L140/17.

[45] Caso *Europemballage e Continental Can v Comissão*, [1973] *ECR* 215, p. 247, parágrafo 32. Isso porque, segundo o Tribunal, "*the possibilities of competition can only be judged in relation to those characteristics of the products in question by virtue of which those products are particularly apt to satisfy an inelastic need, and are only to a limited extent interchangeable with other* products".

Comissão, significa delimitar a área de comércio, na qual as condições de concorrência e de poder de mercado da empresa dominante têm de ser examinadas.[46] Considerando-se que o poder de mercado é a habilidade que possuem as empresas de se comportarem de modo significativamente independente, ou de impedir a manutenção de uma efetiva concorrência, a medida desse poder de mercado tem de levar na devida conta aquelas empresas que, por meio de sua influência restritiva, impedem outras empresas de se comportarem de maneira independente. O processo de identificação dessas empresas é justamente, como explicam *Bael* e *Bellis*, a investigação do que constitui o mercado relevante. Assim, por exemplo, aquelas empresas que impedem uma outra empresa de elevar seus preços a um patamar extremamente competitivo, uma vez que elas próprias pretendem vir a oferecer produtos ou serviços a um preço ainda melhor, são parte do mercado relevante. As empresas são apenas capazes de exercer uma influência restritiva sobre outras quando fornecem bens ou serviços que têm, na visão dos consumidores, um razoável grau de substitutibilidade e que estejam disponíveis dentro de uma determinada área geográfica. Assim, prosseguem os autores, *"the relevant market should be identified both from the point of view of the product involved..., and from the point of view of geography..."*.[47]

Posteriormente ao Caso *Continental Can* acima referido, ficou claro que o artigo 86 não somente visa a coibir condutas abusivas no sentido de serem desleais, prejudiciais ou discriminatórias, como também condutas danosas à estrutura do mercado, independentemente de seu impacto sobre os consumidores. No Caso *Hoffman La Roche v Comissão*, o Tribunal deu um passo adiante em sua análise do artigo 86, ao afirmar que:

> *"The concept of abuse is an objective concept relating to the behaviour of an undertaking in a dominant position where, as a result of the very presence of the undertaking in question, the degree of competition is weakened and which, through recourse to methods different from those which condition normal competition in products or services on the basis of the transactions of commercial operators, has the effect of hindering the maintenance of the degree of competition still existing in the market or the growth of that competition."*

As condutas danosas enquadráveis no artigo 86 são, pois, multifacetadas, podendo ser divididas da seguinte forma: (a) conduta desleal; (b) condutas prejudiciais a uma efetiva estrutura de mercado; e (c) métodos

[46] Ver Bael e Bellis, *Competition Law..., op.cit.*, p. 59.
[47] *Ibid.*

negociais diferentes daqueles prevalecentes sob condições normais de concorrência.[48]

2.8. O REGULAMENTO SOBRE FUSÕES/INCORPORAÇÕES

De um modo geral, as autoridades encarregadas de zelar pela vigência plena da livre concorrência tendem a considerar o controle sobre fusões e/ou incorporações entre grandes e poderosas corporações como uma de suas preocupações fundamentais. Tal preocupação refere-se não somente à conduta das empresas como também ao efeito que a mesma exercerá sobre as estruturas de mercado e, especialmente, sobre o grau de concentração (e conseqüente aumento do poder de mercado) que as fusões e/ou incorporações podem ensejar.

Claro está que, no entender dessas autoridades, melhor seria que a realização de tais reorganizações societárias não fosse autorizada sem um prévio e cuidadoso exame de seus possíveis efeitos sobre o processo competitivo. No entanto, a ausência de regras e mecanismos dispondo sobre tal exame prévio poderia levar a duas conseqüências indesejáveis. Em primeiro lugar, empresas que, por força das disposições do artigo 85 (1), estivessem impedidas de celebrar acordos violadores da livre concorrência, poderiam, pura e simplesmente, fundir seus negócios para alcançar seus objetivos, escapando, assim, da aplicação daquelas disposições. Ou, em segundo lugar, pelo processo de fusão, aumentar seu poder em relação a um determinado produto ou mercado geográfico, reduzindo, dessa forma, o espaço para a concorrência nele existente. Conseqüentemente, para *Goyder*, qualquer *"competition authority...with inadequate substantive and procedural control over major merger proposals operates under a severe disadvantage"*.[49]

Com efeito, esse foi, durante bom tempo, um cenário recorrente na Comunidade, eis que, à diferença do Tratado de Paris, que instituiu a Comunidade do Carvão e do Aço, o Tratado não continha qualquer norma explícita aplicável às fusões e/ou incorporações entre empresas. Dúvidas não havia de que nem mesmo das disposições do artigo 86 se podia extrair a conclusão de ser a Comissão responsável ou ter poderes de controle sobre os processos de reorganizações societárias das empresas. Quaisquer que tenham sido os fatores políticos para tal omissão, o fato é que *"it was highly unsatisfactory"*, como salientado por *Wheatherill* e *Beaumont.*[50]

[48] Cf. Green, Hartley e Usher, *The Legal Foundations...*, *op.cit.*, p.257, onde também é feita referência ao caso *Hoffman La Roche v Comissão.*

[49] Ver D. G. Goyder, *EC Competition Law*, *op.cit.*, p. 386.

[50] Cf. Weatherill e Beaumont, *EC Law*, *op.cit.*, p. 709.

Se, de um lado, os processos de fusão/incorporação se constituem em um meio legítimo de restruturação industrial destinado a responder adequadamente ao desenvolvimento do mercado comum, de outro, podem levar, como observado acima, à supressão da concorrência, especialmente quando realizados "horizontalmente" entre empresas rivais. A necessidade vital de controles legais sobre processos de fusão/incorporação associada à ausência de disposições especificamente voltadas para tal finalidade levaram a Comissão, apoiada pelo Tribunal, a moldar primeiramente o artigo 86, e depois o artigo 85, no sentido de abranger o assunto.

Esse entendimento produziu inúmeras distorções legais, as quais, juntamente com um aumento da atividade de fusão na Comunidade em que as empresas aceleraram seus programas de expansão através das fronteiras em face da aproximação do mercado único em 1992, criaram *"a political environment conducive to the adoption of a specialized Community merger regime"*.[51] Por essa razão, o Conselho editou os Regulamentos 4064/89 e 2367/90, que contêm regras substantivas e processuais sobre acordos entre empresas que podem levar à concentração industrial. Assim, qualquer concentração, com dimensão comunitária, que crie ou fortaleça uma posição e cujo resultado constitua um significativo impedimento da concorrência no âmbito do Mercado Comum ou em parte substancial deste, deverá ser declarada incompatível com o Mercado Comum. A competência para examinar e julgar tais processos passa a ser da Comissão, exceto nos casos de pequenas fusões/incorporações que continuam sob a jurisdição das autoridades locais dos Estados-Membros.

2.9. EXTRATERRITORIALIDADE DAS NORMAS DE CONCORRÊNCIA. REGRAS MULTILATERAIS DE CONCORRÊNCIA

Refoge aos objetivos deste estudo um exame mais detido dos efeitos extraterritoriais das normas de concorrência da Comunidade. Alguns comentários, no entanto, parecem ser relevantes.

Como precedentemente mencionado, a globalização da economia, ao gerar uma ruptura institucional nas estruturas jurídicas do Estado, tem também provocado uma perceptível perda de eficácia das políticas nacionais de concorrência. Com isso, governos dos mais diferentes países, apesar de aparentemente conscientizados de que a aplicação de políticas de concorrência, em seus respectivos mercados, sobre a conduta de empresas estrangeiras, pode levar a conflitos internacionais de maneira muito mais

51 *Ibid.*

intensa do que no passado, se vêem tentados a impor sua jurisdição, sobretudo para coibir práticas consideradas lesivas aos interesses nacionais ou que, de alguma forma, afetem os interesses das empresas nacionais em mercados estrangeiros.

Por essa razão, nota-se, entre os formuladores de políticas de concorrência, uma crescente propugnação pelo estabelecimento de regras multilaterais de concorrência. Tais regras funcionariam, como lembra *Bourgeois*, como um complemento necessário ao aprimoramento de normas internacionais, como as consubstanciadas na Organização Mundial de Comércio (OMC).[52]

Alguns esforços nesse sentido têm sido realizados, quer ao nível multilateral quer ao bilateral. Como exemplo de esforço multilateral, podem ser mencionados o Código de Práticas Restritivas ao Comércio da UNCTAD e a Recomendação para a Cooperação entre Estados-Membros no tocante a Práticas Restritivas ao Comércio Internacional da OCDE. A Recomendação da OCDE, segundo *Bourgeois*, "*tem propiciado o surgimento do levantamento e disseminação de informações e de consultas bilaterais entre as autoridades na área de concorrência, além de dar novo ímpeto à celebração de acordos bilaterais entre tais autoridades*".[53]

Uma solução multilateral específica e mais abrangente foi consubstanciada no quadro da Área Econômica Européia[54] por conter normas substantivas relativas a práticas e acordos restritivos, abuso de posição dominante, fusões, empresas estatais e subsídios da Comunidade, bem como normas processuais atinentes ao controle e execução das regras de concorrência. O controle e a execução das regras de concorrência estão lastreados em dois princípios denominados *"two-pillar system"* e *"one-stop-shop"*, com destaque para este último, segundo o qual tanto a Comissão como a Autoridade de Controle da Associação Européia de Livre Comércio têm competência para analisar processos, sendo as decisões de cada um desses órgãos válidas e executáveis no âmbito da Área Econômica Européia. O Tratado da Área Econômica Européia estabelece regras de atribuição e formas de cooperação e consulta entre os dois órgãos.[55]

---

[52] Ver Jacques H. J. Bourgeois, "Regras Multilaterais de Concorrência: ainda uma busca do Santo Graal?", *in Contratos Internacionais e Direito Econômico no Mercosul*, *op.cit.*, p. 75. A "Ata Final que incorpora os Resultados das Negociações Comerciais Multilaterais da Rodada Uruguai do GATT", da qual o "Acordo Constitutivo da Organização Mundial do Comércio (OMC) é parte integrante, foi promulgada, no Brasil, pelo Decreto nº 1.355, de 30 de dezembro de 1994, publicado no Diário Oficial da União de 31 de dezembro de 1994.

[53] *ibid.*, pp. 77/78.

[54] O Acordo da Área Econômica Européia entrou em vigor em 1º de janeiro de 1994, reunindo os doze Estados-Membros da Comunidade e os cinco Estados-Membros da Associação Européia de Livre Comércio: Áustria, Noruega, Suécia, Finlândia e Islândia. Com o ingresso da Áustria, Suécia e Finlândia na Comunidade, perdeu relevância.

[55] Ver a respeito Bourgeois, "Regras Multilaterais...", *op.cit.*, pp. 79/80.

Exemplo de esforço bilateral seria o Acordo celebrado entre a Comissão e o Governo Americano em 1991 que, embora anulado pelo Tribunal,[56] contém algumas inovações como a cláusula de *"positive commity"*, nos termos da qual quando uma das partes entender que práticas contrárias à livre concorrência, que afetem seus interesses, tiverem sido adotadas no território da outra parte, poderá notificar a outra parte e requerer o cumprimento das normas do Acordo. Competirá, então, *"à parte notificada avaliar se deve ou não iniciar ou intensificar os procedimentos de execução das normas do Acordo, sempre tendo em vista as práticas contrárias à livre concorrência identificadas na notificação"*.[57]

Apesar desses esforços, a existência de regras multilaterais de concorrência ainda é uma realidade muito distante. Os Estados ou os blocos econômicos aos quais pertencem, quando seus interesses são afetados, não hesitam em aplicar suas próprias regras de concorrência, ainda que o acordo restritivo não tenha sido celebrado em seu território.[58] Foi o que ocorreu, no âmbito da Comunidade, no Caso *Wood Pulp*.[59]

Como examinado acima, não há dúvidas de que o artigo 85 do Tratado contempla acordos celebrados entre empresas sediadas na Comunidade. No entanto, no referido caso, o Tribunal teve de apreciar uma decisão tomada pela Comissão de proibir, aplicando as multas pertinentes, um acordo de fixação de preços firmado por produtores e fornecedores de polpa de madeira de fora da Comunidade. Segundo a Comissão, tais produtores e fornecedores estariam sujeitos à jurisdição da Comunidade, eis que o acordo por eles firmado gerava efeitos no âmbito da Comunidade.

O Tribunal entendeu ser aplicável o artigo 85 porque o acordo tinha sido implementado na Comunidade. Era irrelevante para o Tribunal o fato de os produtores e fornecedores de polpa de madeira terem se utilizado de suas subsidiárias, filiais e agentes na Comunidade para tal implementação. Para o Tribunal:

> *"If the applicability of prohibitions laid down under competition law were made to depend on the place where the agreement, decision or concerted practice was formed, the result would obviously be to give undertakings an easy means of evading those prohibitions. The decisive factor is therefore the place where it was implemented."*[60]

---

[56] O Tribunal anulou o Acordo sob a alegação de ser a Comissão incompetente para celebrá-lo. Segundo Bourgeois, o caso seria submetido à apreciação do Conselho, *op.cit.*, p. 79.

[57] *Ibid.*, p. 79.

[58] Ou, como se verá mais adiante, enfrentam a concorrência internacional adotando políticas comerciais nem sempre consistentes com suas próprias normas de concorrência.

[59] Casos 89, 104, 114, 116-17, 125-9/85, *A. Ashlström Oy v Comissão*, [1988] 4 *CMLR* 901.

[60] Ibid.

Na prática, o que se verifica é que os Estados enfrentam a concorrência internacional adotando muitas vezes políticas comerciais nem sempre consistentes com suas próprias normas de concorrência.

2.10. A INTERVENÇÃO DOS ESTADOS-MEMBROS E O FALSEAMENTO DA CONCORRÊNCIA

Pode-se afirmar que, além dessas práticas concertadas de empresas e oligopólios, há um risco ainda maior de a concorrência vir a ser distorcida ou limitada. Como precedentemente mencionado, tal risco é representado e gerado pela atividade do Estado.

Em primeiro lugar, porque o Estado, aqui entendido em seu sentido amplo que inclui as autoridades públicas, busca implementar políticas econômicas que nem sempre são compatíveis com os princípios e objetivos de uma economia de livre mercado. Em segundo lugar, porque a intervenção do Estado possui uma tendência de expandir-se e afetar, direta ou indiretamente, os mais importantes setores da economia. Esse fato, aliado aos inúmeros instrumentos legais de que o Estado dispõe para executar suas políticas econômicas, torna difícil o controle de suas atividades pelas autoridades supranacionais da Comunidade.

Com efeito, a intervenção do Estado na economia tem sido uma constante, em menor ou maior grau, na política econômica de cada Estado-Membro.[61] O Tratado contém várias normas de controle da intervenção do Estado, a qual pode provocar um falseamento da concorrência e afetar o comércio no âmbito da Comunidade.

2.10.1. Medidas legislativas ou administrativas

Os Estados-Membros podem interferir no normal funcionamento da concorrência no âmbito da Comunidade por meio de medidas legislativas ou administrativas. Ao longo dos últimos anos, tanto a Comissão como o Tribunal, ambos, vale reiterar, exercendo papel fundamental na consolidação das normas de concorrência no âmbito da Comunidade, têm examinado a legalidade e a compatibilidade com o mercado comum de um significativo número de medidas restritivas da concorrência emanadas dos Estados-Membros.

Muitas dessas medidas restritivas têm sido consideradas como manifestamente contrárias às disposições do artigo 5(2) do Tratado, o qual estabelece a obrigação dos Estados-Membros de não adotarem medidas, de

[61] Ver Aurélio Pappalardo, "State Measures and Public Undertakings: Article 90 of the EEC Treaty Revisited", *in ECLR*, nº 1, 1991, p. 32.

natureza legislativa, que possam tornar ineficazes as regras de concorrência aplicáveis às empresas privadas e públicas.

Como será analisado mais adiante, um exemplo dessas interferências dos Estados-Membros ocorreu no notório Caso *Au blé Vert.*[62] Um Tribunal francês encaminhou ao Tribunal, nos termos do artigo 177 do Tratado, algumas questões referentes à interpretação dos artigos 3(f) (atual 3 (g)) e 5 daquele Tratado.

Indagou se era compatível com aqueles artigos e, sobretudo, com o sistema de livre concorrência consagrado no Tratado, um Estado-Membro requerer, por meio de lei, que todos os vendedores varejistas de livros praticassem preços determinados e fixados por editores e importadores. Tal era o que dispunha a Lei francesa de nº 81/766, de 10 de agosto de 1981.

O Tribunal, apesar de entender que, nesse caso, a lei francesa não estabelecia a obrigatoriedade de se realizarem acordos rigorosamente contrários às regras dos artigos 3(f) e 85, reforçou a tese de que os Estados-Membros não podem, em qualquer hipótese, adotar leis que, de alguma forma, tornem ineficazes as regras de concorrência da Comunidade. Segundo o Tribunal, os Estados-Membros são *"obliged under the second paragraph of Article 5 of the Treaty not to detract, by means of national legislation, from the full and uniform application of Community Law or from the effectiveness of its implementing measures"*.

2.10.2. Tratamento privilegiado conferido às empresas públicas

Podem também os Estados-Membros conferir um tratamento privilegiado às empresas públicas, muito embora, em face das privatizações ocorridas nos últimos anos, tal prática não seja mais tão corriqueira. O artigo 90 do Tratado proíbe que os Estados-Membros concedam um tratamento especial às empresas públicas e àquelas que gozam de direitos especiais e exclusivos, sobretudo as do setor de telecomunicações, o que poderia levar a flagrantes distorções no sistema de livre concorrência. Apenas recentemente, como se verá mais adiante, por decisão do Tribunal, o poder dos Estados-Membros de conferir direitos especiais e exclusivos a determinadas empresas foi substancialmente reduzido.

2.10.3. Os subsídios[63]

Outra medida de intervenção estatal, que pode levar a um falseamento da concorrência e à criação de barreiras ao livre comércio no âmbito da

---

[62] Caso 229/83, *Association des Centres Distributeurs Édouard Leclerc e Outros v Salr Au Blé Vert e Outros*, [1985] *ECR*, 1.

[63] A análise da proibição da prática de *dumping* estipulada nos artigos 91 e 113, este último com a redação que lhe foi dada pelo Tratado da União Européia, refoge aos objetivos deste

Comunidade, consiste na outorga de subsídios particularmente às empresas. Não há no Tratado uma definição do que seja subsídio. No entanto, o Tribunal, ao interpretar o artigo 4, c, do Tratado de Comunidade do Carvão e do Aço, no Caso *Steenkolenmijnen v High* Authority,[64] assim se manifestou a respeito:

"O subsídio é normalmente definido como um pagamento em dinheiro ou em espécie feito à uma empresa, além dos pagamentos efetuados normalmente por compradores ou consumidores de seus produtos. A subvenção estatal possui conceito similar, embora dê mais ênfase a seus propósitos e pareça estar especialmente voltada a um objetivo determinado que não poderia ser alcançado sem a sua concessão. O conceito de subvenção estatal é, no entanto, mais abrangente que o do subsídio na medida em que abrange não somente benefícios positivos como os próprios subsídios, mas também intervenções que, sob formas variadas, mitigam os encargos normalmente incluídos no orçamento de uma empresa e, sem se constituírem em subsídios no estrito senso da palavra, têm efeito e caráter semelhantes."

Uma definição mais recente de subsídio encontra-se no artigo 1º, Parte 1, do Acordo sobre Subsídios e Medidas Compensatórias que integra o Acordo Constitutivo da Organização Mundial do Comércio,[65] segundo o qual:

"1. Para os fins deste Acordo, considerar-se-á a ocorrência de subsídio quando:

a) (1) haja contribuição financeira por um governo ou órgão público no interior do território de um Membro (denominado, a partir daqui,

---

estudo. Saliente-se apenas que, com o término do período provisório, deixou o artigo 91 de ser aplicável, como comenta *Casella*, *"por não ser viável a ocorrência de dumping em mercado onde fluam livremente os fatores de produção, bens, pessoas, serviços e capitais, mas passando a matéria a ser englobada, conforme o artigo 113 CEE, na rubrica relativa à Política Comercial Comum, na medida em que possa o fenômeno afetar tanto as importações quanto as exportações comunitárias"*. A proteção contra o *dumping*, prossegue o autor, *"tem inevitáveis efeitos sobre a proteção da liberdade de comércio e da concorrência, como tal reconhecido desde o instrumento básico, o Código Antidumping do GATT, constituindo ferramenta importante da proteção do comércio exterior de qualquer agente econômico, como também no caso da Comunidade, inserido no conjunto da Política Comercial Comum, e em tal contexto devendo ser situado"*. Cf. Paulo Borba Casella, *Comunidade e seu ordenamento jurídico*, São Paulo, Ltr, 1994, pp. 436/437.

[64] Caso 30/59, *Steenkolenmijnen v High Authority*, [1961] *ECR* 1, p. 19. Note-se que o Tribunal, em sua definição, traçou uma distinção entre o subsídio propriamente dito e a chamada subvenção estatal. Para os efeitos deste estudo, porém, sobretudo de seu Capítulo V, adota-se a expressão subsídio como forma de concessão de benefícios e de intervenção dos Estados-Membros, que pode levar, eventualmente, a um falseamento da concorrência.

[65] Conforme já referido, a "Ata Final que incorpora os Resultados das Negociações Comerciais Multilaterais da Rodada Uruguai do GATT", da qual o "Acordo Constitutivo da Organização Mundial do Comércio (OMC)" é parte integrante, foi promulgada, no Brasil, pelo Decreto nº 1.355, de 30 de dezembro de 1994, publicado no Diário Oficial da União de 31 de dezembro de 1994.

'governo'), i.e., (i) quando a prática do governo implique transferência direta de fundos (por exemplo, transferência direta de fundos (por exemplo, doações, empréstimos e aportes de capital), potenciais transferências diretas de fundos ou obrigações (por exemplo, quantias de empréstimos);

ii) quando receitas públicas devidas são perdoadas ou deixam de ser recolhidas (por exemplo, incentivos fiscais tais como bonificações fiscais);

iii) quando o governo forneça bens ou serviços além daqueles destinados à infra-estrutura geral, ou quando adquire bens;

iv) quando o Governo faça pagamentos a um sistema de fundo, ou confie ou instrua órgão privado a realizar uma ou mais das funções descritas nos incisos (i) e (ii) acima, as quais seriam normalmente incumbência do Governo e cuja prática não difira, de nenhum modo significativo, da prática habitualmente seguida pelos governos; ou

a) (2) haja qualquer forma de receita ou sustentação de preços no sentido do Artigo XVI do GATT 1994; e

b) com isso se confira uma vantagem."

Apesar de o artigo 92 do Tratado estabelecer expressamente que, em princípio, e com algumas exceções, subsídios são incompatíveis com o mercado comum, tem havido, mesmo após a entrada em vigor do Tratado da União Européia, um considerável aumento na concessão de ajuda governamental às empresas.

No Caso *Itália v Comissão,*[66] o governo italiano ajuizou uma ação, perante o Tribunal, visando a anular uma desfavorável decisão da Comissão relativa a subsídios concedidos a Alfa Romeo, a conhecida empresa fabricante de veículos automotores.

Até a venda da Alfa Romeo em 1986, o governo italiano, através de empresas públicas *holdings*, o IRI *("Instituto per Ricostruzione Industriale")* e a *"Finmeccanica"*, vinha compensando e absorvendo perdas e prejuízos constantes daquela fabricante de veículos automotores, na forma de injeção de capital.

Para a Comissão, essa ajuda governamental configurava um claro subsídio, vedado pelo artigo 92 do Tratado, na medida em que colocava as demais empresas concorrentes no âmbito da Comunidade em situação de desvantagem, ou seja, levava a uma distorção ou falseamento da concorrência.

Entre os argumentos expendidos pelo governo italiano estava o fato de que a alocação de fundos por entidades governamentais a uma empresa, fosse ela pública, de capital misto ou privada, era uma decisão de política

---

66 Caso c-305/89, *Itália v Comissão,* [1991] *ECR,* p. 1603.

econômica. Além disso, segundo o governo italiano, tais investimentos obedeciam a critérios de mercado, notadamente o de rentabilidade e lucratividade no longo prazo.

O Tribunal, no entanto, corroborou a posição da Comissão e, da mesma forma que esta última, adotou, em seus arrazoados, o "princípio do investidor de uma economia de mercado", ou seja, procurou demonstrar que um investidor privado, cujo objetivo é o lucro, não teria, se lhe fosse dada tal opção, injetado dinheiro em uma empresa como a Alfa Romeo, pelo menos naquelas condições em que ela se encontrava. Tratava-se, assim, também segundo o Tribunal, de uma intervenção estatal contrária aos princípios da livre concorrência consubstanciados no Tratado.

Não é, portanto, exagero afirmar que, sem tais regras de concorrência, utilizadas, sobretudo, para controlar o Estado enquanto agente falseador da livre concorrência, a consolidação do mercado único não teria sido possível. Mais importante ainda, é salientar o papel da Comissão e do Tribunal na implementação dessas regras. A Comissão, como "órgão executivo de caráter supranacional", tem funcionado como reguladora, fiscalizadora e, mais do que isso, avalista da livre concorrência. Sua atividade seria inócua, porém, se não houvesse, no âmbito da Comunidade, o controle jurisdicional exercido pelo Tribunal.

É curioso notar que o Tribunal, além de examinar a legalidade dos atos praticados no âmbito da Comunidade, acaba por ditar, por meio de suas decisões, bem aos moldes do sistema da *common law* (que, diga-se, não é o oficialmente adotado), verdadeiras normas de aplicação da concorrência.

Como será examinado nos Capítulos subseqüentes, há muitos outros julgados do Tribunal que servirão para ilustrar essa afirmação. É imperioso mencionar, desde logo, pelas implicações trazidas ao processo de integração, a decisão proferida no Caso *Telecom.*[67]
O Tribunal entendeu que a Comissão é competente, nos termos do artigo 90 (3) do Tratado, para analisar a compatibilidade da outorga a determinadas empresas, por parte dos Estados-Membros, de direitos especiais e exclusivos com a livre circulação de bens e serviços e as normas de concorrência.

No decorrer do competente processo, a Comissão sustentou que existem certos direitos, cuja existência é inseparável de seu exercício. Dessa forma, abolir tais direitos seria a única maneira de impedir seu exercício ilegal. Essa posição da Comissão, totalmente corroborada pelo Tribunal, é clara: implica a necessidade de limitar o poder dos Estados-Membros de conceder tais direitos especiais e exclusivos a determinadas empresas.

---

[67] Caso C-202/88, *Telecommunications Terminal Equipment: França (Itália, Bélgica, Alemanha e Grécia, como intervenientes) v Comissão,* [1992], *CMLR* 5, p.552.

Ou seja, ao entender que a Comissão tem competência para requerer dos Estados-Membros a introdução da concorrência em mercados protegidos e fortemente regulamentados, como o das telecomunicações, e para estabelecer regras norteadoras da concorrência, o Tribunal enfraqueceu significativamente o poder dos Estados-Membros e, na mesma medida, aumentou o poder da Comissão, órgão de caráter supranacional.

O Tribunal tocou, dessa forma, em um ponto extremamente sensível e crucial que é justamente a questão do equilíbrio entre o poder dos Estados-Membros no campo da política econômica e o objetivo de assegurar-se a livre concorrência. Como era de se esperar, a decisão causou estrondosa polêmica e reação por parte dos Estados-Membros.

3. Medidas violadoras da livre concorrência postas em vigor pelos Estados-Membros

3.1. PRÁTICAS RESTRITIVAS ESTIMULADAS POR MEDIDAS REGULATÓRIAS NACIONAIS

Diferentemente da maioria dos disposições do Tratado que é dirigida aos Estados-Membros, os artigos 85 e 86 não se referem predominantemente a eles. Estes dois artigos, nos quais estão consubstanciados os princípios básicos das regras de concorrência, regulamentam precipuamente as atividades das empresas e das associações de empresas.

De fato, como assevera *Bentil*, em geral, *"anti-competitive or restrictive business or commercial agreements or practices engaged in by individual enterprises, of their own volition, are caught by the respective anti-trust provisions of Articles 85 and 86 of the EEC Treaty"*.[1]

Além do mais, pode-se afirmar que, se as atividades dos Estados-Membros se cingissem aos tradicionais poderes governamentais, tais como, relações internacionais e defesa, o envolvimento deles com os artigos 85 e 86 seria pouco significativo.[2]

Na prática, porém, todos os Estados-Membros, sem exceção, encontram-se profundamente mergulhados em uma ampla variedade de atividades industriais e comerciais, freqüentemente exercendo concorrência direta com as empresas privadas. Além de financiar ou subsidiar, no todo ou em parte, operações de muitas empresas públicas e privadas, os Estados-Membros são responsáveis pela edição de uma gama razoável de medidas regulatórias aplicáveis aos mais diversos setores de suas economias.

Como decorrência dessa interferência abrangente sobre o normal funcionamento da economia, pode haver ocasiões em que algumas medidas

---

[1] Ver J. Kodwo Bentil, "Common Market Anti-Trust Law and Restrictive Business Agreements or Practices Prompted by National Regulatory Measures", *ECLR*, 1988, p.355.

[2] Com relação às diversas atividades dos Estados-Membros, ver D.G.Goyder, *EC Competition Law*, *op.cit.*, p.443.

anticompetitivas ou de caráter restritivo à livre concorrência tomadas por "empresas individuais" - para usar a expressão de *Bentil* - sejam baseadas ou estimuladas por disposições administrativas ou legislativas emanadas dos Estados-Membros.

Tais medidas administrativas ou legislativas dos Estados-Membros podem muitas vezes ser incompatíveis com os objetivos do Tratado. Como se verá mais adiante, existem três maneiras possíveis por meio das quais a conduta dos Estados-Membros pode ser considerada incompatível com o Tratado.

Em primeiro lugar, os Estados-Membros podem *impor ou favorecer* a adoção de contratos restritivos ou anticompetitivos, de decisões ou práticas concertadas.

Podem também os Estados-Membros *reforçar* os efeitos de contratos, decisões ou práticas restritivas à livre concorrência.

Existe ainda a possibilidade de os Estados-Membros *dotarem as empresas do poder de autoridade pública*, retirando, assim, da legislação seu caráter de governamental.[3]

É preciso observar que o Tribunal tem sido crescentemente instado pelos órgãos jurisdicionais dos Estados-Membros, na forma do artigo 177 do Tratado,[4] a interpretar e opinar a respeito de condutas supostamente "incompatíveis" com os objetivos do Tratado.

Na seqüência, com base em vasta jurisprudência existente, pretende-se examinar a maneira pela qual o Tribunal tem lidado com essas diversas formas de intervenção incompatíveis com os objetivos do Tratado e em que medida sua atuação tem contribuído para limitá-las.

Antes porém, alguns comentários acerca dos limites ao poder de regulamentação econômica dos Estados-Membros parecem ser importantes.

3.2. O TRIBUNAL E OS LIMITES AO PODER DE REGULAMENTAÇÃO ECONÔMICA DOS ESTADOS-MEMBROS

Há poucas dúvidas quanto ao fato de os dispositivos antitruste dos artigos 85 e 86 do Tratado estarem relacionados com a conduta de empresas, e não com a legislação nacional dos Estados-Membros.

---

[3] Ver a respeito Ivo Van Bael e Jean François Bellis, *Competition Law of the EEC*, 2ª ed., Reino Unido, CCH Editions Limited, 1990, p.714.

[4] Nos termos deste artigo, com a redação que lhe foi dada pelo artigo G.56 do Tratado da União Européia, o Tribunal é competente para decidir, *a título prejudicial*, sobre: a) a interpretação do Tratado; b) a validade e a interpretação dos atos adotados pelas Instituições da Comunidade e pelo Banco Central Europeu; e c) a interpretação dos estatutos criados por ato do Conselho, desde que estes estatutos o prevejam.

Contudo, não se pode esquecer de que, na forma do artigo 5 (2) do Tratado, os Estados-Membros *"abster-se-ão de tomar quaisquer medidas suscetíveis de pôr em perigo a realização dos objetivos [do] Tratado"*. Um desses objetivos é, consoante o artigo 3 (g)[5], instituir um regime *"que garanta que a concorrência não seja falseada no mercado interno"*.

Isso significa que aos Estados-Membros é vedada a introdução ou manutenção em vigor de quaisquer medidas de caráter administrativo ou legislativo que possam servir de obstáculo à concretização daquele objetivo específico. Afinal de contas, como pondera *Bentil*, *"free economic competition, within the European Common Market, is one of the fundamental principles for the establishment of the EEC"*.[6]

Conquanto lógica e incontroversa essa interpretação possa aparentar ser, foi somente em 1977 que o Tribunal, pela primeira vez, na decisão proferida no Caso *INNO v ATAB*,[7] reconheceu que, não obstante estarem as disposições dos artigos 85 e 86 relacionadas com a conduta de empresas e não com a legislação nacional dos Estados-Membros, estes últimos estão obrigados a, nos termos do parágrafo segundo, do artigo 5 do Tratado, *"not to detract from the full and uniform application of the Community Law or from the effectiveness of its implementing measures"*. Além disso, os Estados-Membros não podem editar ou manter em vigor medidas, ainda que de natureza legislativa, *"which may render ineffective the competition rules applicable to undertakings"*.

Se, de um lado, essa decisão pode ser considerada como um marco no sentido de assegurar o cumprimento das regras de concorrência, de outro, há que se reconhecer, o Tribunal não avançou como se poderia esperar.

Isso porque, antes de mais nada, em sua análise do caso, o Tribunal estava muito mais preocupado com os aspectos pertinentes aos dispositivos do artigo 30, que proíbem os Estados-Membros de restringir ou limitar a livre circulação de mercadorias entre as fronteiras da Comunidade, do que com as regras de livre concorrência propriamente ditas.[8]

A esse respeito, é preciso esclarecer que, apesar do estreito vínculo existente entre as regras concernentes à livre circulação de mercadorias (também incluindo o artigo 59, que proíbe os Estados-Membros de criarem

---

[5] Com a redação que lhe foi dada pelo artigo G.3 do Tratado da União Européia. Antes da modificação, esse princípio do Tratado estava contido no artigo 3(f).

[6] Bentil, "Common Market Anti-Trust Law and...", *op.cit.*, p.355.

[7] Caso 13/77, *NV-GB-INNO v. Vereniging Van De Kleinhandelaars Tabak(ATAB)*, [1977] ECR 2115. Ver parágrafo 31, p. 2144.

[8] *"In any case, a national measure which has the effect of facilitating the abuse of a dominant position capable of affecting trade between Member States will generally be incompatible with Articles 30 and 34, which prohibit quantitatives restrictions on imports and exports and all measures having equivalent effect"*, *ibid*, parágrafos 35 (p.2145) e 52 a 54 (p.2148) da sentença e parágrafo 3 do relatório (p.2116).

restrições à circulação de serviços) e as regras de concorrência, seus objetivos e efeitos são substancialmente diferentes. Como assinala *Pescatore*, o objetivo das normas de concorrência é, em um certo sentido, mais amplo que o das normas de livre comércio basicamente por três razões:

a) enquanto as regras de concorrência aplicam-se a atividades que afetam o comércio no mercado comum como um todo, as regras de livre circulação cobrem apenas importações e exportações nos territórios nacionais;

b) enquanto as regras de livre circulação referem-se tão-somente à livre troca de bens e serviços, as regras de concorrência têm objetivos muito mais complexos, como, por exemplo, a otimização da alocação de recursos econômicos e a divisão eqüitativa de benefícios entre produtores, distribuidores e consumidores; e

c) enquanto as regras de livre circulação são rígidas, as de concorrência são mais flexíveis, já que permitem exceções à sua aplicação, como nos casos do artigos 85 e 92;

Dessa forma, prossegue o autor, *"despite the close link between free movement and competition, one should not lightly substitute one set of rules for the other"*.[9]

Mais expressivo ainda do fato de o Tribunal não ter avançado o quanto era de se esperar é que, na referida decisão, ficou apenas reconhecida a obrigação dos Estados-Membros de não editar ou manter em vigor medidas reguladoras que prejudiquem a livre concorrência. Não houve uma expressa condenação da legislação em questão.

Com efeito, tal condenação iria ocorrer dez anos após a decisão proferida no Caso *INNO*. Nos Casos *Vlaamse,*[10] *Yves Aubert*[11] e *Ahmed Saeed,*[12] o Tribunal entendeu que as disposições da legislação nacional em questão (que obrigava a aplicação para toda a indústria de preços e quotas fixados por associações comerciais) eram incompatíveis com os princípios contidos no Artigo 5 (2).

O que se quer salientar, desde logo, com a citação desses casos é que, aí sim, o Tribunal avançou significativamente. As decisões deles emanadas, lastreadas nas normas de concorrência, foram vitais para a consolidação do mercado único europeu, na medida em que estabeleceram um limite ao poder de regulamentação econômica dos Estados-Membros.[13] Como prece-

[9] Cf. Pierre Pescatore, "Public and Private Aspects of European Community Competition Law", [1987] 10 *FILJ* 373, pp. 385/386

[10] Caso 311/85, *Vereniging van Vlaamse Reisbureaus v Sociale Dienst van de Plaatselijke en Gewestelijke Overheidsdiensten*, [1987] *ECR* 3801.

[11] Caso 136/86, *Bureau National Interprofessionnel du Cognac v Yves Aubert*, [1988] 4 *CMLR* 331.

[12] Caso 66/86, *Ahmed Saeed Flugreisen v Zentrale zur Bekampfung Unlauteren Wettbewervs*, [1989] *ECR* 803.

[13] Essa tendência de controlar ou limitar os poderes de regulamentação econômica do Estado parece estar existindo também nos Estados Unidos. Ao comentar a análise de alguns revisio-

dentemente mencionado, a legislação que alterava as condições de concorrência das empresas privadas era tida pelo Tribunal como conflitante apenas com os artigos 30 e 59. *"Now, however, the obligation of the States not to use their regulatory powers to defeat the competition objectives of the Treaty has been made concrete".*[14]

Alguns autores, no entanto, iriam certamente discordar dessa interpretação que, acima de tudo, é amplamente favorável à imposição de limites ao poder de regulamentação econômica dos Estados-Membros. *Gyselen*, por exemplo, argumenta que, em vista do fato de os Estados-Membros não terem transferido soberania para a Comunidade em matéria de política econômica, a Comunidade *"would act ultra vires if it applied the Treaty's competition provision to regulations by which Member States implement that policy".*[15]

3.3. EMPRESAS PRIVADAS E A RESPONSABILIDADE DOS ESTADOS-MEMBROS

Como também será discutido mais adiante, parece não existirem quaisquer dúvidas quanto à responsabilidade das empresas privadas que infringirem os dispositivos dos artigos 85 e 86 do Tratado. Essas empresas estarão sujeitas às penalidades previstas no Tratado, independentemente do fato de a violação aos artigos citados ter ocorrido por força de algum dispositivo de natureza legislativa ou administrativa em vigor em qualquer dos Estados-Membros.[16]

A questão que se coloca, no entanto, refere-se à responsabilidade dos Estados-Membros. O Estado-Membro, sobre cuja legislação a infração por empresas particulares aos artigos 85 e 86 se baseou, estaria, da mesma forma, desrespeitando suas obrigações *vis-à-vis* o Tratado. Como assinala *Bentil*, presumivelmente, *"this would entitle the Commission of the Euro-*

---

nistas da Lei Antitruste norte-americana, Merrick B. Garland enfatiza que alguns deles sustentam que a jurisprudência da Suprema Corte já mostra uma significativa tendência no sentido de uma maior revisão judicial das políticas reguladoras do Estado, tendência essa, segundo a autora, *"which reflects an increasing skepticism toward the economic value of regulation, and, more specifically, an increasing suspicion that regulation serves only the special interests of those who lobby for it".* Ver a respeito Merrick B. Garland, "Antitrust and State Action: Economic Efficiency and the Political Process", [1987] *YLJ* (Vol.96, n.3), p.487.

14 Ver Alan B. Hoffman, "Anti-competitive State Legislation Condemned Under Articles 5, 85 and 86 of the EEC Treaty: How Far Should the Court Go After Van Eycke?", [1990] 1 *ECLR* 11.

15 Cf. Luc Gyselen, "State Action and the Effectiveness of the EEC Treaty's Competition Provisions", [1989] 26 *CMLRev.*, 57.

16 Ver, por exemplo, Caso 123/83, *Bureau National Interprofessionnel du Cognac v Guy Clair*, [1985] ECR 391 e Caso 136/86, *Bureau National Interprofessionnel du Cognac v Yves Aubert*,[1987] *ECR* 4789.

pean Communities to take appropriate steps to bring the matter before the Court".[17] Até o momento, o Tribunal não manifestou qualquer sinal de apoio a essa presunção.

3.4. O ARTIGO 5 E OS LIMITES AO PODER REGULADOR DOS ESTADOS-MEMBROS: A EVOLUÇÃO JURISPRUDENCIAL

3.4.1. INNO *v* ATAB[18]

INNO v ATAB constituiu-se, reconhecidamente, no primeiro caso no qual uma legislação nacional, supostamente em desacordo com as normas de concorrência da Comunidade, foi questionada, tendo em vista o disposto no artigo 5 (2) do Tratado.

Tratou-se de questão prejudicial encaminhada pela *"Cour de Cassation"* da Bélgica ao Tribunal, nos termos do artigo 177 do Tratado, a respeito da validade do artigo 58 do Código relativo ao Imposto de Valor Agregado (IVA) daquele país, equivalente à legislação do ICMS no Brasil.

De acordo com referido artigo, o IVA a ser pago, toda vez que houvesse a incidência de um imposto equivalente ao IPI no Brasil (*excise duty* - imposto sobre consumo ou sobre vendas) sobre cigarros importados ou produzidos na Bélgica, deveria ser calculado com base no preço fixado no rótulo fiscal *(tax label)*. O valor ou preço resultante desse cálculo deveria ser *compulsoriamente* cobrado do consumidor, e, na hipótese de não haver nenhum preço fixado, o imposto deveria ser calculado *"on the basis adopted for the imposition of excise duty"*.

A empresa GB, da qual a rede de supermercados GB-INNO-BM era sucessora, decidiu vender cigarros a um preço inferior àquele fixado no denominado rótulo fiscal. Em fevereiro de 1972, a Associação dos Varejistas de Cigarros - ATAB requereu, perante o Tribunal Comercial de Bruxelas, a imediata cessação da venda de cigarros naquelas condições. O presidente daquele Tribunal, por entender que a rede de supermercados estava infringindo as disposições do aludido artigo 58, deferiu o pedido formulado pela Associação de Varejistas.

Em sua apelação à competente *"Cour d'appel"* de Bruxelas, a rede de supermercados argüiu que o artigo 58 era incompatível com algumas regras de concorrência do Tratado, requerendo, portanto, que a questão fosse submetida à apreciação do Tribunal. Como a referida *"Cour d'appel"* se recusasse a encaminhar o assunto para o Tribunal, outra opção não restou à apelante senão recorrer à instância máxima, a *"Cour de Cassation"*.

---

[17] Bentil, "Common Market Anti-trust Law...", *op.cit.*, p.356.
[18] Caso 13/77, [1977] *ECR* 2115.

As questões mais importantes formuladas pela *"Cour de Cassation"* ao Tribunal foram:

a) se os artigos 3 (f)[19], 5 (2) e 86 deveriam ser interpretados no sentido de que ao Estado-Membro era vedado introduzir ou manter em vigor legislação que, de alguma forma, *estimulasse* uma ou mais empresas a abusar de sua posição dominante no mercado comum; e

b) se o artigo 58 da lei belga deveria ser interpretado como uma restrição às importações, violando, dessa maneira, as disposições do artigo 30 do Tratado.

O Tribunal, de maneira conservadora e cautelosa, mas não surpreendente, iniciou sua análise reiterando afirmações-padrão feitas em casos precedentes que versaram sobre leis de Estados-Membros presumivelmente obstrutoras do comércio no âmbito da Comunidade (art.30), quer de forma direta ou indireta, real ou potencial: *"...the single market system which the Treaty seeks to create excludes any national system of regulation hindering directly or indirectly, actually or potentially, trade within the Community"*.[20]

Passando, então, ao exame da essência da primeira questão, o Tribunal declarou:

"...the general objective set out in Article 3(f) is made specific in several Treaty provisions concerning the rules on competition, including Article 86, which states that any abuse by one or more undertakings of a dominant position shall be prohibited as incompatible with the Common Market in so far as it may affect trade between Member States.
The second paragraph of Article 5 of the Treaty provides that Member States shall abstain from any measure which could jeopardize the attainment of the objectives of the Treaty.
Accordingly, while it is true that Article 86 is directed at undertakings, nonetheless it is also true that the Treaty imposes a duty on Member States not to adopt or maintain in force any measure which could deprive that provision of effectiveness."[21]

---

[19] Atual artigo 3(g).

[20] *ibid.*, p. 2144, parágrafo 28.

[21] Ver parágrafos 29, 30 e 31, p. 2114. Vale também mencionar algumas ilações desta "nova norma" do Tribunal deduzidas por Slot. Depois de observar que está claro que o Tratado impõe aos Estados-Membros a obrigação de não adotar ou manter em vigor qualquer medida que possa retirar a eficácia dos artigos 85 e 86 e que aquela norma seria aplicada quando quer que os governos dos Estados-Membros viessem a requerer ou favorecer a celebração de contratos, práticas ou decisões concertadas contrárias ao artigo 85 ou a reforçar seus efeitos, referido autor aduz que para ser aplicada essa norma *"it is necessary that the incompatibility has been clearly defined in the form of Commissions decisions or policy"*. Ver Piet Jan Slot, "The Application of Articles 3(f), 5 and 85 to 94 EEC", [1987], 12 *ELRev.*185.

O terceiro parágrafo transcrito acima constituiu-se, como já referido, em um verdadeiro *turning point* nas decisões do Tribunal, tendo ficado claro que os Estados-Membros têm a *obrigação* de não introduzir ou manter em vigor qualquer medida que possa tornar sem eficácia as normas de concorrência do Tratado.

Além do mais, deve-se enfatizar o entendimento do Tribunal de que, em quaisquer hipóteses, *"Article 86 prohibits any abuse by one or more undertakings of a dominant position, even if such abuse is* encouraged *by a national legislative provision"* (grifos do autor).[22]

O Tribunal, no entanto, não respondeu diretamente à questão formulada pela *"Cour de Cassation"* belga. Ou seja, em seu julgamento, não ficou esclarecido se o artigo 58 da lei belga estava em desconformidade ou infringia o artigo 5 (2) do Tratado. Em vez disso, o Tribunal forneceu algumas indicações do que poderia tornar o artigo 86 ineficaz.

Parece ter o Tribunal concordado com a posição da *"Cour de Cassation"* belga, segundo a qual o fato de os produtores e importadores de cigarros poderem obrigar varejistas em um Estado-Membro a aderir aos preços de venda fixados para os consumidores poderia constituir uma posição dominante. Além disso, o Tribunal parece também ter endossado o entendimento do órgão jurisdicional belga no sentido de que a medida governamental em questão poderia ser considerada como contrária aos mandamentos do artigo 86, combinado com o parágrafo segundo do artigo 5.[23]

Por outro lado, sugeriu o Tribunal que, ao examinar o caso, a *"Cour de Cassation"* deveria verificar se aquele dispositivo da lei fiscal belga era capaz de afetar o comércio entre os Estados-Membros da Comunidade. A esse respeito, o Tribunal declarou:

> *"In order to assess the compatibility of the introduction or the maintenance in force of such a measure with those provisions of Community Law, the national court must also determine, taking account the obstacles to trade in manufactured tobacco between States which may result from the nature of this fiscal arrangements in question, whether that measure as such is capable of affecting trade between Member States, for this condition has to be satisfied for the prohibition laid down in Article 86 to be applicable."*[24]

É interessante mencionar o enfoque de *Hoffman* acerca dessa posição do Tribunal. Segundo esse autor, pode-se inferir das sugestões ou indicações do Tribunal que o *"test to be applied was whether the tobacco manu-*

---

[22] *Ibid.*, parágrafo 34, p.2145.

[23] Ver o parágrafo 37, p. 2145.

[24] *Ibid.*, parágrafo 38, ps. 2145/2146.

factures and importers had been given State enforcement power *as a means to pursuing conduct that was an abuse of a dominant position"*. E prossegue afirmando que *"early on the Court was groping toward an assessment that it is the* delegation *of the State regulatory power to private concerns which use the power anti-competitively that offends Article 5 (2)"*.[25]

Com relação à segunda questão relevante formulada pela *"Cour de Cassation"*, o Tribunal entendeu que o artigo 58 da referida lei belga não se constituía em obstáculo às importações e, portanto, não violava o artigo 30.

3.4.2. Van de Haar[26]

No Caso *Van de Haar*, o Tribunal teve nova oportunidade de examinar as implicações do artigo 5 (2).

As indagações dirigidas ao Tribunal por um órgão jurisdicional holandês, na forma do artigo 177, surgiram no contexto de um processo criminal movido contra Kaveka de Meern BV, uma empresa atacadista de cigarros, e contra Jan Van de Haar, seu ex-gerente geral.

Nos termos da primeira parte do artigo 30 da competente lei holandesa, configurava delito vender, colocar à venda ou oferecer cigarros ao público, além dos revendedores, por um preço inferior àquele constante do rótulo fiscal (*tax label*). A empresa foi acusada, *inter alia*, de ter infringido as disposições do referido artigo ao colocar cigarros à venda nas condições vedadas.

Como pode-se notar, a situação é bem parecida com aquela do Caso *INNO*. Dessa vez, entretanto, a acusada sustentou perante o juiz holandês que o suposto delito não era passível de punição, uma vez que o artigo 30 da lei holandesa era contrário aos dispositivos dos artigos 5, 30 e 85 do Tratado. Argüiu ainda que o abuso de posição dominante gerado pela compulsoriedade do preço poderia afetar o comércio entre os Estados-Membros e impedir as importações. Por fim, segundo a acusada, o fato de o imposto sobre o consumo (*excise duty*) estar sujeito a um mínimo absoluto poderia levar à formação de um preço mínimo absoluto, o que violaria o estatuído pelo artigo 30 do Tratado.

O Tribunal, mais uma vez, em seu julgamento, enfatizou os aspectos concernentes aos princípios do artigo 30 do Tratado. Afirmou que o artigo 30, o qual busca eliminar medidas nacionais que possam obstruir o comércio entre os Estados-Membros, tem objetivos distintos daqueles incorporados ao artigo 85, o qual visa a assegurar a efetiva concorrência entre as empresas. Assim, para poder determinar se a legislação holandesa em questão era

[25] Ver Hoffman, "Anti-competitive...", *op.cit.*, p.14.

[26] Casos conjuntos 177 e 178/82, *Criminal procedures against Jan Van de Haar and Kaveka de Meern BV*, [1984] *ECR* 1797.

compatível com o artigo 30 do Tratado, o órgão jurisdicional holandês deveria decidir se tal legislação era *"capable of hindering, directly or indirectly, actually or potentially, intra-Community trade"*.[27]

No que tange ao artigo 5 (2), o Tribunal parece não ter avançado muito com a doutrina. Além de, desnecessariamente, repetir o que já havia deixado claro em julgamentos anteriores,[28] simplesmente rebateu as alegações da empresa acusada destacando que as disposições do artigo 85 *"are not relevant to the question whether legislation such as that involved in the cases before the national court is compatible with the Community Law"*.

3.4.3. Au blé vert[29]

A liberdade dos Estados-Membros de editar leis que reduzem ou eliminam a concorrência de preços, dessa vez referindo-se à possibilidade de as empresas serem dotadas do poder de autoridade pública, despindo, conseqüentemente, tais leis de seu caráter governamental, veio à tona novamente, uma vez mais na forma do artigo 177 do Tratado, no Caso *Au blé Vert*.

Indagou um Tribunal francês se era compatível com as disposições dos artigos 3 (f)[30] e 5 do Tratado, e, conseqüentemente, com o sistema de livre concorrência incorporado no Tratado, um Estado-Membro exigir, por meio de lei ou regulamento, que todos os vendedores de livros no varejo se submetessem aos preços fixados pelo editor ou importador. Essa era exigência contida na Lei Francesa nº 81/766, de 10 de agosto de 1981, que dispunha sobre o preço de livros.

A Associação Francesa dos Vendedores de Livros tinha requerido medida cautelar objetivando a interrupção da venda de livros abaixo do preço fixado pelos editores e importadores pelo Grupo Edouard Leclerc, uma cadeia de supermercados conhecida por sua política de descontos.

O Governo Francês, já durante a fase processual perante o Tribunal, sustentou a tese de que os artigos 3 (f) e 5 do Tratado apenas prescreviam princípios gerais que não demandavam interpretação. Dessa forma, a compatibilidade da referida lei francesa com a Comunidade haveria que ser examinada tão-somente à luz do artigo 30 *et seq.*[31]

---

27 *Ibid.*, p. 1816, parágrafo 1º do julgamento da Primeira Câmara.

28 O Tribunal asseverou: *"Whilst it is true that Member States may not enact measures enabling private undertakings to escape the constraints imposed by Article 85 of the Treaty, the provisions of that article belong to the rules of competition 'applying to undertakings' and are thus intended to govern the conduct of private undertakings in the commom market"*, ps. 1815/1816, parágrafo 24.

29 Caso 229/83, *Association des Centres distributeurs Édoaurd Leclerc and Others v Sarl Au blé Vert and Others*, [1985] ECR 1.

30 Atual 3(g).

31 *"The French Government considers that Articles 3(f) and 5 of the Treaty merely lay down general principles and do not themselves give rise to obligations under Article 85, on the other hand, applies,*

Devem ser enfatizados, no entanto, os argumentos expendidos pela ré, o Grupo Leclerc, os quais, como bem observou *Hoffman*,[32] deram um passo adiante em relação àqueles apresentados pela (também) ré no Caso *Van de Haar*. Leclerc ponderou que a lei francesa em questão, em vez de introduzir controle de preços, estabeleceu regras restringindo a concorrência de preços. Isso, levando-se em consideração o fato de tais preços terem sido livremente fixados pelos editores e importadores. Conseqüentemente, segundo o grupo empresarial francês, aquela lei deveria ser examinada primeiramente sob o prisma das regras de concorrência previstas no Tratado.

Salientou, ainda, a ré que a lei francesa estabelecia um sistema coletivo de adoção e manutenção de preços, prática vedada pelo artigo 85 (1) do Tratado e contrária ao sistema de livre concorrência assegurado pelo artigo 3 (f). Nesse sentido, prosseguiu a ré, o parágrafo segundo do artigo 5 do Tratado impõe aos Estados-Membros a obrigação de interromper a adoção de medidas desse tipo, uma vez que, muito provavelmente, elas frustrarão o cumprimento das restrições nele contidas, colocando, assim, em risco a realização dos objetivos do Tratado.

Pode-se inferir dessa argumentação da ré que as autoridades públicas francesas investiram o editor ou o importador do poder de estabelecer os preços dos livros no varejo e, o que é mais importante, endossaram tais preços ao torná-los compulsórios, por meio de lei, para os varejistas. A delegação desse poder ao editor ou importador teve o efeito de tornar ineficaz o artigo 85 e, conseqüentemente, infringir a obrigação do Estado-Membro *vis-à-vis* os artigos 3 (f) e 5.

A Comissão, de modo não surpreendente, observou, muito cautelosamente, que nem o artigo 3(f) nem o artigo 5 poderiam ser interpretados de maneira tal que pudessem privar os Estados-Membros de todo o poder na esfera econômica, impedindo-os de interferir sobre a livre concorrência. Segundo asseverou a Comissão, refere-se o artigo 85 apenas a práticas das empresas, e não a medidas governamentais. Somente em circunstâncias excepcionais, a adoção de medidas governamentais, tais como (a) exigir ou facilitar a conclusão de acordos ou contratos proibidos; (b) aumentar o impacto desses acordos ou contratos induzindo novas empresas a deles participarem; ou, ainda, (c) medidas cujo objetivo específico seja o de criar condições que acabem por permitir o descumprimento, por parte das empresas, das regras de concorrência da Comunidade, *"could constitute a*

---

in its view, only to certain practices on the part of undertakings and cannot be construed, even in conjunction with Articles 3(f) and 5, as prohibiting Member States from adopting measures which might have an effect on competition. The limitation of price competition at retailer level-price competition at publisher level being moreover free-should be examined in the light of Article 30 *et seq.*, the only potentially relevant Treaty provisions in this case". Ver parágrafo 11, pp. 30/31.

[32] Cf. Hoffman, "Anti-Competitive Legislation...", *op.cit.*, p. 16.

failure to fulfill the obligations arising under the second paragraph of Article 5 of the Treaty".[33]

Considerou a Comissão, enfim, que a compatibilidade da lei em questão com o Tratado deveria ser examinada exclusivamente à luz do artigo 30 *et seq.*[34]

No entanto, ao especificar as circunstâncias excepcionais em que os Estados-Membros estariam eventualmente infringindo o artigo 5, a Comissão forneceu um importante roteiro para a interpretação das disposições daquele artigo.

Com efeito, de acordo como o 5º Relatório sobre Política de Concorrência (1985) da Comissão, um Estado-Membro estaria descumprindo suas obrigações previstas no artigo 5:

> *"a) where it prescribed, promoted or facilitated the conclusion of restrictive agreements incompatible with Articles 85(1) and (3) or the abuse of a dominant position within the meaning of Article 86,*
> *b) where it heightened the impact of such agreements or abuses by inducing undertakings which were previously not parties to participate therein, or*
> *c) where it adopted a measure restricting competition with the sole aim of enabling undertakings to circumvent Articles 85 and 86, without being able to claim that this was in the public interest-an extremely occurrence."*[35]

Em seu julgamento, o Tribunal observou, inicialmente, que o artigo 3 (f) estabelece um objetivo geral do Tratado, o qual foi ampliado, *inter alia*, pelas regras de concorrência. Enfatizou, novamente, que, tanto o artigo 2 como o 3 (f), buscam prover as condições necessárias para que o mercado possa ser caracterizado pela livre circulação de mercadorias e em condições tais que as regras de concorrência não sejam falseadas. Nesse sentido, os Estados-Membros não deveriam pôr em risco a realização desse objetivo, sendo, portanto, compelidos a agir de maneira *communautaire* também no contexto dos artigos 85 e 86.

Prosseguiu o Tribunal reafirmando (como já tinha feito antes nos Casos *Wilhelm v Bundeskartellamt*[36] e *INNO*[37]) que, apesar de as disposições daqueles artigos se referirem direta e exclusivamente à conduta de empresas e não à atividade legislativa dos Estados-Membros, estes últimos estavam *"none the less obliged under the second paragraph of Article 5 of*

---

[33] Caso 229/83, *Au blé Vert*, [1985] ECR, p. 30, parágrafo 10.

[34] *Ibid.*, p. 31, parágrafo 12.

[35] Ver o *Fifteenth Report on Competition Policy(1985)* da Comissão, p. 94.

[36] Caso 14/68, [1969] ECR 1.

[37] Caso 13/77, *INNO v ATAB*, [1977] ECR 2115.

the Treaty not to detract, by means of national legislation, from the full and uniform application of Community law or from the effectiveness of its implementing measures".

Conseqüentemente, os Estados-Membros não deveriam nem introduzir nem manter em vigor medidas que tornassem ineficazes as regras de concorrência aplicáveis às empresas.[38]

É de se notar que essas observações do Tribunal não só confirmam como também aperfeiçoam os princípios estabelecidos nos casos citados acima.

Especificamente quanto aos fatos desse caso, como sublinhou *Gyselen,*[39] o Tribunal, consciente de que outros Estados-Membros utilizavam sistemas semelhantes de preços fixos de livros postos em prática por meio de contratos de manutenção de preços de revenda celebrados entre editores/importadores e varejistas, entendeu que a lei francesa em questão não exigia a conclusão ou celebração de contratos contrários ao artigo 85.

De maneira surpreendente, no entanto, o Tribunal levantou a questão se a legislação nacional de determinado Estado-Membro, que confere aos editores e importadores de livros o poder de fixar preços de venda, tornando, assim, supérflua a proibição de conclusão de acordos restritivos à concorrência contida no artigo 85, não estaria *ipso facto* retirando a efetividade daquele dispositivo infringindo, portanto, o artigo 5 (2).

O Tribunal deixou a questão sem resposta. Tendo em vista o fato de que a Comissão ainda não tinha dado início aos procedimentos necessários no sentido de, na forma do artigo 85, coibir a celebração de acordos para a fixação de preços no varejo no setor de livros, o Tribunal limitou-se a dizer que:

> *"It follows that, as Community law stands, Member States' obligations under Article 5 of the EEC Treaty, in conjunction with Articles 3(f) and 85, are not specific enough to preclude them from enacting legislation of the type at issue on competition in the retail prices of books, provided that such legislation is consonant with the other specific Treaty provisions, in particular concerning the free movement of goods. It is therefore necessary to consider those provisions."*[40]

Pode-se concluir com base nesse caso que o Tribunal deu o primeiro passo no sentido de ampliar o objetivo do artigo 5 (2) para incluir não somente medidas governamentais que apóiem violações diretas aos artigos 85 e 86 por empresas, como também, no dizer de *Van der Esch*, *"State action*

[38] Caso 229/83, [1985] *ECR* 1, p. 31, parágrafo 14.

[39] Ver Gyselen, "State action and the effectiveness of...", *op.cit.*, p. 42.

[40] Caso 229/83, 1985 *ECR* 1 p.33 parágrafo 20.

preempting such violations".[41] Como destacado por *Hoffman*, o Tribunal aprimorou a doutrina emergente do artigo 5, apesar de ser obviamente possível imaginar que tal pensamento jamais venha a ser aplicado com o intuito de *"strike down a national law"*.[42]

3.4.4. Cullet[43]

Algumas semanas após sua decisão em *Au blé Vert*,[44] o Tribunal teve a oportunidade de aprimorar seu entendimento em *Cullet*, um caso envolvendo normas francesas com base nas quais autoridades públicas daquele país fixaram preço mínimo de venda de combustível no varejo. Relativamente às vendas no atacado, conhecidas como *"ex-refinery price"*, o governo francês impôs um preço-teto baseado em complexas considerações. Em princípio, refinarias ou importadores estavam autorizados a vender por um preço abaixo do limite estabelecido. Na prática, porém, seus produtos eram normalmente comercializados pelo preço-teto. Um "preço de venda máximo no varejo" foi, então, fixado para cada varejista no sentido de garantir uma margem mínima sobre o *"ex-refinery price"* de cada fornecedor do varejista. Finalmente, um preço mínimo foi calculado para cada região a um valor abaixo do preço máximo médio para aquela região.

Parece claro que o principal objetivo dessas normas era o de proteger um determinado setor de distribuição, a saber os pequenos postos de gasolina, da política de preços almejada por grandes grupos, como Leclerc. De fato, como observado por *Marenco*, o efeito e, sem dúvida, o propósito do esquema, era o de manter vivos postos de gasolina marginais *"which would have been driven out of the market had their competitors been able to lower prices freely"*.[45]

A venda de combustíveis, por parte do grupo Leclerc, a preços inferiores ao mínimo fixado, resultou no ajuizamento de uma ação perante um

---

[41] A esse respeito, Van der Esch observa ainda que a implicação dessa decisão do Tribunal é que o poder de instituir por lei manutenção do preço de revenda deve respeitar não somente as normas do Tratado relativas à livre circulação de mercadorias (art. 30), bem como o sistema de livre concorrência consubstanciado nos artigos 3(f), combinado com os artigos 85 e 86. Assevera também o referido autor que *"in a Community in which economic nationalism is still rampant - often in blatant violation of Treaty obligations - this is not a popular idea with national politicians"*. Ver Bastiaan van der Esch, "The System of Undistorted Competition of Article 3(f) of the EEC Treaty and the Duty of Member States to respect the Central Parameters thereof", [1988] 11 *FILJ* 490, p. 410.

[42] Hoffman, "Anti-Competitive State Legislation Condemned...", *op.cit.*, p.18.

[43] Caso 231/83, *Henri Cullet and Chambre syndicale des réparateurs automobiles et détaillants de produits pétroliers v Centre Leclerc Toulouse and Centre Leclerc Saint-Orens-de-Gameville*, [1985] ECR 305.

[44] Caso 229/83, *Leclerc v Au blé Vert*, [1985] *ECR 1*.

[45] Ver Giuliano Marenco, "Le Traité CEE interdit-il aux États Membres de restreindre la concurrence?, [1986] 22 *CDE*, p. 287.

Tribunal Comercial da França. Alegou o autor, um concorrente do Grupo Leclerc, que a venda de combustíveis naquelas condições, além de ilegal e desleal, estava causando-lhe prejuízos.

Em sua defesa, Leclerc argumentou que as regras relativas ao preço de venda de combustíveis eram contrárias aos artigos 3 (f), 85 e 86 do Tratado e, tampouco, encontravam respaldo nos artigos 30 e 36.

O presidente do referido Tribunal Comercial submeteu a questão ao Tribunal, indagando se a fixação de preços mínimos violava as disposições dos artigos 3(f) e 5 do Tratado.[46]

Após reiterar os principais argumentos expendidos em *Au blé Vert*, o Tribunal esclareceu que as regras *sub judice* não contrariavam os dispositivos do Tratado relativos à concorrência, na medida em que conferiam às autoridades públicas a competência para a fixação de preços:

> *"... rules such as those concerned in this case are not intended to compel suppliers and retailers to conclude agreements or to take any other action of the kind referred to in Article 85(1) of the Treaty. On the contrary, they entrust responsibility for fixing prices to the public authorities, which for that purpose consider various factors of different kind. The mere fact that the ex-refinery price fixed by the supplier-which, moreover, may not exceed the ceiling price fixed by the competent authorities-is one of the factors taken into account in fixing the retail selling price does not prevent rules such as those concerned here from being States rules and is not capable of depriving the rules on competition applicable to undertakings of their effectiveness."*[47]

O Tribunal, novamente, parece ter concedido muito pouca atenção à questão concernente ao artigo 5 do Tratado. É preciso admitir, no entanto, que, em sua análise acerca daquele artigo, o Tribunal, inequivocamente, manifestou seu entendimento no sentido de que, quando autoridades públicas não impõem diretamente um preço de varejo para um produto, como no presente caso, mas delegam o poder de fixação desse preço ao produtor ou importador, como nos Casos *INNO*, *Van de Haar* e *Au blé Vert*,[48] sua ação, em princípio, é incompatível com o Tratado.

Esse entendimento do Tribunal, é bom salientar, foi duramente criticado por alguns autores, entre os quais *Marenco* e *Gyselen*. Para eles, parece um tanto quanto artificial o fato de se permitir a imposição de um limite (de preços) por parte da autoridade pública e condenar-se essa mesma

---

[46] É de notar-se que o Tribunal Comercial Francês não agregou à sua referência aos artigos 3(f) e 5 outros artigos, especialmente 85 e 86.

[47] Caso 231/83, *Henri Cullet v Centre Leclerc Toulouse*, [1985] ECR 305, p. 320, parágrafo 17.

[48] Caso 13/77, [1977] *ECR* 2115, Casos conjuntos 177/178/82,[1984] ECR 1797 e Caso 229/83,[1985] *ECR* 1, respectivamente.

imposição, quando emanada do produtor ou importador por delegação de poderes.

A razão disso, no entanto, é que esse tipo de intervenção estatal depende da natureza do produto. No que tange à gasolina, por exemplo, as próprias autoridades públicas têm condições de fixar seu preço, enquanto no caso dos livros isso não é possível.

Seja como for, no final, o Tribunal não teve dificuldades em concluir que o artigo 30 tinha sido transgredido, ao afirmar que:

> *"Article 30 of the EEC Treaty prohibits such rules where the minimum price is fixed on the basis solely of the ex-refinery prices of the national refineries and where those ex-refinery prices are in turn linked to the ceiling price which is calculated on the basis solely of the cost prices of national refineries when the European fuel rates are more than 8% above or below those prices."*[49]

Dito de outra maneira, o descumprimento das disposições contidas no artigo 30 deveu-se ao fato de que os importadores, ao efetuarem suas vendas no varejo, estavam impedidos de tirar proveito das vantagens competitivas derivadas de seus custos mais baixos (8% mais baixos).

Fica, portanto, transparente nesse caso a dificuldade do Tribunal de demarcar a aplicação ao tema da intervenção estatal no mercado dos artigos 3 (f), 5 e 85, de um lado, e dos artigos 30 e 36, de outro. Na prática, o que se nota é a existência de uma visível sobreposição na aplicação daqueles artigos à questão da intervenção do Estado.

3.4.5. Asjes[50]

O próximo passo no desenvolvimento da aplicação do artigo 5 foi dado no ano seguinte com o Caso *Asjes*. Apesar das duras críticas formuladas por *Pescatore* relativas à posição do Tribunal nesse caso - segundo ele, a opinião do Tribunal pareceu *"a legal steeplechase that ends somewhere in the middle of the track"*[51] - , essa constitui-se em um prenúncio dos casos significativos que se seguiriam, a começar por *Vlaamse.*[52] Com efeito, o Tribunal advertiu que iria adotar a primeira parte da posição da Comissão no Caso *Au blé Vert*: um Estado-Membro violaria o Artigo 5 combinado

---

[49] Caso 231/83, *Henri Cullet v Centre Leclerc*, [1985] *ECR* 305, p. 325.

[50] Casos Conjuntos 209 a 213/84, *Ministère Publique v Lucas Ajes e Outros, Andrew Gray e Outros, Jacques Maillot e Outros e Leo Ludwig e Outros*, [1986] *ECR* 1425.

[51] Ver Pierre Pescatore, "Public and Private Aspects of European Community Competition Law", *op.cit.*, p. 414.

[52] Caso 311/85, *VZW Vereniging van Vlaamse Reisbureaus v VZW Sociale Dienst van de Plaatselijke en Gewestelijke Overheidsdiensten*, [1987] *ECR* 3801. Ver também Hoffman, "Anti-Competitive Legislation...", *op.cit.*, p. 19.

com o Artigo 85 se viesse a requerer ou favorecer a adoção de acordos, decisões ou práticas concertadas contrárias ao Artigo 85 ou a reforçar seus efeitos.[53]

No Caso *Asjes*, que se tratava de um processo criminal movido contra os diretores de agências de viagens e contra as próprias agências, um Tribunal de Paris encaminhou questão prejudicial ao Tribunal. Os réus tinham sido acusados de infringir as disposições do Código de Aviação Civil Francês ao oferecerem passagens aéreas abaixo dos preços fixados em conformidade com tal Código. A questão, formulada de maneira não específica, consistia em saber se aquelas disposições da lei francesa eram ou não compatíveis com as regras de concorrência da Comunidade.

Após observar que o transporte aéreo, assim como os demais tipos de transporte, estavam sujeitos às disposições do Tratado, inclusive àquelas pertinentes ao controle das práticas comerciais restritivas, o Tribunal declarou:

> *"It is contrary to the obligations of the Member States under Article 5 of the EEC Treaty, in conjunction with Article 3(f) and Article 85, in particular paragraph (1) of the EEC Treaty, to approve air tariffs and thus to reinforce the effects thereof, where, in the absence of any rules adopted by the Council in pursuance of Article 87, it has been found in accordance with the forms and procedures laid down in Article 88 or Article 89(2) that those tariffs are the result of an agreement, decision by an association of undertakings, or a concerted practice contrary to Article 85."*[54]

É a essa opinião do Tribunal que o juiz Pescatore se refere como sendo um *"legal steeplechase"*. De fato, o Tribunal poderia apenas ter-se cingido a aplicar ao caso o Artigo 5, na medida em que um Estado-Membro tentou validar por meio legislativo os frutos de um acordo ilegal de fixação de preço. A esse respeito, cumpre salientar que tanto a Comissão quanto o Advogado-Geral *Lenz* parecem ter sustentado esse ponto de vista. Segundo o Advogado-Geral *Lenz*, dispositivos nacionais que estabelecem a necessidade de aprovação oficial para tarifas aéreas e requerem ou permitem a coordenação de tais tarifas entre as companhias aéreas envolvidas antes da

---

[53] Casos Conjuntos 209 a 213/84, *Ministère Publique v Lucas Asjes e Outros*, [1986] *ECR* 1425, p.1471, parágrafo 72. Veja-se também Hoffman, "Anti-Competitive...", *op.cit.*, p.19.

[54] *Ibid.*, p. 1472. O Artigo 87 estabelece que o Conselho deverá adotar as competentes resoluções ou diretivas no sentido de dar eficácia aos princípios contidos nos Artigos 85 e 86; o Artigo 88 prescreve que as autoridades competentes dos Estados-Membros deverão decidir sobre a admissibilidade dos acordos, resoluções e práticas concertadas, bem como sobre o abuso de posição dominante no mercado comum, até a entrada em vigor dos dispositivos adotados em conformidade com o Artigo 87; o Artigo 89(2) determina que se a violação não cessar, a Comissão declarará verificada essa infração aos princípios, em decisão devidamente fundamentada.

submissão para referida aprovação são contrários ao Tratado, especialmente ao parágrafo segundo do Artigo 5, combinado com o Artigo 3 (f) e o Artigo 85 - e, quando aplicável, o Artigo 90 - uma vez que tal coordenação prévia não foi isenta da proibição relativa à formação de cartéis contida no Artigo 85 (3).[55]

Apesar disso, o Tribunal, em sua análise, optou por não enfatizar a requisição feita às companhias aéreas pelos Estados-Membros signatários dos acordos bilaterais para adotar medidas comuns relativamente às tarifas, o que, segundo *Joliet*, *"would in fact appear to be contrary to the obligation not to detract from the effectiveness of Article 85"*.[56] O Tribunal limitou-se a examinar o procedimento de aprovação objeto da questão a ele submetida.

A esse respeito, o Tribunal instruiu o Tribunal Nacional a levar em consideração a natureza das tarifas aprovadas. Se tais tarifas fossem o resultado da ação concertada criticada pelas autoridades nacionais competentes à luz do Artigo 88 ou pela Comissão na forma do Artigo 89(2) não deveriam ser aprovadas já que isso iria reforçar os efeitos de tal ação concertada o que não é permitido. Nessas circunstâncias, o Tribunal Nacional deveria deixar de aplicar as penalidades previstas na lei nacional.

3.4.6. Vlaamse[57]

Pode-se afirmar que os casos até agora examinados têm muito em comum, na medida em que, em cada um deles, o Tribunal se confrontou com sistemas de altos preços anticompetitivos estabelecidos de uma forma ou de outra por um Estado-Membro em benefício de alguns agentes econômicos e, obviamente, em detrimento de outros, incluindo, entre esses últimos, os consumidores. Esses casos foram julgados pelo Tribunal com base nas regras de concorrência e à luz do artigo 30, sem *"revealing any consistent doctrine"*, para usar as palavras do juiz *Pescatore*.[58]

Todavia, no final de 1987, em dois julgamentos, a saber *Vlaamse* e *Aubert*,[59] proferidos com uma diferença de apenas dois meses, o Tribunal finalmente deparou com exemplos de ação do Estado, os quais, no seu

---

55 *Ibid.*, p. 1454.

56 Ver Joliet, "National Anti-Competitive Legislation and Community Law", [1989], *FCLI*, ps. 16-20.

57 Caso 311/85, *Vlaamse Reisbureaus v Sociale Dienst*, [1987] *ECR* 3801.

58 Ver Pescatore, "Public and Private..., *op.cit*, p. 416. Na opinião de Pescatore, todos esses casos eram "*crystal clear*", muito embora inseridos em uma "*grey area*" (posição também defendida por Galmot & Biancarelli, "Le Règlementations Nationales en Matière de Prix au Regard du Droit Communautaire", [1985] 21 *RTDE*, p. 269), uma vez que se referem a preços anticompetitivos, possuindo, portanto, uma clara relação com as regras de concorrência, e não com restrições quantitativas.

59 Caso 136/86, *Bureau National Interprofessionnel du Cognac v Aubert*, [1988] 4 *CMLR* 331.

entender, inequivocamente infringiam as obrigações dos Estados-Membros de cumprir as regras de concorrência do Tratado.

No Caso *Vlaamse*, foi uma lei belga que teve o "privilégio" de ser a primeira a enquadrar-se em um típico conflito com o artigo 5 (2), combinado com o artigo 85. O dispositivo em questão era uma parte de um Decreto Real de 1966 aplicável a agências de viagens, segundo a qual são consideradas práticas desleais de comércio a não-observância de preços e tarifas acordados e impostos por lei, a divisão de comissões, a concessão de descontos e a oferta de benefícios de qualquer tipo contrários às práticas comerciais.

O texto desse dispositivo é virtualmente idêntico ao do artigo 22 do Código de Conduta do Sindicato dos Agentes de Viagens da Bélgica de 1963. Tal Código, aplicável inicialmente apenas aos agentes filiados, passou a ser aplicado também àqueles que não o eram com a entrada em vigor do referido Decreto Real.

Um desses agentes não filiados, denominado *"Sociale Dienst"*, cuja principal tarefa era atender aos funcionários públicos locais e regionais, concedeu a estes últimos descontos no preço de pacotes turísticos organizados por operadoras, repassando a tais funcionários a comissão que era normalmente paga aos agentes de viagens.

Conseqüentemente, uma Associação Comercial de Agentes de Viagens Flamengos interpôs medida cautelar contra o *"Sociale Dienst"*, com o objetivo de impedi-lo de continuar a perpetrar violações ao Decreto Real.

Uma das questões submetidas pelo Tribunal competente da Bélgica ao Tribunal dizia respeito à compatibilidade do Decreto Real com o artigo 85 (1) do Tratado. Surpreendentemente, não foi feita nenhuma referência ao artigo 5 (2). Novamente, o Tribunal, seguindo a forma proposta pelo Advogado-Geral *Lenz*, formulou sua própria questão baseada no artigo 5, combinado com o artigo 85.

Deve-se mencionar que o Advogado-Geral *Lenz*, em sua análise do caso, parece ter vislumbrado a situação em que uma lei proveria o mecanismo de execução de práticas comerciais violadoras do artigo 85 *"if private contracts had instead been the means of enforcement"*.[60] Como será visto mais adiante, esse entendimento foi finalmente corroborado pelo Tribunal no Caso *Van Eycke*.[61] No presente caso, ainda não era necessário para o Tribunal chegar a tal conclusão.

Em *Vlaamse*, o Tribunal observou inicialmente que, no que respeita às atividades dos agentes de viagens, havia um sistema de acordos tanto entre eles próprios como entre eles e as operadoras destinados a obrigar

[60] Ver Hoffman, "Anti-Competitive Legislation...", *op.cit*, p. 20.

[61] Caso 267/86, *Pascal Van Eycke v ASPA NV*, [1988] *ECR* 4769.

todos os agentes a cumprir com determinados preços fixados pelas operadoras. Esses acordos, no entender do Tribunal, tinham o efeito de restringir a concorrência entre os agentes de viagens, ou seja, impediam-nos de concorrer com melhores preços ao decidir por eles pelo repasse a seus clientes de parte da comissão que recebiam. Nessa conformidade, o Tribunal concluiu que acordos desse tipo eram incompatíveis com o artigo 85 (1) do Tratado.

Subseqüentemente, o Tribunal voltou-se para a questão sobre se dispositivos como aqueles do Decreto Real tinham o condão de *"reinforce the effects of the agreements between travel agents and tour operators"*.[62] Sua conclusão foi no sentido de que o Decreto era incompatível com as obrigações do Estado belga previstas no artigo 5 do Tratado.

Em primeiro lugar, para o Tribunal, o Decreto Real reforçava o efeito dos acordos em questão, na medida em que a regra nele estipulada adquiriu um caráter permanente, não podendo ser revogada pelas partes. Em segundo lugar, ao tratar a inobservância de preços e tarifas prefixados ou da proibição de dividir comissões com clientes como contrária a uma prática justa de comércio, o Decreto Real dava ensejo a que agentes de viagens que cumprissem com tais regras de prática comercial pudessem interpor medidas cautelares contra agentes de viagens que não faziam parte desses acordos e que, portanto, não observavam tais regras. Por fim, a possível cassação da licença para operar como agente de viagem no caso de não-cumprimento com as regras acordadas de prática comercial constituía, segundo o Tribunal, *"a highly effective sanction"*.[63]

Foi a seguinte a resposta proferida pelo Tribunal:

> *"...legislative provisions or regulations of a Member State requiring travel agents to observe the prices and tariffs for travel set by tour operators, prohibiting them from sharing the commission paid in respect of the sale of such travel with their clients or granting rebates to their clients and regarding such acts as contrary to fair commercial practice are incompatible with the obligations of the Member States pursuant to Article 5, in conjunction with Articles 3 (f) and 85, of the EEC Treaty, where the object or effect of such national provisions is to reinforce the effects of agreements, decisions or concerted practices which are contrary to Article 85."*[64]

Vale notar que o Tribunal, na última parte de sua manifestação, finalmente deixou de lado a preocupação com o questionamento do Decreto Real

[62] *Ibid.*, p. 3829, parágrafo 22.

[63] *Ibid.*, p. 3829, parágrafo 23.

[64] *Ibid.*, p. 3829, parágrafo 24.

à luz das disposições do artigo 30 do Tratado. Como salientado, o artigo 30 aplica-se às restrições impostas por Estados-Membros à livre circulação de mercadorias. A venda de "viagens", porém, enquadra-se nos dispositivos atinentes a serviços e não venda de mercadorias, independentemente da terminologia usada habitualmente no comércio. "*It follows that provisions such as the Belgian provisions at issue cannot be considered contrary to Article 30 or Article 34*".[65]

3.4.7. Aubert[66]

Nesse caso, os fatos foram semelhantes àqueles que caracterizaram o Caso *Vlaamse*: uma entidade representativa de associações de comércio estabeleceu quotas de produção que foram subseqüentemente incorporadas em uma decisão governamental.

O "*Bureau National Interprofessionnel du Cognac*" foi criado pelo governo francês para ser composto precipuamente de delegados representando produtores de vinho, de um lado, e distribuidores, de outro. Tais delegados, nomeados pelo Ministro da Agricultura a partir de uma lista submetida pelas associações comerciais, eram divididos em dois grupos, aos quais era permitido celebrar acordos relativamente a diversos aspectos do mercado, inclusive preços mínimos.[67]

A competente autoridade administrativa foi autorizada, na forma de uma Lei de 1975 que dispunha sobre organizações intracomerciais de agricultura, a tornar vinculantes e obrigatórios referidos acordos para todos os membros das associações que compunham a associação de comércio, quando eles tivessem por objetivo promover a implementação, sujeita ao controle do Estado, de regras de mercado, preços e condições de pagamento. Penalidades eram impostas no caso de não-cumprimento dos acordos. O *Bureau* e cada uma das associações que o compunham podiam emitir declaração no sentido de que contratos de fornecimento celebrados em desconformidade com os acordos vinculantes e obrigatórios eram automaticamente nulos. Além disso, podia o *Bureau* requerer compensação.[68]

---

[65] *Ibid.*, p. 3831, parágrafo 32. Permanece a questão sobre se tais dispositivos estariam em desacordo com o artigo 59 (livre prestação de serviços na Comunidade). Novamente aqui, o mesmo problema pode surgir na demarcação entre o artigo 59 e os artigos 5 e 85 e entre o artigo 30 e os artigos 5 e 85.

[66] Caso 136/86, *Bureau National Interprofessionnel du Cognac v Yves Aubert*, [1988] 4 *CMLR* 331.

[67] Ver a respeito o Caso 123/83, *BNIC v Clair*, [1985] *ECR 391*, no qual o Tribunal já tinha decidido que um acordo por uma Câmara fixando preços mínimos deve ser interpretado como abrangido pelo artigo 85, "*since it was negotiated and concluded by persons who, although appointed by public authorities were, apart from the two appointed directly by the minister, proposed for appointment by the trade organizations directly concerned and who consequently must be regarded as in fact representing those organizations in the negotiation and conclusion of the agreement*" (p. 423).

[68] Ver artigos 2 (1), (3),(6) e 4 da lei 75-600, de 10 de julho de 1975, conforme citação de Joliet, "National Anti-Competitive...", *op.cit.*, p. 16-13. Como observado por Denis, o artigo 2 daquela

Em *Aubert*, o *Bureau* tinha fixado quotas de produção para os ingredientes utilizados na preparação do *cognac*. O Sr. Yves Aubert, um produtor de vinho, ultrapassou a quota de mercado a ele destinada. Como resultado, o *Bureau* ajuizou ação competente perante um tribunal francês pleiteando o valor de FF 7.916,02 a título de taxa julgada devida.

Assim como em *Vlaamse*, o Tribunal francês solicitou ao Tribunal que se pronunciasse sobre duas questões fundamentais. Na primeira, indagou o Tribunal francês se as disposições do acordo comercial estabelecendo quotas de produção eram compatíveis com os dispositivos do artigo 85 (1), tendo em vista especialmente que a limitação de produção visava, aparentemente, a manter a qualidade do produto. Novamente aqui, não foi feita nenhuma referência ao artigo 5. Em segundo lugar, o Tribunal francês, também de forma extremamente confusa, perguntou "*if not, is a levy based on such a product compatible with the same provisions of the Treaty of Rome?*".[69]

O Tribunal reformulou tais questões de forma tal a testar o caráter vinculante da norma contida no artigo 5 e a resgatar as razões expendidas no Caso *Vlaamse*. Nessa conformidade, sua conclusão não poderia ser considerada surpreendente: a decisão do *Bureau* infringia o artigo 85 (1). O Tribunal asseverou que as quotas tendiam a congelar a situação existente ao penalizar quaisquer aumentos na produção, o que tornava mais difícil para o produtor melhorar sua posição competitiva no mercado.

Ademais, na opinião do Tribunal, a ordem vinculante reforçou o acordo ilegal ao estendê-lo aos não filiados às associações comerciais representadas no *Bureau*. Aquela ordem choca-se com as obrigações da França sob o artigo 5 de não tomar ou manter em vigor medidas capazes de obviar os efeitos dos artigos 85 e 86. Nesse sentido, declarou o Tribunal:

"1. An inter-trade agreement entered into by two groups of traders in the framework and in accordance with the procedure of an organisa-

---

lei francesa era claramente o resultado da pressão exercida sobre o governo pelas associações comerciais. Apesar de o governo estar ciente das implicações daquela lei *vis-à-vis* ao Direito Comunitário, não fez nenhuma objeção. Tal atitude demonstrou que a principal preocupação do governo era agradar a um setor "politicamente sensível". A transcrição literal dos comentários de Denis a respeito do assunto parece ser relevante. Segundo referido autor, *"Les professionnels demandent le pouvoir de conclure des ententes; et le gouvernement leur donne ce pouvoir, sachant bien que, tôt ou tard, cela posera un problème sur le plan communautaire et que la valeur de ces ententes sera discutée.Mais cela ne fait rien: on donne un bonbon à sucer, en sachant bien qu'en realité, il s'agit d'une dragée au poivre. Ce qui compte, dans l' immediat, c'est le bonbon. C'est-à-dire la satisfaction donnée á des professionnels dans un secteur particulièrment sensible, politiquement: celui de l'agriculture. Peu importent les retombées ulterieures; c'est l'instant qui compte. Curieuse façon de légiférer!"*. Ver Denis, "A propos de l'arrêt du 30 Janvier 1985 de la Cour de Justice des Communautés Européennes. Valeur des accords interprofessionnels dans le secteur des a AOC", *Revue de Droit Rural*, nº 133, abril 1985,p. 155, *apud* Marenco, "Le Traité CEE...", *op.cit.*, p. 302.

[69] Caso 136/86, *BNIC v Aubert*, [1988] 4 *CMLR* 331, p. 343.

tion such as the Bureau National Interprofessionnel du Cognac, which provides for the payment of a levy where a production quota for pure alcohol per hectare has been exceeded, is contrary to Article 85 (1) of the EEC Treaty.
2. A ministerial decree determining the application of such an agreement is contrary to the obligation imposed on member-states by Article 5 of the EEC Treaty, read together with Articles 3 (f) and 85 thereof."[70]

3.4.8. Ahmed Saeed[71]

Neste caso, o Tribunal aplicou novamente os princípios desenvolvidos em *Asjes, Vlaamse* e *Aubert.*

Dessa vez, foi submetida ao Tribunal questão prejudicial tratando, *inter alia*, da compatibilidade dos artigos 5, 85 e 86 com certas condutas ou práticas concernentes à fixação de tarifas aéreas aplicáveis a vôos aéreos programados. A questão foi levantada nos autos de um processo em que uma associação alemã alegou estarem dois agentes de viagem de Frankfurt praticando concorrência desleal.

Referidos agentes de viagem venderam passagens aéreas emitidas de acordo com tarifas vigentes em países com moedas fracas. Nessas passagens aéreas, estava mencionado que o ponto inicial da rota do avião era um desses países com moedas fracas. Porém, todos os passageiros que compraram tais passagens embarcaram no aeroporto de Frankfurt, no qual o avião fez uma escala. Para tais passageiros, obviamente, tais passagens custaram bem menos do que custariam se tivessem sido emitidas com base nas altas tarifas vigentes na Alemanha.

Perante o competente tribunal local, sustentou a associação alemã que, ao venderem tais passagens, os agentes de viagem teriam infringido uma lei daquele país relativa a transporte aéreo, que vedava a aplicação, em território alemão, de tarifas não aprovadas pelo competente Ministério. Além disso, argumentou que a conduta de tais agentes configurava concorrência desleal, na medida em que as passagens haviam sido vendidas por tarifas inferiores àquelas vigentes na Alemanha.

Note-se que, na ocasião do exame do assunto pelo Tribunal, o Conselho de Ministros já havia adotado as regras concernentes ao setor de transporte aéreo, que são aplicáveis aos transportes aéreos internacionais entre os aeroportos da Comunidade. Com base nessas regras e nos fatos que lhe foram expostos, o Tribunal concluiu que acordos bilaterais e multilaterais

---

[70] *Ibid.*, p. 346.

[71] Caso 66/86, *Ahmed Saeed Flugreisen and Silver Line Reiseburo GmbH v Zentrale zur Bekampfung unlauteren Wettwerbs e.V.*, [1989] *ECR* 803.

relativos a tarifas aéreas aplicáveis a vôos aéreos programados violavam o artigo 85 (1) e eram automaticamente nulos na forma do artigo 85 (2):

"i) in the case of tariffs applicable to flights between airports in a given Member State or between such an airport and an airport in a non-member country: where either the authorities of the Member State in which the registered office of one of the airlines concerned is situated or the Commission, acting under Article 88 and Article 89 respectively, have ruled or recorded that the agreement is incompatible with Article 85;
ii) in the case of tariffs applicable to international flights between airports in the Community: where no application of exemption of the agreement from the prohibition set out in Article 85 (1) has been submitted to the Commission under Article 5 of Regulation N. 3975/87..."[72]

Em sua resposta à questão pertinente ao artigo 86, o Tribunal não fez a distinção acima, ou seja de vôos internacionais entre aeroportos nos Estados-Membros e outros vôos. O Tribunal argüiu que, à diferença do artigo 85, na forma do artigo 86, nenhuma isenção pode, em nenhuma hipótese, ser concedida, no que diz respeito ao abuso de uma posição dominante. Tal abuso é simplesmente proibido pelo Tratado, competindo às autoridades nacionais ou à Comissão, conforme o caso, agir dentro dos limites dos poderes que lhes foram atribuídos. Dessa forma, declarou o Tribunal que *"the prohibition laid down in Article 86 of the Treaty is fully applicable to the whole of the air transport sector"*.[73]

A segunda indagação formulada ao Tribunal relativamente ao artigo 86 foi se a aplicação de uma tarifa poderia, em princípio, constituir um abuso de posição dominante, quando tal tarifa tivesse resultado de uma ação concertada entre duas empresas, fato esse que, por si só, seria suficiente para enquadrá-las na proibição estabelecida pelo artigo 85 (1). O Tribunal, de maneira interessante, respondeu à questão afirmativamente. Esclareceu que a violação ao artigo 86 poderia ocorrer mesmo na hipótese de os acordos serem ilegais em face da proibição contida no artigo 85 (1), e desde que uma empresa com posição dominante tenha sido capaz de impor a aplicação da tarifa a outras empresas.

O Tribunal deixou para o tribunal alemão determinar se uma companhia aérea detinha posição dominante no mercado para uma rota específica e, em caso afirmativo, se a imposição de uma tarifa a outras empresas configurava um abuso daquela posição. Segundo o Tribunal

---

[72] *Ibid.*, p. 847, parágrafo 29.
[73] *Ibid.*, p. 848, parágrafos 32 e 33

"...the application of tariffs for scheduled flights on the basis of bilateral or multilateral agreements may, in certain circumstances, constitute an abuse of a dominant position on the market in question, in particular where an undertaking in a dominant position has succeeded in imposing on other carriers the application of excessively high or excessively low tariffs or the exclusive application of only one tariff on a given route."[74]

Mais importante, contudo, é salientar o fato de que o Tribunal, assim como no Caso *Vlaamse*, expressamente condenou a lei de um Estado-Membro contrária ao Direito Comunitário. A esse respeito, disse o Tribunal:

"It must be concluded as a result that the approval by the aeronautical authorities of tariff agreements contrary to Article 85 (1) is not compatible with Community Law and in particular with Article 5 of the Treaty. It also follows that the aeronautical authorities must refrain from taking any measure which might be construed as encouraging airlines to conclude tariff agreements contrary to the Treaty."[75]

Vale notar que, em seu julgamento, o Tribunal também respaldou-se no artigo 90 (1), o qual, como será visto no próximo capítulo, proíbe os Estados-Membros que concedem direitos especiais ou exclusivos às empresas, como, por exemplo, o direito de explorar uma rota aérea determinada, de adotar medidas contrárias às regras de concorrência do Tratado. No entanto, como assinalado, por *Hoffman*, o artigo 90 (1) foi citado apenas para corroborar a interpretação do artigo 5, *"rather than to amplify the Treaty 'objectives' with which the States must not interfere"*.[76]

3.4.9. Van Eycke[77]

Finalmente, neste caso, o Tribunal tornou inequivocamente claro o modo pelo qual a expressão "reforçar os efeitos de um cartel" deve ser interpretada.

O caso envolveu algumas questões formuladas por um tribunal belga acerca da compatibilidade com o Direito Comunitário de uma lei nacional restringindo o benefício de isenção de tributação sobre rendimentos de juros a uma determinada categoria de depósitos em poupança.

Ao tomar conhecimento das taxas de juros de depósitos em poupança oferecidas e divulgadas pela ASPA, uma instituição financeira belga, o Sr. Van Eycke decidiu fazer um depósito. Todavia, para sua surpresa, por força

---

[74] *Ibid.*, p. 851, parágrafo 46.

[75] *Ibid.*, p. 852, parágrafo 49.

[76] Ver Hoffman, "Anti-Competitive...", *op.cit.*, p. 22.

[77] Caso 267/86, *Pascal Van Eyke v ASPA NV*, [1988] *ECR* 4769.

de um Decreto Real de 1986, referidas taxas não estavam mais disponíveis. Ou seja, a instituição financeira ASPA estava obrigada a aplicar termos e condições menos favoráveis do que aqueles constantes de sua propaganda. Para poder-se compreender melhor as disposições do Decreto Real, algumas explanações sobre seu contexto legal e econômico parecem úteis.

Na Bélgica, vigorou durante muitos anos uma isenção de tributação sobre parte dos rendimentos de depósitos em poupança. Após a introdução, por um grande número de instituições de poupança, de uma política de altas taxas de juros, o governo belga procurou limitar o escopo daquela isenção. Um Decreto Real de 1983 tornou a concessão de isenção de tributação sujeita a duas condições: a taxa de rentabilidade dos depósitos em poupança deveria compreender, em primeiro lugar, juros a uma taxa básica não excedente à menor taxa média aplicável no mercado em questão e, em segundo lugar, o denominado "prêmio de crescimento" (*"fidelity or growth premium"*) poderia ser livremente fixado pelas instituições financeiras.

Posteriormente, as autoridades monetárias da Bélgica concluíram que a concorrência no campo de *"fidelity or growth premiums"* estava muito acirrada, conflitando com a tendência geral de taxas de juros mais baixas que caracterizava outras formas de poupança. Finalmente, tais autoridades emitiram uma recomendação às instituições financeiras no sentido de limitar a rentabilidade dos depósitos em poupança. Tal recomendação levou à conclusão, em 1985, de um acordo auto-regulatório entre bancos, instituições de poupança públicas e privadas, por meio do qual a taxa de juros e prêmios foi fixada em no máximo 7%.

Apesar disso, nem todas as instituições financeiras aderiram a tal acordo, razão pela qual o Ministro das Finanças implantou um sistema permitindo às autoridades públicas determinar as condições para a isenção de tributação. Foi justamente o aludido Decreto Real de 1986 que estabeleceu tal sistema, fixando um nível máximo tanto para a taxa de juros doméstica quanto para a taxa de *"fidelity or growth premium"*.

O Sr. Van Eyke, portanto, ajuizou ação perante um tribunal local visando a obter declaração no sentido de que a instituição financeira ASPA não poderia se escorar no Decreto Real para justificar as medidas tomadas, uma vez que tal Decreto infringia as disposições do artigo 85 do Tratado.

O Tribunal iniciou sua análise enfatizando, uma vez mais, que os artigos 85 e 86 *per se* tratam apenas da conduta de empresas, nada dispondo sobre legislações nacionais. No entanto, tais artigos, combinados com o artigo 5, obrigam os Estados-Membros a não adotar nem manter em vigor medidas, incluindo leis e regulamentos, que possam tornar ineficazes as regras de concorrência aplicáveis às empresas. Esse seria o caso se:

"...a Member State were to require or favour the adoption of agreements, decisions or concerted practices contrary to Article 85 or to reinforce their effects, or to deprive its own legislation of its official character by delegating to private traders responsibility for taking decisions affecting the economic sphere."[78] (grifamos)

Note-se que, pela primeira vez, o Tribunal reconheceu expressamente ser contrário às obrigações dos Estados-Membros estabelecidas no artigo 5 o fato de se despir um regulamento de seu caráter "oficial", delegando-se a entidades privadas a responsabilidade de tomar decisões que afetem a esfera econômica.[79]

Observou o Tribunal que, antes da edição do Decreto Real, já havia acordos entre bancos ou práticas concertadas destinadas a restringir a rentabilidade dos depósitos bancários. Não obstante, acabou por concluir que o referido Decreto Real não tinha por objetivo requerer ou favorecer a adoção de novos acordos restritivos ou a implementação de novas práticas.[80]

Subseqüentemente, o Tribunal passou a perquirir se o Decreto Real podia ser considerado como tendo tido a intenção de reforçar os efeitos de acordos preexistentes.

Conforme já havia mencionado em ocasiões anteriores, o Tribunal, de forma consistente, asseverou que uma legislação é tida como destinada a reforçar os efeitos de acordos, decisões ou práticas preexistentes apenas quando incorpora, total ou parcialmente, os termos e condições de tais acordos celebrados entre empresas, exigindo ou estimulando o seu cumprimento por parte dessas empresas. Na visão do Tribunal, não seria possível concluir que tal legislação *"merely confirmed both the method of restricting the yield on deposits and the level of maximum rates adopted under pre-existing agreements, decisions or practices"*.[81] Em todo caso, o Tribunal deixou para o tribunal belga dirimir eventuais dúvidas ainda existentes a respeito.

Para o Tribunal, também ficou claro que as autoridades belgas tinham se reservado o poder de fixar taxas máximas de juros de depósitos em poupança, não tendo, portanto, delegado tal responsabilidade a nenhum agente do setor privado.[82] O que se extrai desse entendimento do Tribunal,

---

[78] *Ibid.*, p. 4791, parágrafo 16.

[79] Apesar desse ter sido, de fato, o primeiro reconhecimento expresso do Tribunal nesse sentido, o Tribunal afirmou que o mesmo havia sido extraído de julgamentos anteriores. Na verdade, é bem provável que o Tribunal tenha se socorrido da opinião do Advogado-Geral *Lenz* emitida no Caso *Vlaamse*, por ser esta muito semelhante com a conclusão a que chegou em *Van Eycke*.

[80] Ver parágrafo 17, p. 4791, do acórdão em *Van Eycke*, cf. citado.

[81] *Ibid.*, parágrafo 18.

[82] *Ibid.*, p. 4792, parágrafo 19.

e que deve ser enfatizado, é a proibição, em qualquer hipótese, da delegação do poder regulatório ou regulamentador do Estado. Isso se aplica também aos casos em que uma empresa venha a usar o poder a ela delegado para impor limitações unilaterais, como, por exemplo, a manutenção de preços. De fato, como pondera *Gyselen "the combined application of Articles 85, 5 (2) and 3 (f) is triggered as soon as the regulation concerned delegates to private undertakings the power to regulate, i.e., restrict competition, even when these undertakings use that power in a unilateral, rather than in a collusive manner"*.[83]

A legislação belga, contudo, não foi considerada como incompatível com as obrigações impostas aos Estados-Membros pelo artigo 5, combinado com o artigo 3 (f) (atual (g)) e 85. Em sua decisão, o Tribunal parece ter traçado uma clara distinção entre ação privada e estatal (aliás, como o Tratado o faz entre os artigos 5 e 85). É possível que o Tribunal tenha acompanhado a exposição do Advogado-Geral *Mancini*, o qual destacou que medidas estatais, tais como a *sub judice*, da mesma forma que as operações relativas a taxas de desconto, *"pursue objectives of monetary policy or, more specifically, credit policy"*.[84] Assim, como ponderado por *Hoffman*, o Advogado-Geral *Mancini "may have prompted the Court to draw a distinction between exercise of economic powers by the States that have retained them versus a delegation of the powers to private traders, whose powers in the market are explicitly limited by Articles 85 and 86"*.[85]

3.5. O EQUILÍBRIO ENTRE O DIREITO DA CONCORRÊNCIA DA COMUNIDADE E O PODER REGULADOR DO ESTADO

Depreende-se ainda do Caso *Van Eycke* que o Tribunal finalmente desenvolveu um equilíbrio apropriado entre o poder regulador dos Estados-Membros e as regras de concorrência da Comunidade. De maneira muito

---

[83] Ver Gyselen, "State action...", *op.cit*, p. 38.

[84] Ver Caso *Van Eycke*, cf. citado, p. 4784, parágrafo 3. Nesse mesmo diapasão, nos posteriores Casos conjuntos C-140/94, C-141/94 e C-142/94, *Dip SpA e Comune di Bassano del Grappa, LIDL Italia Srl e Comune di Chioggia*, e *Lingral e Comune di Chioggia*, com decisões prolatadas em 17 outubro de 1995, ao ser indagado acerca da compatibilidade com a legislação comunitária de uma lei italiana que proibia a abertura de novas lojas quando, de acordo com determinados critérios, o mercado era tido como suficientemente atendido, o Tribunal respondeu que *"Articles 85 e 86, in conjunction with Articles 3 (g) and 5, of the Treaty do not preclude rules such as those contained in the Italian Law"*. Cf. referido em material do Curso "Competition Law, 1996/1997", ministrado na Universidade de Nottingham por Steven Weatherill.

[85] Ver Hoffman, "Anti-Competitive...", *op.cit.*, p. 23.

sensata, e, contrariamente às previsões e receios de alguns,[86] o Tribunal não chegou ao ponto de concluir que qualquer legislação com efeitos anticoncorrenciais devesse ser revogada em virtude dos artigos 3 (f), 5 (2) e 85.

O que o Tribunal precisava fazer, e, de fato, fez, era combinar um processo de equilíbrio com o reconhecimento de que algumas leis, como o Decreto Real da Bélgica, apesar de se constituírem em um significativo obstáculo à concorrência, têm objetivos fiscais e monetários que as tornam plenamente justificáveis *vis-à-vis* ao Tratado.[87]

Como observado por *Verstrynge*, de acordo com esse entendimento, os Estados-Membros não perderão sua competência para legislar sobre matéria econômica. Não obstante, isso não significa que eles possam exercer tal competência livremente, sem levarem em consideração os objetivos do Tratado. *"Article 5 only introduces a limit to the exercise of these competences when the objectives of the Treaty are at risk"*.[88]

É bem verdade que, pouco tempo depois, no Caso *Reiff*,[89] o Tribunal, de certa forma, rompeu esse equilíbrio institucional alcançado ao adotar uma postura mais conservadora, ou seja, limitando a possibilidade de intervenção do Direito Comunitário sobre o poder regulador dos Estados-Membros. Ao ser indagado sobre se um Estado-Membro, a República Federal da Alemanha, *in casu*, estava impedido de fixar tarifas para transportes de longa distância de mercadorias e torná-las obrigatórias para as empresas

---

86 Ver, por exemplo, *Gyselen* ao indagar *"Does this necessarily mean that all these regulations should be struck down by virtue of Articles 3(f), 5 (2) e 85?"*. Por temer que o Tribunal pudesse endossar uma resposta afirmativa a essa pergunta, o autor propôs que *"Member States should also be given the opportunity to demonstrate that their regulations, anti-competitive though they may be, are necessary to achieve certain overriding public interests (or, might we say, 'mandatory requirements)'*. "State action...", op. cit, pp. 56 e 60, respectivamente. Ver também *Marenco*, "Measures Étatiques et Liberté de Concurrence, [1984] 20 *RTDE*, p.534, onde referido autor defende ponto de vista semelhante ao de *Gyselen*, ao afirmar que seria lógico permitir aos Estados-Membros restringir a concorrência, na medida em que, diferentemente das empresas, eles agem em nome dos interesses públicos.

87 Como apropriadamente observado por *Paulis*, esse equilíbrio encontrado pelo Tribunal é muito semelhante àquele desenvolvido no Caso *Cassis de Dijon* relativamente à livre circulação de mercadorias. Ver *Emi Paulis*, "Lés Ètats peuvent-ils enfreindre les articles 85 et 86 du Traité CEE?, [1985] 104 *JT*, p. 221. Pode-se também extrair desse entendimento do Tribunal uma tentativa de desenvolver uma teoria geral sobre Direito Comercial, acomodando os artigos 30/36 e 5/85.

88 Ver *Jean-François Verstrynge*, "The Obligations of Member States as Regards Competition in the EEC Treaty", [1988] *FCLI*, pp. 17-18. A respeito é importante também mencionar a opinião de *Constantinesco*. O autor argumenta que o artigo 5 (2) contém um princípio fundamental de Direito Comunitário, qual seja o princípio de cooperação, que ilustra a solidariedade e a *"Communauté"* existente entre os Estados-Membros e as instituições comunitárias, "L' article 5 CEE, de la bonne foi à la loyauté", *in Du Droit International au Droit de l'integration: Liber Amicorum Pierre Pescatore*, org. by F. Capotorti *et al*, Baden-Baden (Alemanha), Nomos Verlagesellschaft, 1987, p. 114.

89 Caso C-185/91, *Bundesanstalt für den Gütterfernverkehr v. Gebrüder Reiff GmbH & Co. KG*, [1995] 5 *CMLR* 145.

transportadoras, em face das disposições dos artigos 3 (f), 5 e 85 (1), o Tribunal foi mais enfático ao afirmar que certas prerrogativas dos Estados não podem ser abandonadas desde que apoiadas no interesse público.

Com efeito, como assinalado por *Norbert Reich*,[90] também nos Casos *Keck*, *Meng* e *Audi*, verificou-se uma tendência do Tribunal de apoiar o que o autor denominou de perda de autonomia da Comunidade. Segundo *Reich*, a autonomia do Direito Comunitário *"justified the concept of 'competition between legal orders' to balance the supremacy of Community Law with the sovereignity enjoyed by the Member State and thereby to increase the autonomy of both"*.[91]

Coincidentemente, lembra o autor, essa mudança de atitude do Tribunal ocorreu quando o princípio da subsidiariedade, estampado no artigo 3B do Tratado da União Européia, entrou em vigor. Salienta *Reich* que isso "*might be a pure historical coincidence but it is worrying nevertheless because Art 3B of the Treaty on European Union left untouched the 'acquis communautaire' to which the rules on free movement and competition certainly belong...*".[92] Tem razão o autor em revelar sua preocupação, uma vez que o princípio da subsidiariedade está relacionado com o exercício das competências políticas da Comunidade nas áreas em que ela apenas possui poderes limitados.

Reich, no entanto, tenta minimizar os efeitos dos Casos *Keck*, *Meng* e *Audi* ao redefinir o que alguns chamaram de "Revolução de Novembro" (porque as respectivas decisões do Tribunal foram proferidas em novembro de 1993) como "Evolução do Direito Comunitário". Para ele, tal evolução estaria em sintonia com o seu conceito de *"competition of legal orders"* na Comunidade, segundo o qual, de um lado, aos Estados-Membros é permitido limitar, em defesa do interesse público, a liberdade de concorrência, mas, de outro, é possível ao Direito Comunitário funcionar como um "árbitro" a fim de evitar qualquer política de concorrência "excessiva" ou "injustificada". Essa função, arremata o autor, *"requires, as in ordinary competition law, a strong and not a weak Community involvement in trade practices law in order to allow for free access to and free choice in markets"*.[93]

De qualquer forma, essa busca de acomodação dos interesses comunitários e dos Estados-Membros somente poderia ter sido desenvolvida por um órgão jurisdicional, de caráter supranacional, como o Tribunal. É impensável que os Estados-Membros de um processo de integração, por iniciativa própria, possam chegar a tão acertada solução de consenso. Isso

[90] Ver "The "November Revolution" of the European Court of Justice: *Keck, Meng, and Audi* Revisited", [1994] 31 *CMLRev.* 459, p. 476.

[91] *Ibid.*, p. 474.

[92] *Ibid.*, p. 477.

[93] *Ibid.*, p.492.

pode servir de reflexão para outros processos de integração em curso, como, por exemplo, o Mercosul, dependendo, como já mencionado, do modelo de integração que vier a ser adotado após a consolidação do atual estágio de União Aduaneira.

3.6. A RESPONSABILIDADE DAS EMPRESAS PRIVADAS NOS TERMOS DOS ARTIGOS 85 E 86

Os casos discutidos até agora demonstraram a maneira pela qual os agentes econômicos, longe de se submeterem à pressão do Estado, tentaram resistir ou mesmo dela se proteger, escorando-se nas regras de concorrência do Tratado.

Na seqüência, será abordado o modo pelo qual a legislação nacional, que interfere no comportamento desses agentes econômicos, foi trazida perante o Tribunal como uma justificativa ou defesa para demonstrar que as atividades anticompetitivas das empresas não derivaram da livre vontade das partes envolvidas, mas *"from some legislation that placed them under an irresistible constraint"*.[94] Ademais, será enfocado o modo pelo qual o Tribunal, por sua vez, desenvolveu uma bem-estruturada jurisprudência no sentido de que os agentes econômicos não podem alegar que os artigos 85 e 86 a eles não se aplicam, simplesmente porque determinada legislação nacional *"has placed them under constraint"*, para usar as palavras de *Pescatore*, ou reduziu o grau de concorrência no mercado.

Os principais casos envolvendo o assunto (da mesma forma que em *INNO v Atab*) relacionaram-se com os altamente regulamentados mercados de cigarros e tabacos da Bélgica e Holanda, respectivamente.

No Caso *Fedetab*,[95] foi proposta perante o Tribunal uma ação de anulação de decisão da Comissão concernente a uma prática concertada de produtores de fumo. Um dos principais argumentos expendidos pelos autores foi que, devido a um efeito combinado da legislação nacional sobre os tributos aplicáveis ao fumo e ao controle de preços, pouco espaço havia sido deixado para a concorrência.

Interessante notar que também o Tribunal reconheceu ter a legislação belga reduzido substancialmente o espaço para a concorrência. Com efeito, declarou o Tribunal que referida legislação tornava praticamente impossível para os produtores e importadores concorrer de forma tal que pudesse haver algum efeito sobre o valor dos preços de venda no varejo.[96]

---

[94] Cf. Pierre Pescatore, "Public and Private...", *op.cit.*, p. 405.

[95] Casos 209 a 215 e 218/78, *Heintz van Landewyck Sàrl e Outros v Comissão*, [1980] *ECR* 3125.

[96] *Ibid.*, p. 3263, parágrafo 130.

Todavia, segundo o Tribunal, ainda havia sobrado uma estreita margem para a concorrência em três importantes áreas, a saber: margens de lucro para atacadistas e varejistas, descontos e termos e condições de fornecimento (inclusive condições de crédito). Tais áreas, na opinião do Tribunal, tinham sido virtualmente eliminadas pela prática concertada dos autores. Nessa conformidade, a defesa ou justificativa dos autores foi rejeitada pelo Tribunal.

Um linha similar de defesa foi adotada no Caso *Stichting Sigarettenindustrie,*[97] no qual os autores igualmente ajuizaram ação perante o Tribunal visando a anular uma decisão da Comissão relativamente a acordos e práticas concertadas na distribuição de fumo industrializado.

A legislação holandesa em questão tratava não somente das regras aplicáveis ao equivalente no Brasil ao IPI (*excise duties*), como também do patamar autorizado de aumentos por parte dos produtores e das limitações em seus lucros. Novamente, aqui, os autores argumentaram que o efeito do sistema de tributação e do controle de preços, bem como da pressão sobre eles exercida pelas autoridades competentes acerca da fixação de preços e margens tinha tornado a concorrência impossível. Além disso, sustentaram que sua liberdade de ação tinha sido restrita de forma tal que tinham sido praticamente compelidos a celebrar acordos e práticas concertados, que foram considerados pela Comissão como contrários às disposições do artigo 85 (1).

Da mesma forma que no Caso *Fedetab*, o Tribunal, apesar de concordar que pouco espaço havia sido deixado para o exercício da livre concorrência, entendeu que esta última teria sido possível - se as associações comerciais em questão não a tivessem impedido -, em áreas de importância crucial como promoção, descontos e termos e condições de venda.[98] Manteve, portanto, o Tribunal a decisão da Comissão quanto ao fato de ter havido violação dos termos do artigo 85 (1).

Além disso, o Tribunal rechaçou os argumentos sobre acordos "compulsórios" e práticas concertadas, declarando:

"It has certainly been established that the Netherlands authorities had discussions with the undertakings concerned in the course of which the authorities indicated certain objectives which they wished to see achieved. However, it has not been proved that the authorities indicated that those objectives should be achieved by the conclusion of the agreements restrictive of competition which have been held to be illegal by the contested decision.[99].

---

[97] Casos conjuntos 240 a 242, 261, 262, 268 e 269/82, *Stichting Sigarettenindustrie e Outros v Comissão*, [1985] *ECR* 3931.

[98] Ver também a respeito Goyder, *EC Competition Law, op.cit.*, p. 446.

[99] Ver Caso *Stichting Sigarettenindustrie*, cf. citado, pp. 3871/3872, parágrafo 40.

Assim, como assinalado por *Whish*, uma defesa ou justificativa baseada na característica reguladora do mercado terá poucas chances de ser acatada.[100]

O único caso de aceitação de tal defesa ou justificativa foi *Sugar Cartel*,[101] no qual o governo italiano limitou a concorrência relativa à importação de açúcar. A fim de que a oferta e a demanda se mantivessem em equilíbrio, fornecedores e compradores foram impedidos de negociar uns com os outros. Para o Tribunal, nesse caso, não havia a possibilidade de se falsear a concorrência. A alegação de supostas práticas concertadas por parte das empresas envolvidas destinadas a proteger o mercado de açúcar não foi aceita pelo Tribunal. Porém, como asseverou *Goyder*, *"it seems unlikely that defendants will be allowed to rely on this precedent of the Sugar Cartel case save in the most unusual circumstances"*.[102]

Note-se, ainda, que o mero encorajamento ou estímulo por parte dos Estados-Membros no sentido de fazer com que as empresas fixem preços e estabeleçam outras condições restritivas, por meio de métodos que acabam gerando uma redução ou mesmo eliminação da concorrência, não pode ser utilizado como justificativa pelas empresas que infringiram as regras de concorrência da Comunidade. Tampouco servirá como justificativa a alegação de que a implementação de determinados esquemas para a regulamentação de preços e outras condições industriais, originalmente acordada por empresas, foi lastreada em ratificação governamental.

No Caso *Pabst e Richarz KG v BNIA*,[103] BNIA, uma associação comercial representante dos interesses da indústria de *"armagnac"*, decidiu que nenhuma entrega de *"armagnac"* a granel de grau 4 ou mais seria autorizada (Circular nº 8/74 enviada a todos os seus membros). Pabst & Richarz, um dos maiores importadores alemães daquele famoso *brandy* francês (particularmente a granel), encaminhou ofício à Comissão requerendo que fosse considerada tal proibição como contrária ao artigo 85. Argumentou Pabst & Richardz que, qualquer que fosse a justificativa apresentada pelo BNIA para interferir nas práticas comerciais, seu efeito seria o de reduzir artificialmente a oferta e aumentar o preço de graus mais altos do *"armagnac"*.

O BNIA expôs perante a Comissão que aquela medida tinha sido adotada na presença e com o assentimento de um representante do governo, em conformidade com o procedimento habitual previsto em seus estatutos.

[100] Ver Whish, *Competition Law, op.cit.*, p. 336.

[101] Casos conjuntos 40 a 48, 50, 54 a 56, 111, 113 e 114/73, *Cooperative vereniging "Suiker Unie" e Outros v Comissão*, [1975] *ECR* 1663.

[102] Goyder, *EC Competition..., op.cit.*, p.447.

[103] Caso, *Pabst & Richarz KG v The Bureau National Interprofessionnel de L'Armagnac (BNIA)*, [1976] 2 *CMLR* D 63 (perante a Comissão).

Não poderia, portanto, ser responsabilizado, eis que tal medida não tinha características de decisão comercial privada, ou seja, não era uma decisão de uma associação de empresas como estipulado no artigo 85 (1).

Não obstante essa argumentação, a Comissão entendeu que a decisão não tinha sido imposta por autoridades administrativas. Tampouco tinha sido baseada em qualquer outra intervenção por parte das autoridades administrativas. Segundo a Comissão, o fato de o presidente do BNIA e seus 24 delegados terem sido nomeados pelo Ministro da Agricultura e de um representante do governo ter participado de suas reuniões e concorrido para a tomada da decisão em questão de nenhuma forma afastava a conclusão de que foi uma decisão comercial privada tomada pelo BNIA em favor das empresas por ele representadas. Assim, arrematou a Comissão, o objetivo da Circular nº 8/74 era o de restringir a concorrência no âmbito do mercado comum e tinha de fato surtido tal efeito.[104]

Outro exemplo de que o simples estímulo governamental não pode ser utilizado como justificativa para afastar a aplicação dos artigos 85 e 86 é encontrado no Caso *Aluminium Cartel.*[105] Trata-se de decisão da Comissão relativa a acordos firmados entre grandes produtores de alumínio, cujo principal objetivo era o de impedir a venda, na Europa Ocidental, de alumínio produzido por países da Europa Oriental, venda essa que poderia provocar uma redução do nível geral de preços. As partes desse cartel argüiram perante a Comissão que sua conduta tinha sido estimulada pelo governo britânico.

A Comissão entendeu, no entanto, que o estímulo dado pelo governo britânico não poderia ser usado como justificativa e que o referido acordo firmado entre os produtores de alumínio feria as normas estampadas nos artigos 85 e 86 do Tratado. Nesse sentido, afirmou a Comissão que o

> *"fact that the UK Government, in pursuit of its own legitimate national interests, permitted a private restriction upon competition within the Community does not mean that it either sought or desired a breach of the law within the Community and still less that it favoured that*

---

[104] *Ibid.*, p. D 69, parágrafos 31 e 32. Um entendimento similar ao contido nessa decisão da Comissão é encontrado no julgamento do Tribunal no Caso *BNIC v Clair*, Caso 123/83, [1985] *ECR* 391. É preciso ressaltar, no entanto, que nem sempre é fácil distinguir medidas "incentivadas ou desejadas" daquelas "impostas" pelo Estado. Como observado por *Waelbroeck*, toda ajuda governamental ou política de contratos públicos em relação a companhias domésticas é muito freqüentemente condicionada pela "disposição" destas últimas de atender a certos "desejos governamentais" (*"Il est en effect souvent très difficile de distinguer des "souhaits" du government d' "ordres" donnés par celui-ci, des lors que toute la politique des aides, des contracts publics, etc. peut dépendre de la docilité avec laquelle les enterprises réagissent aux "souhaits" de leur governement")*. Ver D. Waelbroeck, "Application des Règles de Concurrence du Traité du Rome à l' autorité Publique", [1987] 303 *RMC* 25, p. 33.

[105] Caso IV/26.870, perante a Comissão, *Aluminium Imports from Eastern Europe* (85/206/EEC), [1987] 3 *CMLR* 813.

breach. Even if the U.K. Government had intended such a breach (which the Commission does not believe was ever the case), that would not alter the position of the undertakings."[106]

Como precedentemente mencionado, a justificativa de determinada conduta violadora das regras de concorrência escorada em um suposto incentivo por parte do Estado tem poucas chances de prosperar. Para que tal justificativa pudesse eventualmente vir a ser acatada, quer pela Comissão quer pelo Tribunal, seriam necessários três requisitos básicos:

a) a conduta das empresas tem de ter sido causada por uma medida compulsória do Estado. O mero incentivo ou persuasão não é suficiente;

b) deve ter havido base legal para a suposta medida compulsória; e

c) virtualmente nenhum espaço pode ter sido deixado para o exercício da livre concorrência ou, como diz *Whish*, *"there must have been no atitude at all for individual choice as to the implementation of the Governmental policy"*.[107]

3.7. RESPONSABILIDADE DOS ESTADOS-MEMBROS

Como visto, empresas privadas que infringirem as disposições dos artigos 85 e 86 estarão sujeitas às penalidades previstas no Tratado, independentemente do fato de tal infração ter sido cometida em decorrência do cumprimento de uma medida legislativa ou administrativa de um Estado-Membro.

O Estado-Membro, cuja medida administrativa ou legislativa tenha servido de base para o cometimento de tal infração, estaria, conseqüentemente violando suas obrigações *ex vi* do disposto no artigo 5 (2) do Tratado. Presumivelmente, portanto, a Comissão poderia submeter a questão ao Tribunal, em conformidade com as disposições do artigo 169.[108]

Todavia, como ponderado por *Joliet*, apesar de a Comissão, nos últimos anos, ter multiplicado dramaticamente o número de ações propostas perante o Tribunal contra Estados-Membros da Comunidade por descumprimento de suas obrigações, nenhuma iniciativa no sentido de questionar

---

[106] *Ibid.*, p. 877, parágrafo 10.2.

[107] Ver Whish, *Competition Law, op.cit.*, p. 339.

[108] Com relação aos aspectos processuais das ações que podem ser propostas perante o Tribunal contra os Estados-Membros ver L. Neville Brown, *The Court of Justice of the European Communities*, 3ª ed., Londres, Sweet & Maxwell, 1989, pp. 76 a 86. O artigo 169 do Tratado estabelece: *"Se a Comissão considerar que um Estado-Membro não cumpriu qualquer das obrigações que lhe incumbem por força do presente Tratado, formulará um parecer fundamentado sobre o assunto, após ter dado a esse Estado oportunidade de apresentar suas observações"*.

diretamente o Estado por ter editado ou posto em vigor medidas anticompetitivas foi tomada.[109]

Da mesma forma, o Tribunal ainda não deu um claro apoio às ações propostas pelos Estados-Membros. Reconhecidamente, porém, pode-se inferir da linguagem do Tribunal, nos Casos *Au blé Vert* e *Cullet*, que a proibição do uso da legislação nacional com o propósito de afastar o enquadramento das empresas nos artigos 85 e 86 poderia ser mais amplamente aplicada contra os Estados-Membros por meio de ações propostas pela Comissão nos termos do artigo 169, combinado com o artigo 5 (2). Como asseverou *Goyder*, *"much will depend on the ability of the Commission and national courts to identify suitable cases to bring the Court of Justice under either Article 169 or 177 so that the control of the Community over national legislation in this area can be reinforced"*.[110]

---

109 Ver R. Joliet, "National Anti-Competitive Legislation and Community Law", *op.cit.*, p. 16-3. Ver também o *Fifteenth Report on Competition Policy (1985)*, p. 93, no qual a Comissão diz que *"it would devote its best efforts to ensuring that the Member States adhere to the principle of free competition in general and the principles enshrined in Articles 85 and 86 in particular"*.

110 Cf. Goyder, *EC Competition Law*, *op.cit.*, pp. 448/449.

4. Tratamento igualitário entre empresas públicas e privadas

4.1. O "DESPERTAR" DO ARTIGO 90 E A FORMAÇÃO DO MERCADO ÚNICO EUROPEU [1]

Os Estados-Membros podem interferir no funcionamento normal da concorrência no âmbito da Comunidade não apenas por meio de medidas legislativas e administrativas.

Conforme já mencionado, os Estados-Membros estão diretamente envolvidos em diversos setores da economia, por meio de empresas públicas de vários tipos.

Assim, com vistas a evitar que tais empresas públicas sejam tratadas por Estados-Membros de modo mais favorável *vis-à-vis* a outras empresas (privadas) - o que poderia levar a distorções na concorrência dentro da Comunidade - foi incluído o Artigo 90, na parte referente às regras de concorrência do Tratado.

Deve-se esclarecer que, ao contrário dos Artigos 85 e 86, os quais, como discutido no capítulo anterior, são aplicáveis a todas as condutas ou medidas governamentais que promovem ou toleram práticas comerciais contrárias a seus princípios e *não* estão restritas ao comportamento de empresas públicas, o Artigo 90 destina-se, especificamente, a Estados-Membros. Estabelece que as empresas públicas estão sujeitas a *todas* as

---

[1] O artigo 90 estabelece que:
"1. No caso de empresas públicas e empresas às quais os Estados-Membros outorguem direitos especiais ou exclusivos, os Estados-Membros não promulgarão nem manterão em vigor qualquer medida contrária às regras contidas neste Tratado, em especial àquelas regras estabelecidas no Artigo 7 e Artigos 85 a 94.
2. Empresas encarregadas da gestão de serviços de interesse econômico geral ou que tenham a natureza de monopólio fiscal estarão sujeitas às regras deste Tratado, em especial às regras de concorrência, na medida em que a aplicação de tais regras não obstrua o desempenho, de fato ou de direito, das tarefas específicas a elas atribuídas. O desenvolvimento do comércio não deverá ser afetado de maneira que contrarie os interesses da Comunidade.
3. A Comissão velará pela aplicação dos dispositivos deste Artigo e, quando necessário, dirigirá aos Estados-Membros as diretivas e decisões adequadas".

obrigações do Tratado, especialmente àquelas regras "*prescritas no Artigo 7 e Artigos 85 a 94*".

Como observado por *Hancher* e *Slot*, existe, na prática, uma considerável sobreposição entre esses dois conjuntos de dispositivos, devido à grande influência do governo sobre a indústria em diversos setores estratégicos. Alegam aqueles dois autores que as diversas privatizações de empresas em curso em vários Estados-Membros poderão, no entanto, aumentar a importância da jurisprudência pertinente aos artigos 3,[2] 5, 85 e 86 e, simultaneamente, reduzir a esfera de aplicação do Artigo 90.

Embora isso possa ser, até certo ponto, verdadeiro, *Hancher* e *Slot* também reconhecem que a privatização de empresas de serviços públicos, em especial, poderá aumentar o número daquelas empresas que continuam a gozar de direitos especiais ou exclusivos, tais como a British Telecommunications e a British Gas. "*Such firms remain within the ambit of Article 90*".[3]

Seja como for, parece haver um certo consenso de que o Artigo 90 é um dos mais difíceis e sensíveis do Tratado. Não surpreende, pois, que aquele Artigo, que cuida de empresas públicas e de ações dos Estados-Membros, tenha parecido, até um passado relativamente recente, "*to have fallen into a deep sleep*".[4] A ausência de uma prática mais substancial de sua interpretação pode ser atribuída ao fato de que a Comissão esteve, durante um período consideravelmente longo, muito mais envolvida com a aplicação dos Artigos 85 e 86.[5]

Assim como ocorre com a jurisprudência referente ao controle das práticas restritivas advindas de medidas regulatórias nacionais, somente após 1977 o Artigo 90 começou, na prática, a desempenhar um papel relativamente mais ativo no processo de integração da Comunidade. Nessa ocasião, através de sua decisão no Caso *INNO v ATAB*,[6] o Tribunal esclareceu a relação entre o Artigo 90 (1) e o Artigo 5 (2).

Com efeito, observou o Tribunal que o Artigo 90 (1) é certamente um caso de aplicação da obrigação geral dos Estados-Membros de se absterem "*de tomar quaisquer medidas susceptíveis de pôr em perigo a realização dos objetivos deste Tratado*" (art. 5 (2)). Segundo o Tribunal, o Artigo 90 estabelece que, no caso de empresas públicas e de empresas às quais os Estados-Membros concedam direitos especiais ou exclusivos, os Estados-

[2] Trata-se do atual artigo 3 (g), conforme modificação introduzida pelo Tratado da União Européia.

[3] Ver Leigh Hancher e Piet Jan Slot, "Article 90" [1990]1 *ECLR*, pág. 36.

[4] Ver, a esse respeito, Aurelio Pappalardo, "State Measures and Public Undertakings: Article 90 of the EEC Treaty Revisited", *op. cit.*, pág. 30.

[5] *Ibid.*, pág. 29.

[6] Caso 13/77, *INNO v ATAB* [1977] ECR 2115. Ver parágrafos 30 e 32, pp. 2144/ 2145.

Membros não editarão nem manterão em vigor qualquer medida contrária *inter alia* às regras estabelecidas nos Artigos 85 a 94.

Adicionalmente a essa histórica decisão do Tribunal, outro fator claramente indicativo do "despertar" do Artigo 90 foi a Diretiva adotada pela Comissão em 25 de junho de 1980 sobre a transparência de relações financeiras entre Estados-Membros e empresas públicas (Diretiva 80/723).[7]

Além de regular as relações financeiras entre Estados-Membros e empresas públicas, a Comissão, por meio dessa Diretiva, estabeleceu, pela primeira vez, a definição de "empresas públicas", da seguinte forma: "*...any undertaking over which the public authorities may exercise directly or indirectly a dominant influence by virtue of their ownership of it, their financial participation therein, or the rules which govern it.*"

Essa definição tão ampla inclui indústrias nacionalizadas em larga escala envolvidas na produção e distribuição de gás e eletricidade, autoridades ferroviárias nacionais e muitas outras entidades públicas engajadas em alguma forma de atividade econômica.[8] Por sua vez, a segunda categoria de empresas mencionada no Artigo 90 (1) refere-se *predominantemente* a empresas *privadas* às quais tenham sido concedidos direitos "especiais" ou "exclusivos", tais como entidades autorizadas a operar serviços de transmissão de Televisão Estatal,[9] para o fim de exercer funções consideradas importantes pelos governos dos Estados-Membros.[10]

Como será visto mais adiante, o Artigo 90 (2), que se refere a empresas encarregadas da gestão de serviços especiais ou que tenham a natureza de monopólio fiscal, aplica-se a uma categoria bem mais limitada de empresas.

[7] OJ 1980, L 195/35 (Diretiva 80/723, a "Diretiva da Transparência"), alterada pela Diretiva 85/413/EEC, OJ 1985, L 229/20. Como será discutido no Capítulo relativo aos subsídios, França, Itália e Reino Unido questionaram a validade dessa Diretiva. Todos recorreram ao Tribunal pleiteando sua anulação, com base no fato de que tal medida, destinada precipuamente aos subsídios, deveria ter sido adotada pelo Conselho, na forma do Artigo 94 e não apenas pela Comissão com base no Artigo 90. Ver os casos 188-190/80, *França, Itália e Reino Unido v Comissão*, [1982], *ECR* 2545. Também a esse respeito, ver Neville March Hunnings, "State Aids", [1981] *JBL*, pág. 317.

[8] Uma sociedade (PTT Post BV) constituída como empresa privada mas integralmente detida pelo Estado holandês foi considerada empresa pública, dentro do conceito do Artigo 90 (1):Express Delivery Services in the Netherlands ("Dutch Courier Services"), OJ 1990. L 10/47.

[9] Caso 127/73, *Belgische Radio en Televisie (BRT) v SABAM*, [1974] *ECR* 313 e Caso 155/73 *Sacchi*, [1974] *ECR* 409. Ver também, o Décimo Relatório sobre Políticas de Concorrência (1981), pontos 136 *et seq.*, no qual a Comissão esclarece que uma empresa aérea dinamarquesa à qual foram destinadas rotas específicas é considerada como tendo recebido direitos especiais ou exclusivos.

[10] Ver a respeito Goyder, *EC Competition Law, op. cit.* pp. 453/ 454. Deve-se notar que empresas públicas podem também enquadrar-se no âmbito da segunda categoria de empresas mencionadas no Artigo 90 (1) na medida em que, em princípio, nada impede os Estados-Membros de outorgar-lhes direitos "especiais " e "exclusivos". Ver também Michael Brothwood e Arved Deringer, "Definition of the four terms relating to undertakings used in Article 90: Identification of undertakings in the United Kingdom falling within the definitions", *Federation pour le Droit European* (relatório do 8º Congresso, 22-24 de junho, 1978), vol. II, Copenhague, 1978.

Somente após o Caso *Ahmed Saeed,*[11] sua aplicação tornou-se um pouco mais clara.

É preciso enfatizar, no entanto, que a consolidação do Artigo 90 como instrumento vital, que visa a proporcionar às empresas públicas e privadas, empresas com direitos especiais ou exclusivos e aquelas encarregadas da gestão de serviços de interesse geral ou que tenham natureza de monopólio fiscal um tratamento mais eqüânime em termos de concorrência, ocorreu somente após a entrada em vigor do Ato Único Europeu (1987), embora não tenha sido conseqüência direta de tal Ato. Decisões relativamente recentes do Tribunal, tais como em *Ahmed Saeed*[12] e *França v Comissão,*[13] podem bem ilustrar essa assertiva.

Pretende-se demonstrar, na seqüência, a importância crucial que a aplicação e a implementação das disposições do Artigo 90 tiveram na criação de um sistema de livre concorrência e, como conseqüência, na evolução, desenvolvimento e formação do Mercado Único Europeu, em vigor desde 1º de janeiro de 1993.

4.2. HISTÓRICO

Apesar do grande número de privatizações de empresas ocorrido na Comunidade nos últimos anos, é ainda possível afirmar que as dimensões do setor público variam significativamente de um Estado-Membro para outro.

Ademais, como enfatizado por *Marenco*, *"traditional attitudes as to the expediency of using the public sector to attain objectives of an economic or noneconomic nature differ."*[14]

De fato, em razão de tais diferenças, os autores do Tratado depararam com um problema bastante complexo. De um lado, os Estados-Membros com um setor público importante, tais como França e Itália, realçaram as virtudes de sua política de intervenção pública e, evidentemente, estiveram mais relutantes em aceitar qualquer interferência sobre ela. De outro lado, Estados-Membros como os do Benelux, que, tradicionalmente, prestigiaram políticas econômicas mais liberais, preocuparam-se com a possibilidade de suas empresas serem desfavorecidas diante da concorrência com empresas públicas de outros Estados-Membros.[15]

---

[11] Caso 66/86, *Ahmed Saeed*, [1989] *ECR* 803.

[12] Caso 66/86, *Ahmed Saeed*, [1989] *ECR* 803.

[13] Caso *França v Comissão* [1992] 5 *CMLR* 552. Como será discutido mais adiante, esse julgamento, juntamente com mais quatro decisões importantes proferidas pelo Tribunal em 1991, modificou completamente o sistema estabelecido no Tratado para o tratamento dos monopólios públicos.

[14] Ver Giuliano Marenco, "Public Sector and Community Law", [1982] 20 *CML Rev.* 495.

[15] *Ibid.*, pág. 495.

Como asseverado por *Franck*, a redação do Artigo 90 representou *"un véritable compromis"* entre dois pontos de vista conflitantes.[16] Pode-se dizer que o Artigo 90 (1) foi incluído no Tratado por insistência dos países do Benelux. Assim, no caso de empresas públicas e empresas às quais os Estados-Membros outorgam direitos especiais ou exclusivos, os Estados-Membros ficaram proibidos tanto de editar quanto de manter em vigor qualquer medida contrária às regras do Tratado, em especial àquelas estabelecidas no Artigo 7 e Artigos 85 a 94.

Por sua vez, o Artigo 90 (2) refletiu os interesses dos bem maiores setores públicos da França e Itália, estabelecendo, para tanto, o que poderia ser chamado de "cláusula de salvaguarda". Dessa forma, empresas encarregadas da gestão de serviços de interesse econômico geral ou que tivessem a natureza de monopólio fiscal foram, *excepcionalmente*, autorizadas a não cumprir as regras do Tratado, em especial as regras de concorrência, se e quando tais regras fossem consideradas um obstáculo *"à consecução, de fato ou de direito, das tarefas específicas a elas designadas"*.

Vale notar, no entanto, que, além de serem uma exceção à aplicação normal das regras do Tratado (particularmente às regras de concorrência), os autores do Tratado ressaltaram que tal interpretação deveria ser bastante restritiva, no sentido de que *"o desenvolvimento do comércio não pode ser afetado de maneira que contrarie os interesses da Comunidade."* (última frase do Artigo 90 (2))[17]

Fica claro, assim, que a evolução e desenvolvimento históricos do Artigo 90 foram marcados por confrontações ideológicas permanentes entre o intervencionismo (Artigos 2, 3 e 222 sugerem economia mista) e liberalismo dentro da estrutura do *"véritable compromis"* acima aludido, embora, na prática, o fato de a Comunidade estar calcada nos princípios de livre mercado pareça quase não ter tido contestação. Dessa forma, sob tais princípios, *"the choices of undertakings and consumers would be guided by competition, while the State would fulfil, mainly, if not solely, the task of ensuring the undistorted and unhindered functioning of the free competition mechanisms"*.[18]

Ao analisar tal batalha ideológica, manifestamente refletida nos Artigos 90 (1) e (2), *Van Themaat*[19] alegou que, se houvesse de ser dada ênfase

---

[16] Franck em "Public Enterprises and Competition", *Semaine de Bruges* (1968), p. 23, conforme citação de Alan C. Page, "Member States, Public Undertakings and Article 90", [1982] 7 *ELRev.* 20.

[17] Embora as verdadeiras intenções dos autores do Tratado possam parecer claras, apenas em 1973, no Caso 127/73, *BRT v SABAM,* [1974] ECR 313, essa interpretação foi ratificada. O Tribunal decidiu que, como o Artigo 90 (2) envolve uma derrogação da aplicação das regras de concorrência, deveria, portanto, ser interpretado restritivamente.

[18] Ver Aurélio Pappalardo, "State Measures and Public Undertakings...", *op.cit.*, p. 31.

[19] Van Themmat, "A case involving Art. 90 of the ECC Treaty", European Competition Policy (1973, pp. 243 e 244, como citado por Page, "Member States, Public Undertakings ...", *op. cit.*, p. 20.

ao Artigo 90 (1), a concepção resultante seria a de total integração das empresas públicas ao Mercado Comum. Entretanto,

> *"the wording of Article 90 admittedly offers room both for this view and its opposite which holds that the rules of competition of the Treaty should impede as little as possible the proper functioning of the public sector as an instrument of social-economic policy and that specifically section 2 of Article 90 is first and foremost to be considered as a safeguard on behalf of the public sector."*

Ao tecer comentários sobre esse possível enfoque, *Page* argumenta que o significado do Artigo 90 *"cannot be reduced simply to the question of the relative weight to be attached to its first and second paragraphs"*.[20] Segundo o autor, o que deveria ter sido esclarecido é que o setor público não poderia ter tratamento diferente do setor privado. Tal tratamento diferenciado, para não dizer "privilegiado", poria em jogo o funcionamento do mercado comum, pois não haveria igualdade de condições competitivas entre os dois setores. A esse respeito, *Page* assinalou, ainda, que a unidade *"of the Market and the institution of a system of undistorted competition demand that all undertakings competing with the market should be equally subject to its rules"*.[21]

Isso resulta em que as normas relativas à concorrência e, em especial, a dos Artigos 85, 86 e 92, se aplicam a todas as empresas sem distinção, quer públicas quer privadas. Mais importante ainda é que, mesmo sem uma orientação clara do Tribunal ou da Comissão durante os anos iniciais, a grande maioria dos doutrinadores parece haver chegado a essa mesma conclusão. Eles certamente consideraram o fato de que o Artigo 90 (2) *"would be devoid of purpose were these rules not themselves applicable to all undertakings in the first place"*.[22]

Seja como for, é preciso salientar que, por força do Artigo 222, os regimes de titularidade de propriedade nos Estados-Membros foram mantidos intactos. De acordo com esse artigo, o Tratado *"em nada prejudicará o regime de propriedade nos Estados-Membros"*. Como enfatizado por *Hancher* e *Slot*, os governos são, portanto, *"free to determine the size, scope and internal organization of their public sectors, or more fashionable, to privatise them"*.[23]

Um último e importante aspecto do histórico do Artigo 90 é que a inexistência de recursos à sua disposição - e, conseqüentemente, a inexistência de desenvolvimento jurisprudencial - ensejou, por um período con-

20 *Ibid*, p. 20.

21 *Ibid*, p. 21.

22 *Ibid*, p. 21.

23 Leigh Hancher e Piet Jan Slot, "Article 90", *op. cit*,. p. 35.

sideravelmente longo, a clara presunção de sua não-implementação. Em outras palavras, isso significa que a oposição de alguns Estados-Membros à sua implementação nunca foi seriamente questionada.[24]

Como resultado, durante um longo tempo, o foco da discussão não foi desviado da questão da implementação para a análise do real papel e funcionamento de empresas públicas e outras empresas no âmbito de um mercado único ainda mais competitivo.

Como será discutido mais adiante, a Diretiva da Comissão que introduziu condições de concorrência em mercados anteriormente restritos, tais como os de Telecomunicações, significativamente mantida pelo Tribunal no Caso *França v Comissão (Telecommunications Terminal Equipment),*[25] após oposição aberta e vigorosa de França, Bélgica, Itália, Alemanha e Grécia, pode ser tida como um extraordinário avanço na consolidação de um mercado único efetivo.

Ao reduzir consideravelmente as possibilidades de interferência dos Estados-Membros em suas economias,[26] essa nova política da Comissão parece estar em maior sintonia com os princípios de livre mercado consubstanciados no Tratado. Até há bem pouco, no entanto, não existiam garantias de que a liberalização de alguns setores ainda restritos das economias dos Estados-Membros acabaria por prevalecer.[27]

4.3. O ARTIGO 90 NO CONTEXTO DO TRATADO

Pappalardo,[28] ao reconhecer o difícil debate gerado pela interpretação do Artigo 90, enfatizou que, embora aquele Artigo estivesse contido na seção sobre "Regras Aplicáveis a Empresas", era destinado, em seu § 1°, mais a Estados-Membros do que a empresas. Como conseqüência, a Comissão teria de solicitar ao Estado, e não à empresa, que fizesse cessar a violação, conforme o caso.

---

24 Pode-se argumentar, entretanto, que, mesmo hoje, o número de casos argüidos pela Comissão contra empresas privadas é substancialmente maior que as ações contra empresas públicas, particularmente aquelas que operam como monopólio.

25 Caso C-202/88, *França v Comissão*, [1992] 5 *CMLR* 552.

26 Ver, nesse aspecto, Marc van der Woude, "Article 90: Competing for Competence", [1992] *ELRev. (Competition Check List 1991)*,. p. 60.

27 Em artigo do Financial Times de 14.01.93, p. 2, foi relatado que as empresas francesas de serviços públicos esperavam que a política da Comissão, no que respeita a monopólios nacionais, fosse menos restritiva sob a gestão do então Comissário de concorrência da Comunidade, Sr. Karel Van Miert, do que fora com o liberalismo de seu antecessor, Sr. Leon Brittan. Ver também Financial Times de 23.02.93, p. 2 que relata haver referido Comissário de concorrência dito que "*ele não favoreceria o uso agressivo de poderes especiais da Comissão para abrir os monopólios nacionais*" (grifamos).

28 Aurélio Pappalardo, "State Measures and Public Undertakings: Article 90 of the Treaty Revisited" *op. cit*,. p. 34.

Observou o autor, ademais, que, apesar de o Artigo 90 constar do capítulo "Regras de Concorrência", tanto seu primeiro quanto seu segundo parágrafos se referem a todo o Tratado, *"even if the relation with the rules of competition is emphasised"*.[29] Dessa forma, uma medida relativa a qualquer das empresas ali mencionadas pode ser contrária a qualquer disposição do Tratado.

Na mesma linha de pensamento, *Hancher* e *Slot*[30] lembram também que o Artigo 90 (1) não é destinado a empresas. Não obstante, *"it has been interpreted as an expression of the principle of equal treatment of public and private undertakings"*.

Os comentários dos autores supracitados parecem sugerir que, no que respeita ao Artigo 90, o antigo preceito de que a interpretação de um dispositivo não se deve basear apenas em sua redação, mas, sim no contexto global do Tratado, está mais atual que nunca.[31]

4.4. A *RAISON D'ÊTRE* E A FINALIDADE DO ARTIGO 90

Como já indicado, se as regras de concorrência fossem aplicadas apenas a empresas privadas, provavelmente ocorreriam distorções na concorrência quando essas se envolvessem na mesma atividade econômica que empresas do setor público.[32] De fato, seria mesmo possível aos governos dos Estados-Membros burlar as regras de concorrência e estabelecer uma posição concorrencial favorável às suas próprias empresas (ou empresas a elas relacionadas).[33]

Desse modo, como declarado pelo Tribunal,[34] a *"raison d'être"* da inclusão das disposições do Artigo 90 no Tratado é precisamente a influência que as autoridades públicas são capazes de exercer sobre as decisões comerciais de tais empresas.

O Tratado, portanto, presume que as regras de concorrência e, em especial, as disposições sobre empresas (Artigos 85 a 90) aplicam-se igualmente a todas as empresas, independentemente de sua estrutura legal e

---

29 *Ibid*, p. 34.

30 Leigh Hancher e Piet Jan Slot, "Article 90", *op. cit.* p. 36. Como será visto, isso fica também claro no Caso França v Comissão, Caso C- 202/88, [1992] 5 *CMRL* 552.

31 Ver, a esse respeito, Arved Deringer, *The Competition Law of the European Economic Community*, Chicago, Commerce Clearing House, Inc., 1968. p. 219.

32 Com relação a esse ponto, Mégret notou, ainda, que a ausência de regras de concorrência para o setor público poderia também resultar no estabelecimento, em alguns Estados-Membros, de novas empresas públicas com vistas à criação de determinadas proteções incompatíveis com os objetivos da Comunidade. J. Mégret et. al., *Le Droit de la Communauté Économic Européenne*, Bruxelas, Ed. de l'Université de Bruxelles, 1972, p. 83/84.

33 Ver Deringer, *The Competition Law ..., op. cit.*, p. 220.

34 Ver Casos Conjuntos 188-190/80, *França, Itália e Reino Unido v Comissão*, [1982] *ECR* 2545.

titularidade. Além disso, levando-se em consideração o fato de que o risco de influência indevida é maior *vis à vis* às empresas públicas em razão de suas ligações mais estreitas com os Estados-Membros,[35] o Artigo 90 (1) proíbe expressamente quaisquer medidas por parte desses últimos que afetem empresas públicas "privilegiadas" e que sejam contrárias ao Tratado, em especial seu Artigo 6[36] e Artigos 85 a 94.

Assim, pode-se dizer que a finalidade do Artigo 90 é a de evitar que as autoridades públicas façam uso do relacionamento especial por meio do qual certos tipos de empresas estão a elas subordinadas, quer para compeli-las a agir de modo proibido pelo Tratado, quer para outorgar-lhes certas vantagens incompatíveis com o mercado único.[37] Em outras palavras, o objetivo do Artigo 90 é o de especificar, em particular, as condições sob as quais as regras de concorrência estabelecidas nos Artigos 85 e 86 devem ser aplicadas a empresas públicas, a empresas com direitos exclusivos ou especiais e empresas encarregadas da gestão de serviços de interesse econômico geral.[38]

Na seqüência, procura-se demonstrar o modo pelo qual os Tribunais contribuíram para a interpretação daqueles conceitos e finalidades do Artigo 90 e o modo pelo qual a Comissão tem utilizado os poderes a ela conferidos pelo Artigo 90 (3). Consoante o Artigo 90 (3), a Comissão pode adotar uma diretiva ou decisão para eliminar ou modificar qualquer medida violadora que venha a ser tomada por um Estado-Membro.

---

35 Vale também examinar a análise de *Marenco* sobre as finalidades do Artigo 90 (1), que é fundada nesse relevante fator de influência que os Estados-Membros podem ter sobre as chamadas empresas "privilegiadas". De acordo com o autor, a finalidade do Artigo 90 (1) é a de evitar que um Estado-Membro, na qualidade de administrador de empresas, "*from being influenced by its role as guardian of the public interest*". Conseqüentemente, (1) se o Artigo 90 for associado à outra disposição do Tratado destinada a Estados-Membros, poderá ele ser interpretado como uma proibição imposta a um Estado-Membro para fazer "*public undertakings do what it itself may not do*"; (2) se, por outro lado, for associado à outra disposição do Tratado destinada a empresas, referido artigo "*supplements the possible liability of the public undertaking for the infringement of such provisions, with the Member States' liability for inducing the infringement*". Ver Marenco, "Public Sector and ..."*op. cit.*, p. 527.

36 Dispõe o parágrafo primeiro do Artigo 6, antigo 7, com a redação que lhe foi dada pelo artigo G.8 do Tratado da União Européia, que: "*No âmbito do presente Tratado, e sem prejuízo de suas disposições especiais, é proibida toda e qualquer discriminação em razão da* nacionalidade".

37 *Pappalardo*, ao comentar as medidas estatais proibidas pelo Artigo 90 com base no fato de serem contrárias às regras de concorrência, enfatizou que devem ser avaliadas duas situações distintas. Primeiramente, se a disposição violada do Tratado é destinada ao Estado-Membro ou à empresa, notadamente os Artigos 85 e 86; em segundo lugar, se a medida é realizada por meio de ato da empresa (por exemplo, o Estado obriga, recomenda, encoraja ou autoriza determinados atos que são ou podem ser contrários aos Artigos 85 e 86) ou diretamente pelo Estado (quando, por exemplo, o Estado outorga alguma vantagem à empresa, tal como uma garantia de parcela de mercado). Ver Pappalardo, "State Measure..." *op. cit,*. p. 35.

38 Ver Caso 30/87, *Corinne Bodson v. Pompes Funèbres de Regions Liberées SA*, [1984] 4 *CMLR* 984, em especial o parecer do Advogado-Geral, *José Luis da Cruz Vilaça*, p. 1001 e parágrafo 16 da decisão do Tribunal, p. 1015.

4.5. EVOLUÇÃO JURISPRUDENCIAL DO ARTIGO 90

4.5.1. Artigo 90 (1)

4.5.1.1. A obrigação imposta aos Estados-Membros: a relação entre os artigos 90 e 5 (2)

Após a decisão proferida no Caso *INNO v ATAB,*[39] não parece haver restado dúvida de que o Artigo 90 constitui apenas uma aplicação específica de alguns princípios gerais aos quais os Estados-Membros estão vinculados. O Tribunal fez referência especial à obrigação imposta aos Estados-Membros pelo Artigo 5 (2) para não *"pôr em perigo a realização dos objetivos do presente Tratado"*. Assim, os Estados-Membros não podem editar ou manter em vigor qualquer medida que permita que empresas públicas ou empresas aos quais os Estados-Membros tenham outorgado direitos exclusivos ou especiais escapem das restrições impostas pelos Artigos 85 e 86 ou que encoraje empresas públicas a agir em desconformidade com tais Artigos.[40]

Conforme precedentemente mencionado, o Tribunal consolidou a doutrina sobre esse tema em várias decisões posteriores. De fato, reiterou que, nos termos do Artigo 5, os Estados-Membros não adotarão medidas que possam elidir a eficácia dos Artigos 85 e 86, tal como, por exemplo, pela exigência ou favorecimento de celebrações de contratos contrários ao Artigo 85 ou ratificação de seus efeitos.

Em *Ahmed Saeed,*[41] por exemplo, relativamente à questão sobre se a aprovação, por órgão supervisor de um Estado-Membro, de tarifas aéreas contrárias aos Artigos 85 e 86 era incompatível com o Artigo 5(2) combinado com o Artigo 90, o Tribunal declarou com firmeza que:

"Articles 5 and 90 of the EEC Treaty must be interpreted as:
I) prohibiting the national authorities from encouraging the conclusion of agreements on tariffs contrary to Article 85(1) or Article 86 of the Treaty, as the case may be;
II) precluding the approval by those authorities of tariffs resulting from such agreements;
. . ."

---

[39] Caso 13/77, *INNO v ATAB*, [1977] *ECR* 2115.

[40] *Ibid.* p. 2145, parágrafos 32 a 34.

[41] Caso 66/86, [1989] *ERC* 803, p. 855. A esse respeito, ver também Caso 311/85 (*Vlaamse*), [1987] *ECR* 3801, Caso 136/86 (*Yves Aubert*), [1988] 4 *CMLR* 311, e Caso 267/86 (*Van Eycke*), [1988] *ECR* 4769.

4.5.1.2. Empresas públicas e empresas que gozam de direitos especiais ou exclusivos

A definição de empresa pública fornecida pela Diretiva 80/723 e os mais recentes exemplos de empresas consideradas pelo Tribunal como sendo empresas públicas foram abordados nos parágrafos acima.

Muitas questões surgiram, no entanto, com respeito ao significado de empresas que gozam de direitos especiais ou exclusivos. Como esclarecido por *Bellamy & Child*, tais empresas são também abrangidas pelo Artigo 90 (1) porque *"a Member State that accords undertakings special or exclusive rights might be disposed to adopt measures that would favour these 'privileged undertakings' and thus distort competition"*.[42]

Dessa forma, em *Sacchi*,[43] os direitos exclusivos outorgados pelo Governo italiano a uma empresa limitada relativamente à transmissão de televisão foram considerados pelo Tribunal como abrangidos pelo Artigo 90 (1).

Igualmente, em *Ahmed Saeed*,[44] o Tribunal decidiu que a incompatibilidade de tarifas para vôos programados (aprovados pelas autoridades aeronáuticas alemãs) com a legislação da Comunidade, decorria do Artigo 90 (1), nos termos do qual, no caso de empresas às quais Estados-Membros outorguem direitos especiais ou exclusivos, tal como o direito de operar em rota aérea, isoladamente ou com uma ou duas outras empresas, os Estados-Membros não podem editar ou manter em vigor qualquer medida contrária às regras de concorrência contidas nos Artigos 85 e 86.

Em *Bodson v. Pompes Funèbres*,[45] o Tribunal decidiu que a outorga a uma empresa, pela autoridade local francesa, do direito exclusivo de fornecer serviços funerários na área da autoridade local se enquadra no Artigo 90 (1). No entender do Tribunal, na medida em que as autoridades locais impõem um certo nível de preço a empresas às quais outorgam concessões para a prestação de determinados serviços públicos, no sentido de que deixam de outorgar a concessão caso a empresa não concorde em cobrar preços especialmente altos, as autoridades locais estão abrangidas pela situação a que se refere o Artigo 90. Assim,

> *"... public authorities may not, in circumstances such as those of this case, either enact or maintain in force any 'measures' contrary to the rules of the Treaty, in particular those rules laid down by Articles 85 and 86. They may not therefore assist undertakings holding conces-*

---

[42] Ver Bellamy & Child, *Common Market Law of Competition*, Londres, Sweet & Maxwell, 1987, p. 568.

[43] Caso 155/73, *Giuseppe Sacchi* [1974] *ECR* 409.

[44] Caso 66/86 [1989] *ECR* 803, at 852, parágrafo 50.

[45] Caso 30/87, *Corinne Bodson v. Pompes Funèbres des Regions Liberées SA*, [1989] 4 *CMRL* 984, pp. 1018/1019, parágrafos 33 a 35.

sions to charge unfair prices by imposing such prices as a condition for concluding a contract for a concession."

Por outras palavras, o Artigo 90 (1) deve ser interpretado como uma proibição às autoridades de impôr a empresas às quais tenham outorgado direitos exclusivos, tal como monopólio na prestação de determinados "serviços" funerários "externos", qualquer condição sobre preço que seja contrária aos Artigos 85 e 86. Nesse caso, a cobrança de altos preços imposta pelas autoridades públicas redundou em abuso de posição dominante disciplinada pelo Artigo 86.

4.5.1.3. Medidas contrárias ao Tratado

Parece já estar claro, especialmente a partir de *Ahmed Saeed* e *Bodson*, que qualquer medida que venha a contrariar o Artigo 5 combinado com os Artigos 85 ou 86, será também contrária ao Artigo 90 (1), na medida em que as empresas a que tal medida se refere sejam empresas públicas ou empresas com direitos especiais ou exclusivos.

Mais recentemente, no Caso *Express Delivery Service in the Netherlands,*[46] a Comissão decidiu que duas medidas legais holandesas que restringiam as entregas, por *'couriers'* privados, de cartas com peso de até 500 gramas eram contrárias ao Artigo 90 (1), combinado com o Artigo 86. O correio estatal PTT, empresa pública para os fins do Artigo 90 (1), gozava de posição dominante na área de serviços postais e também operava com entregas expressas, concorrendo com *'couriers'* privados. De acordo com a Comissão, as restrições impostas pela legislação em questão tinham o efeito de ampliar essa posição dominante ao mercado de entregas expressas, de modo que as tornaria contrárias às disposições do Artigo 86.[47]

Com efeito, os serviços de correio fornecem exemplos ilustrativos do necessário equilíbrio que deve existir entre a concorrência e os serviços públicos. Afinal, trata-se de atividade típica de monopólios, que transferem lucros provenientes de setores rentáveis para subsidiar outros deficitários,

---

[46] Casos C-48 e 66/90, *Netherlands e PTT Nederland ("Dutch Courier Services")*, decididos em 12 de fevereiro de 1992. A decisão da Comissão foi, no entanto, derrubada pelo Tribunal por questões processuais.

[47] Ver também Caso 90/456/EEC perante a Comissão, *Spanish Courier Services*, decisão de 1º de agosto de 1990, [1991] 4 *CMRL* 560, no qual a legislação espanhola proibiu todas as empresas, à exceção dos Correios, de coletar, transportar e distribuir cartas com peso inferior a 2 quilogramas, excluindo, assim, as empresas privadas de serviços de *courier* de parte do mercado de serviços de entregas expressas. A Comissão decidiu que o Correio espanhol é uma empresa abrangida pelo Artigo 90(1), na medida em que presta serviços ao mercado, que o mercado de entregas expressas internacionais constitui um mercado de valor adicionado adjacente mas separado do serviço postal básico, e que a legislação em questão estava abrangida pelo Artigo 90 (1) sob o fundamento de que *reservou* aquele mercado adjacente para os Correios.

o que, se, de um lado, configura uma situação de falseamento da concorrência, de outro, assegura, de certa forma, o que se pode denominar de coesão social.

No Caso *Paul Corbeau,*[48] ao responder a uma série de questões formuladas pelo tribunal *"Correctionnel de Liège"* sobre a compatibilidade dos artigos 86 e 90 com as normas belgas atinentes ao monopólio dos serviços de correio, o Tribunal assim se pronunciou:

> *"It is contrary to Article 90 of the EEC Treaty for legislation of a Member State which confers on a body such as the Régie des Postes the exclusive right to collect, carry and distribute mail, to prohibit, under threat of criminal penalties, an economic operator established in that State from offering certain specific services dissociable from the service operated of general interest which meet the special needs of ecomomic operators and call for certain additional services not offered by the traditional postal service, in so far as those services do not compromise the economic stability of the service of general economic interest performed by the holder of the exclusive right. It is for the national court to consider whether the services in question in the main proceedings meet those criteria."*

Em *Comissão v Grécia,*[49] ficou demonstrado que a responsabilidade de um Estado-Membro nos termos do Artigo 90 (1) pode surgir não apenas no contexto das regras de concorrência, mas, também, na relação com outros Artigos do Tratado.[50]

O Artigo 13 da Lei grega nº 1256/82 estabelecia que todas as propriedades públicas, incluindo os ativos das empresas públicas gregas deveriam ser seguradas exclusivamente por companhias públicas do setor de seguros grego. Ademais, essa lei grega exigia que os funcionários de bancos de propriedade estatal recomendassem a seus clientes que contratassem seguros com companhia de seguro detida e controlada pelo setor bancário público. A Comissão, em sua Decisão 85/276, de 24 de abril de 1985,[51] tomada com base no Artigo 90 (3) do Tratado, declarou que a referida lei era incompatível com o Artigo 90 (1), combinado com os Artigos 52 e 53

---

[48] Caso C-320/91, *Paul Corbeau*, julgado em 19 de maio de 1993, transcrito em material produzido por *Steve Weatherill*, professor de Direito da Comunidade Européia, da Universidade de Nottingham, Inglaterra, para o curso "Competition Law, 1996/97".

[49] Caso 226/87, *Comissão v Grécia*, [1988], *ECR* 3611.

[50] Pode-se dizer, por exemplo, que uma recomendação por qualquer governo de um Estado-Membro a uma empresa pública para que comprasse somente de fornecedores nacionais constituiria uma violação ao Artigo 90 (1), combinado com o Artigo 30 (livre circulação de bens). Ver também Caso 172/82, *Fabricants Raffineurs d'Huile de Graissage v Inter-Huiles*, [1983] *ECR* 555, referente à responsabilidade do Estado-Membro nos termos do Artigo 90 (1), combinado com o Artigo 34.

[51] OJ 1985 L 152/25.

(liberdade de estabelecimento),[52] e com os Artigos 5 (2) e 3 (f) do Tratado. O Tribunal manteve integralmente a decisão da Comissão.

Permanece a questão sobre se uma simples falha, por parte de um Estado-Membro, em evitar que uma empresa abrangida pelo Artigo 90 (1) aja em desconformidade com o Tratado, pode ser considerada como promulgação ou manutenção em vigor de uma "medida" contrária ao Tratado. Entendemos que se a resposta a essa indagação for afirmativa, estará em contradição com a linguagem do Artigo 90 (1), como claramente exposta em *INNO v ATAB*.[53]

Reconhecidamente, no entanto, como sublinhado por *Mathijsen*,[54] quando a empresa à qual foram outorgados direitos especiais ou exclusivos não tem nenhuma autonomia, no sentido de que seu comportamento é, de fato, o comportamento do Estado-Membro, parece razoável supor a obrigação deste em impedir que a empresa atue de modo contrário às regras do Tratado. Salvo por essa "situação excepcional" - nas palavras de *Vandencasteele* - não se justificaria a extensão das obrigações dos Estados-Membros, pois levaria à discriminação entre empresas públicas e privadas, o que contraria os princípios consubstanciados no Tratado.[55]

4.5.1.4. O direito de outorga de direitos especiais ou exclusivos

Em *Sacchi*,[56] o Tribunal confirmou que o Artigo 90 (1) *inter alia* permitia que Estados-Membros outorgassem direitos especiais ou exclusivos a empresas. Nesse sentido, declarou o Tribunal: *"Nothing in the Treaty prevents Member States, for considerations of public interest, of a non-economic nature, from removing radio and television transmissions, including cable transmissions from the field of competition by conferring on one or more establishments an exclusive right to conduct them"*.

---

[52] O Artigo 52 dispõe que: "*No âmbito das disposições seguintes, as restrições à liberdade de estabelecimento de nacionais de um Estado-Membro no território de outro Estado-Membro deverão ser abolidas gradualmente durante o período de transição. Essa abolição progressiva aplicar-se-á também às restrições quanto à constituição de agências, filiais ou subsidiárias por nacionais de qualquer Estado-Membro situadas no território de qualquer Estado-Membro*". O Artigo 53 dispõe que: *Os Estados-Membros não introduzirão quaisquer novas restrições ao estabelecimento, em seus territórios, de cidadãos de outros Estados-Membros, salvo disposição em contrário do presente Tratado*".

[53] Caso 13/77. *INNO v ATAB*, [1977] *ECR* 2115, pp.2144/2146, onde foi dito que Estados-Membros não promulgarão ou manterão em vigor qualquer medida contrária às regras estabelecidas nos Artigos 85 a 94.

[54] Ver P. Mathijsen, "Egalité de Traitement des Enterprises dans le Droit des Communautés Européennes", *in Egalité de traitement des enterprises publiques et privées.*, 8º Congrès Fedération pour le Droit European (FIDE), Copenhague, 1978, vol. 2, pp. 11-3 e 11-4.

[55] Ver. A. Vandencasteele, "Libre Concurrence et intervention des États dans la vie économique", 15 *CDE* 540, p. 550.

[56] Caso 155/73, [1974] *ECR* 409, pp. 429/430.

Poder-se-ia inferir assim que, ao menos por razões não-econômicas, um Estado-Membro tem o direito de outorgar direito exclusivo para prestação de serviços de televisão.

Simultaneamente, porém, o Tribunal deixou também claro que, para o *desempenho* de suas tarefas, aquelas empresas estavam sujeitas a todas as disposições do Tratado, inclusive às regras de concorrência:

> *"However, for the performance of their tasks these establishments remain subject to the prohibition against discrimination and, to the extent that this performance comprises activities of an economic nature, fall under the provisions referred to in Article 90 relating to public undertakings and undertakings to which Member States grant special or exclusive rights."*[57]

No Caso *Manghera,*[58] por exemplo, decidiu que o Artigo 37 proíbe um Estado-Membro de outorgar a uma empresa direito exclusivo de importação de bens de outro Estado-Membro. Antes, porém, de serem analisadas as implicações dessa sentença do Tribunal, parece apropriado tecer alguns comentários sobre o Artigo 37, em vista de sua relação com as disposições do Artigo 90 (1).

O Artigo 37 exige o ajuste *progressivo "dos monopólios nacionais de natureza comercial, de modo a que, findo o período de transição, esteja assegurada a exclusão de toda e qualquer discriminação entre nacionais dos Estados-Membros, quanto às condições de abastecimento e comercialização".*

Como referido por *Pappalardo,*[59] anteriormente às conclusões do Tribunal no Caso *Manghera*, a interpretação do conceito de ajuste havia provocado grandes discussões. Segundo ele, na opinião de alguns autores, o ajuste apenas implicaria a imposição de regras que, muito embora assegurassem o cumprimento da obrigação de não discriminar, permitiam aos monopólios estatais a manutenção de seus direitos exclusivos de importação, exportação e distribuição que constituem sua própria essência e cuja eliminação equivaleria à abolição dos monopólios.

Por outro lado, alguns argüiram que o ajuste deveria resultar em uma modificação estrutural dos monopólios de modo que eles não mais pudessem discriminar. No limite, esse entendimento levaria à exigência de que

---

[57] *Ibid.* Deve-se notar que, posteriormente, no Caso *Telecom* (Caso C-202/88, *França v. Comissão,* [1992] 5 *CMRL* 552), a Comissão adotou o entendimento de que, em primeiro lugar, não é aquele "controle de desempenho" que efetivamente determina a outorga, em si, do direito exclusivo. É a própria existência ou a admissibilidade de tal direito que está controlada pelo Artigo 90.

[58] Caso 59/75, *Publico Ministero v Flavia Manghera e outros,* [1976], *ECR* 91.

[59] Aurelio Pappalardo, "State Measures...", *op. cit.*, pp32/33.

os direitos exclusivos fossem abolidos. Tal eliminação constituiria a única forma de implementar o ajuste exigido pelo Artigo 37.

Esse último ponto de vista acabou por ser adotado em *Manghera*, no qual o Tribunal decidiu que:

> *"[t]he exclusive right to import manufactured products of the monopoly in question thus constitutes, in respect of Community exporters, discrimination prohibited by Article 37 (1).*
>
> *... every national monopoly of a commercial character must be adjusted so as to eliminate the exclusive right to import from other Member States."*[60]

Essa posição do Tribunal parece sugerir que a *eliminação do direito exclusivo de importação no comércio intracomunitário significa, na prática, a abolição do monopólio em si.*

Entretanto, o fato de o Tribunal, por óbvias razões políticas, não ter ido tão longe a ponto de declarar expressamente que a abolição, em si, dos monopólios estatais de natureza comercial é exigida pelo Artigo 37,[61] criou certa ambigüidade que justifica claramente as muitas dúvidas ainda existentes acerca do real significado do Artigo 37.

Seja como for, a decisão e as questões suscitadas no Caso *Manghera* tiveram impacto direto sobre a interpretação do Artigo 90 (1). Primeiramente, como já observado, porque permitiram inferir que o poder dos Estados-Membros de outorgar direitos especiais ou exclusivos está sujeito à necessidade do cumprimento de determinadas regras do Tratado. Em segundo lugar, e mais importante, a nebulosa questão da abolição dos monopólios pode ter sido o ponto de partida para que o Tribunal, posteriormente, no Caso *França v Comissão*[62] questionasse diretamente o *próprio direito de os Estados-Membros outorgarem direitos especiais ou exclusivos.* Esse assunto, por sua crucial importância, será analisado detalhadamente mais adiante.

4.5.2. Artigo 90 (2)

Como precedentemente mencionado, a interpretação do Artigo 90 (2) é ainda mais problemática, na medida em que contém disposições endereçadas a empresas, embora de um tipo especial. Ele prevê uma isenção qualificada das regras do Tratado, em especial dos Artigos 85 e 86. Como

---

[60] *Ibid*,. p. 101, parágrafos 12 e 13.

[61] O Tribunal declarou que: "*Without requiring the abolition of said monopolies, [Article 37] provision prescribes in mandatory terms that they must be adjusted in such a way as to ensure that when the transitional period has ended such discrimination shall cease to exist*" (grifamos). *Ibid.*, p. 100, parágrafo 5.

[62] Caso C-202/88 *França v Comissão*, [1992] 5 *CMRL* 552.

acentuado por *Hancher e Slot,*[63] o Artigo 90 (2) estabelece uma isenção adicional, qual seja, uma possibilidade adicional de derrogação do Artigo 85 (1). É, ademais, a única isenção que se aplica ao Artigo 86. Sua aplicação, no entanto, em contraste com a dó Artigo 85 (3), está regulada apenas sumariamente.

4.5.2.1. Empresas encarregadas da gestão de serviços de interesse econômico geral

Em *BRT v SABAM,*[64] um tribunal belga encaminhou ao Tribunal, de acordo com o Artigo 177 do Tratado, uma série de questões sobre a interpretação dos Artigos 86 e 90 (2). As questões destinavam-se a possibilitar ao Tribunal belga decidir sobre a validade de contratos celebrados em 1963 e 1967 entre a Associação Belga de Autores, Compositores e Editores ("SABAM") e dois autores, por meio dos quais estes haviam cedido alguns de seus direitos à SABAM.

Em uma dessas questões, o Tribunal foi solicitado a interpretar a expressão "empresas encarregadas da gestão de serviços de interesse econômico geral" e a declarar, em especial, se este conceito significa que a empresa deve ter privilégios definitivos que foram negados a outras empresas.

Conforme salientado por *Bellamy & Child,*[65] como em todas as demais cláusulas de derrogação estabelecidas pelo Artigo 90 (2), o Tribunal declarou que a definição de "empresa encarregada da gestão de serviço de interesse econômico geral" deveria ser *restritivamente interpretada.* O Tribunal afirmou que *"as article 90 (2) is a provision which permits, in certain circumstances, derogation from the rules of the Treaty, there must be a strict definition of those undertakings which can take advantage of it".*[66]

Além disso, o Tribunal esclareceu que o Artigo 90 (2) pode ser aplicado tanto a empresas públicas quanto privadas. No entanto, para que empresas privadas possam estar abrangidas por essa disposição, é necessário que elas recebam o encargo da operação de serviços de interesse econômico geral por um ato de autoridade pública.[67] No Caso

---

[63] Leigh Hancher e Piet Jan Slot, "Article 90", *op. cit,.* p. 36.

[64] Caso 127/73, *Belgische Radio en Televisie e Societé belge des auteurs, compositeurs e editeurs v SV SABAM e NV Fonior,* [1974], *ECR* 313.

[65] *Bellamy & Child, Common Market ... , op. cit.,* p. 573.

[66] Caso 127/73, *BRT v SABAM,* [1974], *ECR* 313, p. 318, parágrafo 19.

[67] *Ibid.,* p. 318, parágrafo 20. Em *GEMA,* OJ 1971 L 134/15, [1971] *CMRL* D 35, a Comissão adotou o entendimento de que uma sociedade de direito autoral exigida por lei a cumprir determinadas obrigações não recebeu um encargo, no sentido determinado pelo Artigo 90 (2), já que aquelas obrigações haviam sido impostas a todas as empresas que gozavam de monopólio na Alemanha e não *especificamente* àquela sociedade. Ver também *Uniform Eurocheques,* OJ 1985 L 35/43, [1985] 3 *CMRL* 434, parágrafos 29 e 30, no qual a Comissão decidiu que a

Müller,[68] o Tribunal explicitou que o estabelecimento desse encargo pode ser feito por meio de lei nacional específica: *"An undertaking which enjoys certain privileges for the accomplishment of the task entrusted to it by law, maintaining for this purpose close links with the public authorities, and which is responsible for ensuring the navigability of the State's most important waterway may fall within [Article 90(2)]"* (grifamos).

Mais recentemente, no Caso *Ahmed Saeed,*[69] o Tribunal concluiu que o Artigo 90 (2) pode ser aplicado a empresas aéreas obrigadas por autoridades públicas a operar em rotas comercialmente inviáveis, mas cuja operação é necessária por razões de interesse geral. É necessário *"in each case for the competent national administrative or judicial authorities to establish whether the airline in question has actually been entrusted with the task of operating on such routes by an act of the public authority".*

Como será discutido mais adiante, decorre dessa postura do Tribunal que tanto as autoridades nacionais como os tribunais nacionais podem estar envolvidos na aplicação do Artigo 90 (2). Por ora, basta enfatizar que, primeiramente, deve ser estabelecido pelos tribunais nacionais se houve, de fato, uma decisão governamental (lei nacional ou ato de autoridade pública) que tenha encarregado determinada empresa de operar serviços de interesse econômico geral.

4.5.2.2. O significado de serviços de interesse econômico geral. Empresas com natureza de monopólio fiscal

Parece que o significado da palavra "serviços" em "operação de serviços" é mais amplo do que a definição de serviços estampada no Artigo 60 do Tratado,[70] pois pode incluir, por exemplo, a distribuição de bens.[71]

Por outro lado, embora no Caso *Müller,*[72] o Advogado-Geral *Dutheillet de Lamothe* tenha sustentado que o conceito de "interesse econômico

aprovação legal expressa por Estados-Membros (*e não o ato da autoridade pública*) do sistema de compensação Eurocheque não tornava os bancos que o operavam subsumidos às disposições do Artigo 90 (2).

[68] Caso 10/71, *Ministère Publique de Luxembourg v Madeleine Hein, née Müleer e outros,* [1971] *ECR* 723, p. 730, parágrafo 11.

[69] Caso 66/86, [1989] *ECR* 803, p. 853, parágrafo 55.

[70] *Bellamy & Child, Common Market ...,op. cit.,* p. 574. O Artigo 60 do Tratado estabelece que: *"...consideram-se 'serviços' as prestações realizadas normalmente mediante remuneração, na medida em que não sejam reguladas pelas disposições relativas à livre circulação de mercadorias, de capitais e de pessoas. Os serviços compreendem designadamente: a) atividades de natureza industrial; (b) atividades de natureza comercial; (c) atividades artesanais; e (d) atividades relativas às profissões liberais".*

[71] Ver parecer exarado pelo Advogado-Geral Roemer no Caso 82/71 *Publico Ministero v SAIL,* [1972], p. 144, no qual ele pondera que a distribuição de bens de consumo, tal como leite, poderia constituir um serviço de interesse econômico geral, desde que prestado no interesse dos cidadãos como um todo.

[72] Caso 10/71, *Ministère Publique Luxembourg v Müller,* [1971], *ECR* 723, p. 739. Deve-se também lembrar que serviços de interesse "econômico" não devem ser confundidos com serviços de

geral" é extremamente abrangente, a fim de dar-lhe a aplicação mais ampla possível, entendemos que a expressão deva ser interpretada restritivamente e de acordo com os princípios aplicáveis da legislação comunitária. O Advogado-Geral parece haver ignorado o fato de que o Artigo 90 (2) constitui uma exceção aos princípios gerais do Tratado.

Do mesmo modo, a aparente sugestão do Tribunal no Caso *Sacchi*[73] de que um Estado-Membro pode (sem qualquer restrição) determinar se uma empresa está operando um serviço de interesse econômico geral, não deveria ser interpretada de forma ampla.

Afinal, como assinalado pelo Tribunal no Caso *Müller,*[74] a aplicação do Artigo 90 (2) envolve, de um lado, uma avaliação das exigências de uma tarefa específica confiada à empresa em questão e, de outro, a proteção dos interesses da Comunidade. Essa avaliação depende dos objetivos de política econômica geral traçados pelos Estados sob a supervisão da Comissão.

Ademais, consoante entendimento manifestado pelo Tribunal no Caso *Itália v Comissão,*[75] deve ser ainda observado que a aplicação do Artigo 90 (2) do Tratado não é deixada ao arbítrio do Estado-Membro que confiou a operação de um serviço de interesse econômico geral a uma empresa. O Artigo 90 (3) transfere à Comissão a tarefa de monitorar tais assuntos sob a supervisão do Tribunal.

Reconhecidamente, no entanto, a opinião do Advogado-Geral *de Lamothe* de que um serviço de interesse econômico geral não inclui aquele que está disponível apenas a determinadas empresas parece ser de todo aceitável.[76]

No Caso *BRT v SABAM,*[77] o Tribunal confirmou que uma empresa à qual o Estado não tenha confiado nenhuma tarefa e que administre interesses privados não está em posição de invocar os dispositivos do Artigo 90 (2) para o efeito de reivindicar a derrogação das regras do Tratado.

No Caso *Ministério Público Italiano v SAIL,*[78] o Advogado-Geral *Roemer* argumentou que os serviços de interesse econômico geral executados pelas empresas não deveriam, necessariamente, beneficiar a economia

---

interesse "não-econômico", tais como aqueles relacionados a atividades culturais e sociais. Ver a esse respeito, *GEMA,* OJ 1971 L134/15, [1971], *CMLR* D 35.

[73] Caso 155/73, *Sacchi,* [1974], ECR 409, p. 430, em que o Tribunal disse que: "... *if certain Member States treat undertakings entrusted with the operation of television, even as regards their comercial activities, in particular advertising, as undertakings entrusted with the operation of services of general economic interest...*".

[74] Caso 10/71, *Ministère Publique Luxembourg v Müller,* [1971], *ECR* 723, p. 730, parágrafos 14 e 15.

[75] Caso 41/83, *Itália v Comissão,* [1985] ECR 873, p. 888, parágrafo 30.

[76] Caso 10/71, *Ministère Publique Luxembourg v Müller,* [1971] *ECR* 723, p. 739.

[77] Caso 123/73, *BRT v SABAM,* [1974] *ECR,* p. 318, parágrafos 22 e 23.

[78] Caso 82/71, *Pubblico Ministero Italiano v SAIL,* [1972] *ECR* 119, p. 145.

nacional como um todo. Um grupo determinado da população poderia ser o único beneficiado de tais serviços.

Alguns exemplos relativamente recentes de empresas que podem ser classificadas como "empresas encarregadas da gestão de serviços de interesse econômico geral" podem ser encontrados em *Bodson* e *RTE v Comissão.*[79]

No Caso *Bodson*, o Advogado-Geral *José Luiz da Cruz Vilaça* verificou que empresas detentoras de concessões municipais para a prestação de serviços externos de funeral podem estar abrangidas por essa categoria. Em sua opinião, o ônus e as atividades de supervisão relacionadas às tarefas específicas designadas a tais empresas por ato das autoridades públicas, parecem preencher os requisitos estabelecidos pelo Tribunal para a aplicação do artigo 90 (2) a empresas privadas.

No Caso *RTE v Comissão*, o Tribunal concordou com o parecer da Comissão de que a Radio Telefis Eirann (RTE) é empresa encarregada da operação de serviços de interesse geral e, como tal, sujeita às regras da concorrência, de acordo com o Artigo 90 (2).

Devido à escassez de jurisprudência concernente ao significado preciso de serviços de interesse econômico geral, muitas questões poderão ainda ser submetidas ao Tribunal, na forma do Artigo 177. Apesar disso, seria possível afirmar que outras empresas que operam serviços de interesse econômico geral provavelmente incluiriam serviços públicos, tais como fornecimento de água, Correios e ferrovias.[80] As sociedades de direitos autorais e bancos, dentre outras, ficariam provavelmente fora do alcance do Artigo 90 (2).[81]

Finalmente, deve ser mencionado que empresas que gozam de monopólio fiscal por meio da exploração de seus direitos exclusivos com vistas à captação de recursos para o Estado, tal como o monopólio do álcool na Alemanha, freqüentemente se beneficiam também da condição de monopólio comercial e estão, portanto, igualmente sujeitas às disposições estabelecidas no Artigo 37 do Tratado.[82]

4.5.2.3. O cumprimento de tarefas confiadas e o desenvolvimento do comércio intracomunitário

Como mencionado anteriormente, empresas abrangidas pelo escopo do Artigo 90 (2) estão sujeitas a todas as regras do Tratado, a menos que

---

79 Caso 30/87, *Bodson v Pompes Funèbres*, [1989] 4 *CMLR* 985, p. 1003/1004 e Caso T-69/89, *Radio Telefis Eireann v Commission*, [1991] 4 *CMRL* 586, p. 621, respectivamente.

80 Com relação ao fornecimento de água, ver, por exemplo, *NAVEWA-ANSEAU*, OJ 1982 L 167/39,[1982] 2 *MCRL* 193. No que tange aos Correios, ver Caso 41/83 *Itália v Comissão*, [1985] *ECR* 873, e *Spanish Courier Services* (perante a Comissão), 1991 4 *CMLR* 560.

81 Verj *Bellami & Child, Common Market ...* , *op. cit*,. p. 575.

82 *Ibid.*, pág. 575.

seja claramente demonstrado que a aplicação de tais normas seria incompatível com o desempenho das tarefas a elas confiadas.

No Caso *Sacchi* ,[83] o Tribunal estabeleceu a esse respeito que:

"Moreover, if certain Member-States treat undertakings entrusted with the operation of television, even as regards their comercial activities, in particular advertising, as undertakings entrusted with the operation of services of general economic interest, the same prohibitions apply, as regards their behaviour within the market, by reason of Article 90 (2), so long as it is not shown that the said prohibitions are incompatible with the performance of their tasks." (grifamos)

Deve-se dizer que não houve, até o momento, nenhuma decisão ou julgamento publicado no qual uma empresa tenha pleiteado, com sucesso, a derrogação estabelecida no Artigo 90 (2).

No Caso *RTE v Commisão,*[84] a empresa de radiodifusão pleiteou a anulação de uma decisão da Comissão em que esta determinou que a RTE havia infringido o Artigo 86 do Tratado.

Concluiu a Comissão que as políticas e práticas da RTE com respeito à publicação e divulgação antecipada de sua programação de rádio e televisão, recebida na Irlanda e na Irlanda do Norte, constituíam violação ao Artigo 86, na medida em que impediam a publicação e venda de outros guias semanais de programas de televisão na Irlanda e na Irlanda do Norte.

Em seu recurso contra a decisão da Comissão, a RTE, reportando-se ao Caso *Sacchi*, sustentou ser ela uma empresa encarregada da operação de serviços de interesse econômico geral, no sentido das disposições do Artigo 90 (2). Argumentou que, por força de tais disposições, o Artigo 86 não seria aplicável, na medida em que poderia obstruir seriamente o desempenho das tarefas a ela designadas, cujo objetivo principal era o de prestar serviços de radiodifusão em nível nacional, dando ênfase especial à língua e à cultura irlandesas.

Adicionalmente, a RTE destacou que, por razões históricas, tinha de transpor obstáculos significativos no cumprimento de sua tarefa de promover a língua e a cultura irlandesas. Tais obstáculos e dificuldades eram agravados pela concorrência de um grande número de canais de televisão transmitidos em inglês, cuja programação também podia ser recebida na Irlanda. Diante dessas circunstâncias, a publicação do Guia RTE, que não seria viável caso tivesse de enfrentar a concorrência de outras revistas

[83] Caso 155/73, *Giuseppe Sacchi,* [1974] *ECR* 409, p. 430.

[84] Caso T-69/89 *Radio Telefis Eirann v Comissão.* (com a intervenção de *Magill TV Guide),* [1991] 4 *CMLR* 586. Ver também a respeito Caso T-70/89, *BBC,* [1991] 4 *CMLR* 669 e Caso T-76/89, *ITP* [1991] 4 *CMLR* 745.

semanais de televisão, era essencial para promover e dar publicidade aos programas de RTE, além de ser fonte importante de receita.[85]

A Comissão argüiu, com base em *Sacchi*, que, ainda que a RTE fosse uma empresa encarregada da gestão de serviços de interesse geral, deveria ela, no contexto de sua atividade comercial, respeitar as normas de concorrência, de acordo com o Artigo 90 (2), desde que não demonstrasse que tais proibições eram incompatíveis com o cumprimento de suas tarefas. Na opinião da Comissão, o *"Broadcasting Authority Act 1960"*, que criou a RTE, não lhe designou nem lhe permitiu se reservar a publicação de revistas relacionando sua programação semanal.

Assim, a condição estabelecida no artigo 90 (2) para obter-se isenção das normas de concorrência não foi satisfeita.

O Tribunal iniciou seu exame do Caso reiterando que uma empresa como a RTE, encarregada da gestão de serviço público de radiodifusão nacional está sujeita às normas de concorrência, nos termos do Artigo 90 (2), a menos que fique comprovado que a aplicação dessas normas seria incompatível com o desempenho de suas tarefas.

Para o Tribunal, a RTE não demonstrou que a proibição, contida no Artigo 86, de sua reserva de direito exclusivo de publicação antecipada de sua programação semanal de alguma forma afetaria o cumprimento de suas tarefas como empresa de radiodifusão. Observou que, como autoridade encarregada de prestar um serviço de transmissão de rádio e televisão em âmbito nacional, a RTE tinha sido autorizada a publicar o Guia RTE com vistas não apenas à apresentação e promoção de sua programação - em especial de seus programas culturais de língua irlandesa - mas também à captação de recursos.

Nessa conformidade, tornava-se difícil para o Tribunal compreender como a publicação, por terceiros, de outras revistas de televisão poderia impedir a consecução dos objetivos do serviço público e, em especial, a promoção de programas de interesse altamente culturais, de interesse minoritário ou em irlandês. Por isso, declarou que:

> *"On the contrary, the fact that [RTE] reserves to itself publication of information on its weekly programmes seems to be justified only on commercial grounds, and therefore in no way contributes to the performance of the cultural, social and educational tasks assigned to RTE. Article 86 therefore applies to the conduct at issue, and the*

---

[85] A RTE, em sua argumentação, parece não ter levado na devida conta o fato de que, no Caso *Itália v Comissão* (British Telecommunications), Caso 41/83, [1985] *ECR* 873, p. 888, parágrafo 33, o Tribunal já havia dado a entender que a aceitação da tese, segundo a qual a aplicação das normas do Tratado poderia obstruir o cumprimento de tarefas específicas, estaria condicionada à demonstração pela empresa em questão de que a tarefa a ela confiada ficaria impossibilitada, e não apenas *dificultada* ou *complicada*.

prohibition of that conduct is not incompatible with the performance of RTE's public service tasks.
The plea based on infringement of Article 90(2) of the Treaty cannot therefore be upheld.
It follows that the application for the annulment of the decision in its entirety must be dismissed."[86]

Do mesmo modo, no Caso *Spanish Courier Services,*[87] a Comissão adotou o entendimento de que não havia evidências de que a concorrência no mercado de serviços expressos de *couriers* pudesse prejudicar o serviço postal regular ou básico ou de que fosse necessário eliminar a concorrência, a fim de se poder preservar o equilíbrio financeiro do Serviço de Correios. A necessidade de expandir a posição dominante do serviço básico ao mercado de entregas expressas, de importância secundária para os Correios, não era uma necessidade objetiva que justificasse a eliminação da concorrência naquele mercado.

O Advogado-Geral *José Luiz da Cruz Vilaça*, no Caso *Bodson,*[88] após concluir que empresas detentoras de concessão municipal para prestação de serviços externos de funeral podem ser classificadas como *"empresas encarregadas da operação de serviços de interesse econômico geral"*, asseverou que tais empresas estão sujeitas às normas do Tratado, inclusive às normas de concorrência, e que apenas quando tais normas pudessem obstruir o cumprimento de tarefas específicas a elas designadas, a situação clamaria por uma exceção.

É preciso ressaltar, no entanto, que, ainda segundo o Advogado-Geral, a referida exceção somente poderia ser reivindicada na medida em que o comércio intracomunitário não fosse afetado de modo contrário aos interesses da Comunidade. Assim, qualquer exceção deveria ser interpretada restritivamente e permitida apenas se as empresas em questão não dispusessem de quaisquer outros meios técnicos e econômicos para a realização de suas funções ou tarefas confiadas.

No caso *sub judice*, não havia, de acordo com o Advogado-Geral, nada a indicar o envolvimento de qualquer situação de natureza excepcional que justificasse qualquer desvio da aplicação das normas de concorrência.

Pode-se inferir do parecer do Advogado-Geral que, ainda que uma empresa seja capaz de demonstrar que a aplicação normal do Tratado torna impossível o cumprimento da tarefa confiada, o *"tailpiece"*- nas palavras de *Bellamy & Child* - do Artigo 90 (2) determina que ela somente poderá

---

86 Caso T-69/89, *RTE v Comissão*, [1991] *CMLR* 586, pp. 621/622, parágrafos 83 a 85.

87 Perante a Comissão, [1991] 4 *CMLR* 560, p. 566.

88 Caso 30/87, *Bodson v Pompes Funèbres*, [1989] 4 *CMLR* 984, pp. 1004/1005.

beneficiar-se da derrogação se o *"desenvolvimento do comércio não for afetado de maneira que contrarie os interesses da Comunidade"*.

No entanto, como ponderado por *Bellamy & Child*, esse cometimento do artigo 90 (2) parece ser menos abrangente que o conceito de efeito sobre comércio entre Estados-Membros contido nos Artigos 85 e 86, pois se qualquer efeito sobre o comércio de Estados-Membros fosse suficiente para impedir a aplicação do Artigo 90 (2), *"there would be little ground covered by Article 90 (2)"*.[89]

4.5.2.4. O papel dos tribunais nacionais

Como referido anteriormente, as ponderações feitas pelo Tribunal, no Caso *Ahmed Saeed,*[90] permitem inferir que tanto autoridades quanto tribunais nacionais podem estar envolvidos na aplicação do Artigo 90 (2).

Desse modo, após estabelecerem se, de fato, houve ou não uma decisão governamental confiando a uma empresa a gestão de serviços de interesse econômico geral,[91] as autoridades e tribunais nacionais deverão determinar se a operação de tais serviços seria ou não obstruída, caso as normas de concorrência viessem a ser aplicadas. Os fundamentos da posição do Tribunal podem ser verificados a partir da transcrição abaixo:

"However, for it to be possible for the effect of the competition rules to be restricted pursuant to Article 90(2) by needs arising from performance of a task of general interest, the national authorities responsible for the approval of tariffs and the courts to which disputes relating thereto are submitted must be able to determine the exact nature of the needs in question and their impact on the structure of the tariffs aplied by the airlines in question.
Indeed, where there is no effective transparency of the tariff structure it is difficult, if not impossible, to assess the influence of the task of general interest on the application of the competition rules in the field of tariffs. It is for the national court to make the necessary findings of fact in that connection."[92]

---

[89] Veja *Bellamy & Child, Common Market ... , op. cit.*, p. 577.

[90] Caso 66/86, *Ahmed Saeed*, [1989] ECR 803.

[91] Ver Caso 127/73, *BRT v SABAM*, [1974] *ECR* 313, p. 318, parágrafo 22, em que o Tribunal afirmou: *"It is thus the duty of the national court to investigate whether an undertaking which invokes the provisions of Article 90(2) for the purposes of claiming a derogation from the rules of the Treaty has in fact been entrusted by a Member-State with the operation of a service of general economic interest."*. Ver ainda o Caso 66/86 *Ahmed Saeed*, [1989] *ECR* 803 p. 853, parágrafo 55, no qual o Tribunal, com base em *BRT v SABAM*,, declarou que as autoridades administrativas ou judiciais nacionais deveriam determinar se a companhia aérea em questão tinha sido efetivamente encarregada da tarefa de operar certas rotas por ato da autoridade pública.

[92] Caso *Ahmed Saeed*, [1989] *ECR* 803, p. 853, parágrafos 56 e 57.

A outorga de poderes às autoridades nacionais e, especialmente, aos tribunais nacionais para aplicarem o segundo teste requerido pelo artigo 90 (2), constitui-se em um memorável e, até certo ponto, decisivo julgado do Tribunal. Como lembram *Hancher* e *Slot*, trata-se de um importante esclarecimento de seu pronunciamento anterior no Caso *Sacchi*, no qual tinha simplesmente afirmado que os tribunais nacionais devem, em cada caso, avaliar a existência de tal abuso, e a Comissão deve saná-lo dentro dos limites de seus poderes.[93] O entendimento decorrente do Caso *Sacchi* de que competia à Comissão administrar o segundo teste foi, portanto, reformado pelo Tribunal no Caso *Ahmed Saeed.*

É verdade, no entanto, que ainda há questões deixadas sem resposta ou esclarecimento no Caso *Ahmed Saeed.* Como haverão de proceder as autoridades nacionais de concorrência e os tribunais nacionais se, após a aplicação dos dois testes, ficarem convencidos de que a situação da empresa se enquadra no Artigo 90 (2)? Deverão eles seguir adiante e conceder a isenção ou é esse direito reservado à Comissão?[94]

Para *Whish*, é provável que tal competência continue sendo exclusiva da Comissão, apesar de reconhecer que uma melhor solução seria o Tribunal dizer que os tribunais nacionais podem analisar a questão e, em casos claros, chegar a uma conclusão sobre os mesmos. Em caso de dúvida, deveriam os tribunais manter sua decisão enquanto buscassem o parecer da Comissão.[95]

De qualquer modo, por força de seus poderes previstos no Artigo 90 (3) (ver item 5.3., abaixo), nada impede a Comissão de intervir no tocante a uma isenção que estiver sendo discutida por um tribunal nacional ou examinada por autoridades nacionais na área de concorrência. Tampouco, nada impede a Comissão de questionar, ulteriormente, uma isenção concedida por autoridades ou tribunais nacionais.

Afinal de contas, a Comissão tem amplo poder discricionário na decisão sobre se um interesse da Comunidade é ou não afetado.[96]

---

[93] Ver primeiramente *Hancher e Slot*, "Article 90", *op. cit*,. p. 37 e, depois, Caso 155/73, *Giuseppe Sacchi*, [1974] *ECR* 409, p. 430.

[94] Ver a esse respeito, Stephen Weatherill & Paul Beaumont, *EC Law: the essential guide to the legal working of the European Community*, London, Penguin Books 1993, p. 759, onde se diz: "*In Ahmed Saeed the Court seemed willing to leave fact-finding to the national court, while remaining unhelpfully silent as to whether the court could proceed from such fact-finding to the application of Article 90 (2) itself*".

[95] Ver *Whish, Competition Law, op. cit.* ,p. 334.

[96] Ver Hancher & Slot, "Article 90", *op. cit.*, pp. 38/39. Se a Comissão concluir que a isenção foi outorgada de forma contrária aos interesses da Comunidade ou que a decisão governamental que confiou tais serviços gera tal risco, tomará a atitude cabível. Poderá agir contra a empresa com base no Regulamento 17/62 ou por meio de regulamento setorial específico. Ademais, ou independentemente disso, poderá agir contra o Estado-Membro em questão, quer na forma do Artigo 169, quer na do Artigo 90 (3), dirigindo aos Estados-Membros decisões ou diretivas vinculantes. Para uma análise mais profunda, ver item 4.5.3. deste Capítulo.

4.5.3. Artigo 90 (3): os poderes da Comissão

O terceiro parágrafo do Artigo 90 prevê um procedimento especial. Declara que a Comissão deverá garantir a aplicação dos dois parágrafos antecedentes. Ao contrário de outros Artigos do Tratado, que permitem ao Conselho editar legislação implementadora, o Artigo 90 (3) dá à Comissão poderes para dirigir, quando necessário, diretivas e decisões aos Estados-Membros.[97]

Como anteriormente observado, a Diretiva 80/723[98] foi a primeira medida de impacto adotada pela Comissão no âmbito dos poderes a ela outorgados pelo Artigo 90 (3). Tal Diretiva foi contundentemente questionada por alguns Estados-Membros, tais como no Caso *França, Itália e Reino Unido v Comissão.*[99] O Tribunal, no entanto, manteve o direito de a Comissão editar disposições legislativas gerais sob o Artigo 90 (3).

Como observado por *Marc van der Woude,*[100] o espectro dos poderes legislativos da Comissão não é ilimitado, mas restrito àqueles atos necessários ao cumprimento do dever de vigilância a ela imposto. A Diretiva adotada pela Comissão deverá ser genérica em seus objetivos, sem particularizar um Estado-Membro específico.[101] Por outro lado, a fim de determinar uma violação do Artigo 90 (1) em um caso específico, a Comissão poderá adotar uma decisão específica do Artigo 90.[102] Foi no Caso *Dutch Courier Services*[103] que o Tribunal, ao levar em consideração a tarefa da Comissão de assegurar que a concorrência não seja falseada ou distorcida na Comunidade, confirmou a competência da Comissão para adotar decisões.

---

[97] Caso um Estado-Membro não cumpra uma diretiva ou decisão lastreada no Artigo 90 (3), a Comissão poderá agir contra ele, observando as disposições do Artigo 169.

[98] OJ 1980 L 195/35 alterada pela Diretiva 85/413, OJ 1985 L229/20.

[99] Casos 188-190/80. *França, Itália e Reino Unido v Comissão*, [1982] *ECR* 2545, também discutidos no Capítulo V.

[100] Marc van der Woude, "Article 90...", *op. cit.*, p. 62.

[101] Casos 188-190/80, *França, Itália e Reino Unido v Comissão*, [1982] *ECR* 2545 e Caso C-202/88 *França v Comissão*, [1992] 5 *CMLR* 552. Como será discutido mais adiante neste Capítulo, o Tribunal manteve, no último caso, o direito de a Comissão analisar violações ao Artigo 90 por meio de uma Diretiva que especificava de modo geral a obrigação imposta ao Estado-Membro pelo Tratado.

[102] Ver, por exemplo, a primeira decisão individual adotada pela Comissão com base no Artigo 90 (3), o Caso *Greek Insurance*, OJ 1985 L152/25, relativo a diversas medidas tomadas pelo governo grego que tiveram o efeito de reservar o acesso ao mercado de seguros de propriedade pública somente às seguradoras do setor público.

[103] Casos C-48 e 66/90, *Holanda e PTT Nederland v Comissão ("Dutch Courier Services")*, sentença de 12 de fevereiro de 1992, na qual o Tribunal declarou que: "*In order not to deprive of all useful purpose the power given to the Comission by Article 90(3) to adopt decisions it must therefore be recognized that the Commission has the power to find that a particular State measure is incompatible with the rules of the Treaty and to specify the measures which the addressee State must adopt in order to comply with its obligations under Community Law.*" "*The Commission must also be recognized as having such power to enable it to fulfil the task entrusted to it by Article 85 to 90 of the Treaty to ensure that the rules on competition are applied and thus to contribute to the institution of a system ensuring that competition in the Common Market is not distorted as required by Article 3(f) of the Treaty*".

Pode-se dizer, assim, que a competência da Comissão sob o Artigo 90 (3) resulta tanto do texto do Artigo quanto de seu lugar no Tratado.

4.5.3.1. O questionamento da existência de direitos exclusivos

Em 1988, a Comissão adotou, consoante os poderes a ela outorgados pelo Artigo 90 (3), sua segunda medida de maior impacto: a controvertida Diretiva 88/301[104] sobre concorrência nos mercados e equipamentos de terminais de telecomunicação. No *Consideranda* 10 dessa Diretiva, está afirmado que o Tratado confere à Comissão funções muito claras e poderes específicos para o monitoramento das relações entre os Estados-Membros e as empresas públicas e empresas às quais eles outorgaram direitos especiais ou exclusivos, sobretudo no que respeita à eliminação de restrições quantitativas e medidas de efeito equivalente, discriminações entre nacionais dos Estados-Membros e concorrência. Além disso, lê-se no referido *Consideranda* que o único instrumento por meio do qual a Comissão pode efetivamente desempenhar as funções e os poderes que foram a ela atribuídos é a Diretiva lastreada no Artigo 90 (3).

Como pode ser observado, a Comissão considerou-se competente para avaliar a compatibilidade da outorga de direitos exclusivos com o Artigo 30, nos termos do Artigo 90 (3). Como salientado por *Marc van der Woude*, a Comissão, no Artigo 2º da Diretiva, atribuiu-se poderes muito mais amplos, que ameaçam inclusive a *existência* de direitos exclusivos.[105]

De fato, na opinião da Comissão, o Artigo 90 (1) não pressupõe que todos os direitos especiais ou exclusivos sejam preservados. Ela argumenta que, em certos casos, existem direitos cuja *própria existência é inseparável de seu exercício.* Assim, a única maneira de evitar o exercício ilegal de tal direito é abolir o próprio direito: "*Estados-Membros que outorgaram direitos especiais ou exclusivos ... a empresas deverão assegurar que tais direitos foram abolidos*".[106]

Como será visto no item abaixo, a competência e o mérito do Artigo 2º da Diretiva foram, como esperado, questionados pela França, apoiada pela Bélgica, Alemanha, Grécia e Itália. Em seu julgamento do Caso, a saber *França v Comissão (Telecom),*[107] muito embora o Tribunal tenha anulado algumas disposições da Diretiva, inclusive uma parte do Artigo 2º, confirmou o direito e o dever de a Comissão dirigir a Estados-Membros Diretivas adotadas sob o Artigo 90 (3), para assegurar a

---

[104] *OJ* 1988 L131/73.

[105] Ver Marc van der Woude, "Article 90 ...", *op. cit.*, pág. 68.

[106] Artigo 2 da Diretiva 88/301, OJ [1988] L 131/73.

[107] Caso C-202/88, *França v Comissão*, [1992] 5 *CMLR* 552.

aplicação das regras do Tratado sobre livre circulação e concorrência no contexto do Artigo 90.

Mais importante ainda é que o Tribunal concordou com o enfoque da Comissão sobre a necessidade de limitar os poderes dos Estados-Membros para outorgar direitos especiais ou exclusivos a empresas. Como observado por *Marc van der Woude,*[108] após a decisão do Tribunal, passou a Comissão a ser competente *"para controlar a própria existência desses direitos diretamente sob o Artigo 90."*

Pode-se dizer, assim, que essa disputa representou, na verdade, uma batalha de poder entre os Estados-Membros, de um lado, e a Comissão, de outro.

Como ponderado por *Coleman,*[109] ao decidir que a Comissão tem poder para legislar no sentido de exigir que Estados-Membros abram à concorrência mercados anteriormente protegidos e ao estabelecer regras sob as quais deverá ocorrer tal concorrência, *"o Tribunal enfraqueceu o poder dos Estados-Membros e fortaleceu as mãos da Comissão".*

Por outras palavras, o Caso *Telecom* e os casos subseqüentes, tais como *Höfner v Macroton, ERT v Dimotiki, Merci* e *RTT (Belgian Telephones),*[110] levantaram a questão crucial do equilíbrio institucional entre os poderes dos Estados-Membros no campo da política econômica - e, em especial, o poder de reservar determinadas atividades a monopólios dos Estados ou outorgar direitos exclusivos ou especiais a empresas - e os objetivos de um sistema de concorrência não falseada (interesses da Comunidade).[111]

---

108 Ver Marc van der Woude, "Article 90..."*op. cit.* p. 68.

109 Martin Coleman, "European Court provides key to open public utilities to competition: the *Telecommunications Terminals* decision" [1991 autumn] *ULR* ,pág. 112.

110 Caso C-41/90, *Klaus Höfner e Fritz Elser v Macroton GmbH,* [1992] *ECR* I 1979, Caso C-260/89 *Elliniki Radiophonia Tileorassi-Anonimi Etairia v Dimotiki Etairia Pliroforissis (DEP) e outros,* [1991], *ECR* I-2925, Caso C-179/90, *Merci Convenzionali Porto di Genova SpA v Siderurgia Gabrielli SpA,* [1994] *CMLR* 540 e Caso C-18/88, *Régie des Télegraphes et des Telephones v SA "GB Inno-BM"*, julgamento de 13.12.91.

111 Ver a respeito P. Jan Slot, "Note on Cases C-202/88, C-41/90 and C-260/89", [1991] *CML Rev.* 28 964, pág. 964. Ver também opinião do Advogado-Geral Giuseppe Tesaro, no trecho no qual diz que a "clara obscuridade" do Artigo 90, tal como a "obscura clareza" que, por algum tempo e com alguma autoridade, circundaram o Artigo 37 são certamente devidas à "*dificuldade objetiva de se conciliar a verdadeira idéia de um monopólio ou empresa detentora de direitos exclusivos com um sistema de livre concorrência e um Mercado Comum.*" Caso C-202/88, *França v Comissão,* [1992] 5 *CMLR* 552, p. 559, parágrafo 11.

4.5.4. O equilíbrio institucional entre os Estados-Membros e a Comunidade após o Caso "Telecom"

4.5.4.1. A abertura do mercado das empresas prestadoras de serviços públicos

Parece existir certo consenso quanto ao fato de que uma das últimas barreiras ou obstáculos à conquista de um mercado único aberto e competitivo pode ser encontrada em um setor muito "sensível" da economia: as empresas prestadoras de serviços públicos.

Uma combinação de diversas exigências técnicas e proteção pública por parte dos governos dos Estados-Membros tornou a abertura dos serviços públicos à concorrência uma tarefa bem mais difícil e complexa que em outros setores.

Deve-se lembrar, além disso, que o processo de desregulamentação tem invariavelmente dado ensejo a questões políticas e econômicas importantes nos Estados-Membros. Como acertadamente assinalado por *Coleman,*[112] as empresas de serviços públicos são grandes provedoras de empregos e, em alguns casos, agregadoras de tecnologia. Assim, um mercado aberto no setor, com a probabilidade de ganhadores e perdedores, "*pode ter efeitos econômicos profundos dentro de cada Estado-Membro.*"

Assim, se o processo de abertura de tais mercados fosse conduzido pelo Conselho de Ministros em vez da Comissão, certamente haveria muito tempo consumido em negociações políticas, com conseqüentes atrasos e acordos, que impediriam a introdução de um sistema de concorrência completo e aberto. Com vistas a evitar essas dificuldades, a Comissão tomou ela própria a iniciativa de começar a liberalização, por exemplo, do mercado de telecomunicações.

Deve-se notar que, do ponto de vista econômico, as telecomunicações são vitais ao crescimento econômico. Tanto isso é verdade que, em reconhecimento das características específicas desse setor e, em particular, de sua dupla função como setor independente de atividade econômica e meio fundamental de transporte de outras atividades econômicas, o Anexo sobre Telecomunicações do Acordo Constitutivo da Organização Mundial do Comércio (OMC) prescreve regras relativas ao acesso e uso das redes e serviços públicos de telecomunicações.

Como observado por *Wheeler,*[113] antes da Diretiva sobre telecomunicações, as administrações dos Estados-Membros respondiam por 70% de todos os equipamentos de telecomunicações adquiridos, mas nenhum mercado nacional da Comunidade contabilizava mais de 6% do mercado mun-

---

[112] Martin Coleman, "European Court ...", *op. cit,.* p. 108.

[113] Ver Sally Wheeler, "Note on Case C-202/88", [1992] 17 *ELRev.* 67, p. 71.

dial, em oposição aos 35% detidos pelos Estados Unidos e 11% detidos pelo Japão. Diante disso, um sólido *"mercado era necessário para que as empresas da Comunidade fossem capazes de concorrer com as empresas dos Estados Unidos e do Japão em termos de dispêndios em pesquisa e desenvolvimento"*. De um ponto de vista político, acrescenta ela, *"telecomunicações são importantes porque, juntamente com a radiodifusão, o setor é um dos poucos bastiões remanescentes da divisão de mercado nacional"*.

Desse modo, a Comissão apresentou, em junho de 1987, seu *"Green Paper"* sobre o desenvolvimento do mercado comum para serviços e equipamentos de telecomunicações.[114] Esse *"Green Paper"* estabeleceu o programa com o qual se pretendia alcançar um mercado comunitário de telecomunicações por volta de 1992. Um dos objetivos do *"Green Paper"* era o estabelecimento de um mercado comum de equipamentos de terminais de telecomunicações.[115] Como parte da estratégia para este setor, a Comissão queria abrir o mercado de equipamentos de terminais, com base nos poderes a ela conferidos pelos Artigos 37, 86 e 90.[116]

---

[114] Como comentado por Naftel, de início, os Estados-Membros não reagiram negativamente às recomendações do *"Green Paper"*. Vários Estados-Membros, tais como Alemanha e Espanha deram início ao lento processo de reforma de suas políticas de telecomunicações. Ver James Mark Naftel, "The Natural Death of a Natural Monopoly: Competition in EC Telecomunications after the Telecommunications Terminals Judgement", [1993] 3 *ECLR* ,105, p. 109. Deve-se também lembrar que, no início da década de 80, o Reino Unido privatizou a British Telecom. Para se ter uma idéia da lentidão desse processo que então começava, apenas agora no biênio 1997/1998, sob o influxo do acordo sobre telecomunicações da OMC, é que uma gigante do setor, a Deutsch Telekom, terá efetivamente iniciada sua privatização. De um modo geral, o que se observa é que a efetiva concorrência trazida pela liberalização e desregulamentação somente tem sido gradativamente permitida nos Estados-Membros da OMC cuja rede pública de telecomunicações já atingiu um grau adequado de maturidade, desenvolvimento e extensão para apoiar o ingresso de novos operadores e novos serviços. No Brasil, por exemplo, apesar dos compromissos assumidos no âmbito da OMC, a rede pública de telecomunicações ainda não atingiu tal grau de maturidade, desenvolvimento e extensão. No entanto, a abertura e liberalização do setor têm sido mais expressivas que as verificadas em muitos dos Estados-Membros da OMC. Aliás, não somente a abertura e liberalização, como também o compromisso com a livre concorrência.Veja-se, por exemplo, o que diz o artigo 5º da Lei Geral de Telecomunicações, Lei nº 9.472, de 16 de julho de 1997: *"Na disciplina das relações econômicas no setor de telecomunicações observar-se-ão, em especial, os princípios constitucionais da soberania nacional, função social da propriedade, liberdade de iniciativa, livre concorrência, defesa do consumidor, redução das desigualdades regionais e sociais, repressão ao abuso do poder econômico e continuidade do serviço prestado no regime público"*.

[115] A Comissão parece ter reconhecido que os monopólios públicos continuariam inevitavelmente no setor de redes de telecomunicações. Em sua opinião, no entanto, quaisquer direitos especiais ou exclusivos outorgados por Estados-Membros a empresas, com respeito a importação, comercialização, conexão e serviços e manutenção de equipamentos de terminais de telecomunicação não mais seriam aceitáveis.

[116] Ver "Towards Dynamic European Economy: Green Paper on the Development of the Common Market for Telecommunications Services and Equipment" (junho de 1987). Ver também *XXIst Report on Competition Policy (1992)*, ponto 323, e Richard Wainwright e Anders C. Jessen, "Recent Developments in Community Law on Telecommunications", *Yearbook of European Law* (ed. A. Barav e D.A. Wyatt), Clarendon Press, Oxford, 1992, pp. 79 a 110.

Na opinião da Comissão, as organizações nacionais de telecomunicações constituíam empresas no sentido do Artigo 90 (1) que não preenchiam as condições para a exceção prevista no Artigo 90 (2). Mais importante, a Comissão considerou que os direitos especiais ou exclusivos desfrutados pelas telecomunicações nacionais com respeito à importação, comercialização, conexão, prestação de serviços e/ou manutenção de equipamentos de terminais restringiam a livre circulação de bens e serviços e falseavam a concorrência dentro da Comunidade.

O fato de os órgãos nacionais de telecomunicações criarem especificações e regras de homologação e agirem simultaneamente como operadores no mercado de terminais, restringia a concorrência no mercado de equipamentos de terminais. Como os Estados-Membros tinham outorgado esses direitos especiais ou exclusivos ou tinham editado outras medidas incompatíveis com o Tratado, a Comissão considerou que os Estados-Membros estavam infringindo o Artigo 90 (1), combinado com os Artigos 3 (f) (atual 3 (g)), 30, 37, 59 e 86.

A fim de sanar esta situação, a Comissão adotou a Diretiva 88/301,[117] com base no Artigo 90 (3). A Diretiva determinou que os Estados-Membros que tivessem outorgado direitos especiais ou exclusivos para importação, comercialização, conexão, prestação de serviços em equipamentos de terminais de telecomunicações, e/ou manutenção dos mesmos, abolissem tais direitos (Artigo 2); assegurassem que os fornecedores privados tivessem tais direitos (Artigo 3); assegurassem que a responsabilidade pela criação de especificações e regras de homologação fosse outorgada a um órgão independente do operador de rede e de qualquer outro concorrente no mercado de terminais (artigo 6); assegurassem que os contratos de locação ou manutenção existentes pudessem ser rescindidos com aviso prévio máximo de um ano (Artigo 7); e fornecessem à Comissão, ao final de cada ano, um relatório que permitisse o monitoramento do cumprimento das obrigações da Diretiva (Artigo 9).

4.5.4.2. O Caso Telecom

A França, apoiada por Alemanha, Itália, Bélgica e Grécia, ingressou com uma ação no Tribunal com base no Artigo 173 (1)[118] para a anulação da Diretiva 88/301 da Comissão. Os principais fundamentos (tanto os de

[117] [1988] OJ 131/73. Ver também Marc van der Woude, Christopher Jones e Xavier Lewis, *ECC Competition Law Handbook- 1992 Edition*, Londres, Sweet & Maxwell, 1992, pp. 222 a 234.

[118] Diz o artigo 173 (1), com a redação que lhe foi dada pelo Artigo G.53 do Tratado da União Européia, que: "*O Tribunal de Justiça fiscaliza a legalidade dos atos adotados em conjunto pelo Parlamento Europeu e pelo Conselho, dos atos do Conselho, da Comissão e do BCE [Banco Central Europeu], que não sejam recomendações ou pareceres, e dos atos do Parlamento Europeu destinados a produzir efeitos jurídicos em relação a terceiros*".

natureza processual quanto material) apresentados pelos Estados-Membros para a anulação da Diretiva foram: (a) uso indevido de procedimento; (b) incompetência da Comissão; e (c) incorreta aplicação das disposições do Tratado (Artigos 30, 37, 59 e 86).

Antes de analisar os argumentos expendidos pelos Estados-Membros, o Tribunal fez alguns comentários gerais sobre o escopo do Artigo 90. Esclareceu que, ao permitir que fossem feitas derrogações das regras gerais do Tratado, sob determinadas condições, o propósito do Artigo 90 (2) era o de conciliar os interesses dos Estados-Membros quanto ao uso de certas empresas, em especial no setor público, como instrumento de política econômica ou fiscal, com os interesses da Comunidade em assegurar o cumprimento das normas de concorrência e a manutenção da unidade do mercado comum. Como os Estados-Membros não tinham contestado a opinião da Comissão de que as condições de aplicabilidade da exceção do Artigo 90 (2) não tinham sido preenchidas, o Tribunal considerou apenas as questões no contexto do Artigo 90 (1) e (3). Declarou o Tribunal: "*Accordingly, the parties' pleas in law and arguments must be considered in the light of the question whether in this case the Commission has remained within the bounds of the legislative power thus conferred upon it by the Treaty*".[119]

4.5.4.2.1. Sobre o uso processual indevido. O governo francês alegou que a Comissão tinha utilizado indevidamente seus poderes sob o Artigo 90 (3). Argumentou que, quando um Estado-Membro viola supostamente o Tratado, deve-se recorrer ao Artigo 169.[120]

O Tribunal, no entanto, não aceitou esse argumento. Em sua opinião, a Comissão, de acordo com o Artigo 90 (3), está devidamente investida de poderes para especificar, em termos gerais, as obrigações decorrentes do Artigo 90 (1) por meio da adoção de Diretivas. Do conteúdo da Diretiva em questão, o Tribunal concluiu que a Comissão tinha simplesmente determinado, em termos gerais, obrigações que vinculam os Estados-Membros sob o Tratado. Assim, a Diretiva "*cannot be interpreted as making specific findings that particular Member-States failed to fulfil their obligations under the Treaty, with the result that the plea in law relied upon by the French Government must be rejected as unfounded*".[121]

---

[119] Caso C-202/88, *França v Comissão* [1992], 5 *CMLR* 552, p. 579, parágrafo 15.

[120] Prescreve o artigo 169: "*Se a Comissão considerar que um Estado-Membro não cumpriu qualquer das obrigações que lhe incumbem por força do presente Tratado, formulará um parecer fundamentado sobre o assunto, após ter dado a esse Estado oportunidade de apresentar as suas observações. Se o Estado em causa não proceder em conformidade com este parecer no prazo fixado pela Comissão, esta pode recorrer ao Tribunal de Justiça*".

[121] *Ibid*, p. 579, parágrafo 18.

4.5.4.2.2. Sobre a competência da Comissão. A competência da Comissão foi questionada de várias formas.

Primeiramente, argüiu o governo francês que, ao adotar a Diretiva estabelecendo simplesmente a abolição de direitos especiais ou exclusivos de importação, comercialização, prestação de serviços ou manutenção de equipamentos de terminais de telecomunicações, a Comissão tinha excedido os poderes de supervisão a ela outorgados pelo Artigo 90 (3).

De acordo com o governo francês, aquele dispositivo pressupunha a existência de direitos especiais ou exclusivos. Assim, adotar o entendimento de que a manutenção daqueles direitos constituía, por si mesma, uma medida no âmbito do Artigo 90 seria ignorar o escopo de tal Artigo.

Por outras palavras, o exame que a Comissão poderia (e deveria) ter feito para permanecer nos estreitos limites do artigo 90, deveria ter-se restringido apenas ao exercício dos direitos em questão, com vistas a determinar sua compatibilidade ou não com as disposições do Tratado.

Em seu parecer, o Advogado-Geral *Giuseppe Tesauro* observou que não seria possível concluir *a priori* que a simples outorga de direitos exclusivos viola o Tratado. Com base no que ele denominou de relação "direta e auto-evidente" entre o Artigo 90 e o Artigo 222, asseverou que *"há, no mínimo, uma forte presunção em favor da legalidade de uma empresa pública ou de uma empresa detentora de direitos exclusivos como tal"* (grifado no original).[122]

O Tribunal, no entanto, rejeitou esses argumentos. Considerou primeiramente que o alcance dos poderes da Comissão sob o Artigo 90 (3) depende do alcance das regras às quais se deve assegurar cumprimento. Subseqüentemente, declarou que: *"... even though that article presupposes the existence of undertakings which have certain special or exclusive rights, it does not follow that all the special or exclusive rights are necessarily compatible with the Treaty. That depends on different rules, to which Article 90(1) refers"* (grifamos).[123]

Como será visto mais adiante, uma das regras a que se refere o Artigo 90 (1) é o Artigo 30, que proíbe a edição pelos Estados-Membros de todas e quaisquer normas de natureza comercial capazes de prejudicar, efetiva ou potencialmente, direta ou indiretamente, o comércio intracomunitário.

Nesse importante julgamento, o Tribunal não adotou a distinção entre existência e exercício de direitos exclusivos. Argumentou o Tribunal que a Comissão tem também poderes para examinar a admissibilidade de tais direitos, à luz do Artigo 90 (1) combinado com as disposições aplicáveis à livre circulação de mercadorias.

---

[122] *Ibid.*, p. 565, parágrafo 29.

[123] *Ibid.*, p. 580, parágrafos 21 e 22.

Como ponderado por *Platteau,*[124] essa posição do Tribunal trouxe importante esclarecimento, pois tinha estabelecido de maneira clara que o poder dos Estados-Membros de outorgar direitos especiais ou exclusivos (que é também garantido pelo Artigo 222) *"is subject to the requirement to respect all the rules of the EEC Treaty as interpreted by the Court..."*.

Em segundo lugar, argumentou o governo francês que a política de reestruturação do setor de telecomunicações, tal como contemplada pela Diretiva, se enquadrava na competência exclusiva do Conselho, agindo de acordo com o Artigo 100a do Tratado, que se refere à adoção de medidas para a aproximação das disposições legislativas, regulamentares e administrativas dos Estados-Membros, que tenham como objetivo o estabelecimento do mercado interno. Ademais, sustentou o governo francês que a Diretiva era contrária ao Artigo 87, na medida em que apenas o Conselho teria poderes para estabelecer normas para a aplicação dos Artigos 85 e 86 em setores específicos.[125]

O Tribunal entendeu que o dever de vigilância da Comissão, na forma do Artigo 90 (3), era mais específico que a competência geral outorgada ao Conselho, quer pelo Artigo 100a, quer pelo Artigo 87. Segundo o Tribunal, a Diretiva estava em total cumprimento com os poderes específicos da Comissão. Além disso, com base no julgamento do Caso *França v Comissão,*[126] o Tribunal declarou que: *"the possibility that rules containing provisions which impinge upon the specific sphere of Article 90 might be laid down by the Council by virtue of its general power under other Articles of the Treaty does not preclude the exercise of the power which Article 90 confers on the Commission."* (grifamos)[127]

Aqui, novamente, a decisão do Tribunal representa uma expressiva vitória para a Comissão. Permite à Comissão determinar aos Estados-Membros que se abstenham de práticas incompatíveis com as disposições do Tratado sem ter de percorrer os lentos e onerosos procedimentos do Artigo 169.

Nas reflexões de *Slot,*[128] tais determinações teriam, não obstante o fato de serem proferidas por meio de diretivas, efeito direto *"tão logo os prazos*

---

[124] Ver Koen Platteau, "Article 90 EEC Treaty after the Court judgement in Telecommunications Terminal Case" , [1991] 3 *ECLR* 105, p. 109.

[125] Cumpre registrar que o artigo 100a, com a nova redação que lhe deu o artigo G.22 do Tratado da União Européia, diminuiu, de certa forma, os poderes do Conselho. Já o artigo 87 prescreve que o Conselho deverá adotar todas as diretivas adequadas, conducentes à aplicação dos princípios enunciados nos artigos 85 e 86.

[126] Casos 188-190/80, *França v Comissão,* [1982] *ECR* 2545, p. 2575.

[127] Caso C-202/88 *França v Comissão,* [1992] 5 *CMLR* 552, p. 580, parágrafo 26.

[128] Ver Slot, "Note on Cases C-202/88, C-41/90 ...", *op. cit.*, p. 985. Com base nos casos C-48 e 66/90 *Holanda e PTT Nederland v Comissão* ("Dutch Courier Services"), as determinações da Comissão poderiam também ser exaradas por meio de decisões.

especificados pela Comissão se tenham exaurido". Isso tornaria possível às empresas que concorrem com empresas públicas confiarem em seus efeitos. No caso de descumprimento por um Estado-Membro de uma diretiva editada com lastro no Artigo 90 (3), a Comissão teria ainda o recurso do Artigo 169. Contrariamente, se os Estados-Membros discordarem da Diretiva, poderão eles requerer sua anulação com base no Artigo 173.

Igualmente importante é o fato de que a Comissão pode proceder com base no Artigo 90 (3) em lugar do Artigo 100a, quando se aplicarem as obrigações especificadas pelo Artigo 90 (1). Ações fundadas no Artigo 100a poderiam resultar em sérios obstáculos à aplicação do Direito Comunitário.

Assim, o efeito combinado da definição dos poderes dos Estados-Membros e da Comissão, com respeito à aplicação das normas do Tratado ao setor de empresas públicas, *"may well be quite substantial"*.[129]

4.5.4.2.3. Sobre a legalidade das disposições da Diretiva. O governo francês e os intervenientes alegaram que os Artigos 2, 6, 7 e 9 da Diretiva seriam ilegais com base no fato de estarem erroneamente fundados em uma violação pelos Estados-Membros dos Artigos 30, 37, 59 e 86 do Tratado.

O Artigo 6 da Diretiva estabelece que a responsabilidade pela elaboração de especificações técnicas, monitoramento de sua aplicação e outorga de homologações será conferida a um órgão independente das empresas públicas ou privadas que oferecem bens e/ou serviços concorrentes no setor de telecomunicações.

O Tribunal manteve esse dispositivo com base no fato de que confiar tais responsabilidades a uma empresa que comercializa equipamentos de terminais equivaleria a conferir-lhe o poder de determinar, a seu critério, quais equipamentos de terminais poderiam ser conectados à rede pública, colocando, assim, essa empresa, em evidente posição de vantagem sobre suas concorrentes. Um sistema de livre concorrência ou concorrência não falseada somente pode ser assegurado quando há igualdade de oportunidades entre os vários setores econômicos.[130]

O Artigo 7 prescreveu que os Estados-Membros rescindissem, com aviso máximo de um ano, contratos de locação e manutenção com empresas anteriormente privilegiadas.

O Tribunal corroborou o entendimento de que o Artigo 90 apenas confere poderes à Comissão com respeito a medidas de Estado e não relativamente a condutas anticoncorrenciais adotadas por empresas por iniciativa própria, que podem ser discutidas apenas por decisões individuais que aplicam os Artigos 85 e 86. Como não parecia, pela Diretiva, que os deten-

---

[129] *Ibid.*

[130] Caso C-202/88, *França v Comissão,* [1992] 5 *CMLR* 552, p. 583/584, parágrafos 48 a 52.

tores de direitos especiais ou exclusivos tivessem sido compelidos ou encorajados por normas emanadas do Estado a celebrar contratos de longo prazo, o Tribunal concluiu que o Artigo 90 não era o fundamento adequado para sanar os obstáculos à concorrência criados por contratos de longo prazo. Assim, declarou nulo o Artigo 7.[131]

O Artigo 9, que determinava que os Estados-Membros fornecessem à Comissão um relatório anual, foi também anulado pelo Tribunal, pois se referia a outros dispositivos da Diretiva declarados nulos, incluindo uma parte do Artigo 2.[132]

No que tange à legalidade do Artigo 2, que constitui a essência da Diretiva, faz-se necessário um exame mais detalhado. Tal Artigo, como já mencionado, está relacionado à abolição de direitos especiais ou exclusivos.

Segundo o Tribunal, o direito exclusivo outorgado aos operadores de telecomunicações para importar e comercializar equipamentos de terminal retirava dos comerciantes a possibilidade de ter seus produtos adquiridos por consumidores. Ademais, o Tribunal observou que não havia certeza de que o detentor do monopólio pudesse oferecer toda a gama de modelos disponível no mercado, informar os consumidores sobre o estado e funcionamento de todos os equipamentos de terminais e garantir sua qualidade.

Assim é que, na opinião do Tribunal, direitos de importação e comercialização exclusivos no setor de terminais de telecomunicações seriam capazes de restringir o comércio intracomunitário.

Observou, ainda, que, no Artigo 3 da Diretiva, a Comissão havia especificado as condições que poderiam justificar tais direitos exclusivos. Exemplo disso seria o fato de os equipamentos não atenderem às exigências essenciais listadas no Artigo 2 (17) da Diretiva do Conselho 83/361.[133]

Uma vez que o governo francês não havia questionado o Artigo 3 nem alegado que outras exigências essenciais poderiam também ter sido consideradas pela Comissão, o Tribunal concluiu que a Comissão estava correta ao considerar direitos exclusivos de importação e comercialização no setor de terminais de telecomunicações como incompatíveis com o Artigo 30 do Tratado.

Seguindo o mesmo raciocínio, o Tribunal disse que a Comissão tinha acertado ao considerar direitos exclusivos de conexão, prestação de serviços e manutenção de equipamentos de terminais de telecomunicações como incompatíveis com o Artigo 30. Nesse sentido, declarou o Tribunal: "*It follows from the foregoing that the Commission was justified in requiring the withdrawal of exclusive rights regarding the importation, marketing,*

---

[131] *Ibid.* p. 584, parágrafos 53 a 57.

[132] *Ibid.*, pp. 584/585, parágrafo 58.

[133] *OJ* 1986 L217/21

connection, bringing into service of telecommunications terminal equipment and/or maintenance of such equipment".[134]

É preciso notar que, do ponto de vista técnico, o Tribunal pode ter tido suas razões para, no contexto dos direitos exclusivos, formular uma distinção entre importação e comercialização, de um lado, e conexão, prestação de serviço e manutenção de outro.

Todavia, não está claro porque o Tribunal também traçou uma distinção entre direitos especiais e direitos exclusivos, que, até então, eram considerados duas modalidades do mesmo conceito.

Seja como for, com respeito a direitos especiais, o Tribunal observou que nem as disposições da Diretiva nem o preâmbulo da mesma especificaram o tipo de direitos efetivamente envolvidos e de que forma a existência de tais direitos era contrária ao Tratado. Para o Tribunal, a Comissão não tinha sido capaz de apresentar argumentos suficientes que pudessem justificar a obrigação por ela estabelecida de os Estados-Membros abolirem direitos especiais relativos à importação, comercialização, conexão, prestação de serviços e/ou manutenção de equipamentos de terminais de telecomunicações. Conseqüentemente, anulou o Artigo 2 da Diretiva, mas somente no que dizia respeito à abolição de tais direitos especiais.[135]

O Tribunal, como se pode perceber, não forneceu outras explicações pertinentes aos diferentes sentidos de tais conceitos.

Surpreende também que, não obstante as questões dos Artigos 37 e 59 levantadas tanto pela Comissão quanto pelos Estados-Membros, o Tribunal não as tenha examinado, preferindo restringir sua discussão ao Artigo 30.

Como observado por *Wheeler,*[136] o Artigo 59 foi, presumivelmente, inserido no sétimo *Consideranda* da Diretiva para assegurar a inclusão dos serviços de telecomunicações, *"uma vez que o Tribunal de Justiça, no caso Sacchi, limitou a aplicação do Artigo 37 apenas a bens, e deixou de considerar transmissão por televisão como um 'bem'".* Além disso, a referida autora vê pouca coerência na divisão adotada entre monopólio de bens e monopólio de serviços; *"um monopólio sobre a importação e comercialização de bens viola o Artigo 30 da CEE. O enfoque dado ao caso Sacchi não permitiria que um monopólio sobre a importação e comercialização de equipamentos se expandisse também a serviços correlatos."*

Vale notar, por fim, que o Tribunal não examinou o argumento da Comissão de que a concessão de direitos especiais ou exclusivos pode constituir uma violação ao Artigo 90 (1) combinado com o Artigo 86 do Tratado.

---

134 *Ibid.* p. 583, parágrafo 44.

135 *Ibid.* p. 583, parágrafos 45 a 47.

136 Ver Sally Wheeler, "Note on Case ..." *op. cit,.* pp. 72/73.

4.5.4.2.4. A Comissão como órgão regulador e supervisor do setor público. Em face do exposto acima, pode-se dizer que, no Caso *Telecom*, o Tribunal transformou o Artigo 90 (1) em um poderoso instrumento de controle do setor público, na medida em que ele controla diretamente a existência de direitos exclusivos.

Além de ter desconsiderado a distinção geralmente feita entre exercício e existência de tais direitos, o Tribunal também abandonou claramente a diferença entre a criação do mercado comum e seu funcionamento. O Artigo 90 tornou-se uma norma diretamente aplicável às relações de concorrência entre empresas.

Essa ampliação do alcance do Artigo 90 (1) implicou um aumento significativo dos poderes da Comissão sob o Artigo 90 (3). Nas palavras de *Marc van der Woude,* a Comissão tornou-se tanto um órgão regulador como supervisor do setor público.[137]

O que se observa, porém, é que, muito embora a Comissão tenha tido seus poderes ampliados, o Tribunal, em seu julgamento, conseguiu equilibrar corretamente os interesses dos Estados-Membros com os da Comunidade (representada pela Comissão), ao reconhecer claramente que a outorga de direitos exclusivos poderia vir a ser justificada *ex vi* do disposto no Artigo 36[138] ou por razões imperativas, tais como a segurança do usuário do equipamento de terminal, a segurança dos empregados da rede pública de telefonia, a proteção da própria rede contra danos e o adequado funcionamento dos equipamentos de terminais.[139]

Deve-se admitir, no entanto, que os argumentos do Tribunal são insuficientes para permitir um pleno esclarecimento das circunstâncias sob as quais os direitos exclusivos são justificáveis. Por outro lado, permanece a questão sobre em que medida os poderes da Comissão, na forma do Artigo

---

137 Ver Marc van der Woude, "Article 90 ...", *op. cit.*, p. 70. Deve-se lembrar que, em junho de 1990, a Comissão, com base em seus poderes então confirmados sob o Artigo 90 (3), adotou a segunda Diretiva (Diretiva 90/388, *OJ* [1990] L 192/10) abrindo a concorrência nos mercados de serviços de telecomunicações. O Caso *Telecom* teve importantes conseqüências em outros setores, tais como transporte e energia, em que Estados-Membros normalmente outorgavam direitos especiais ou exclusivos. De fato, tais conseqüências se fizeram sentir quase que imediatamente por diversas empresas prestadoras de serviços públicos de gás e eletricidade, após a Comissão ter enviado cartas àqueles Estados-Membros que mantinham direitos exclusivos de importação e exportação de eletricidade e gás. Ver a esse respeito Peter-Armin Trepte, "Article 90 and service monopolies" (outono de 1991) *ULR* 114, pp. 118/119.

138 Estabelece o Artigo 36: "*As disposições dos artigos 30 a 34, inclusive, são aplicáveis sem prejuízo das proibições ou restrições à importação, exportação ou trânsito justificadas por razões de moralidade pública, ordem pública e segurança pública; de proteção da saúde e da vida das pessoas e animais ou de preservação das plantas; de proteção do patrimônio nacional de valor artístico, histórico ou arqueológico; ou de proteção da propriedade industrial e comercial. Todavia, tais proibições ou restrições não devem constituir nem um meio de discriminação arbitrária nem qualquer restrição dissimulada ao comércio entre os Estados-Membros*".

139 Caso C-202/88, *França v Comissão,* [1992] 5 *CMLR* 552, ver p. 582, parágrafos 37 e 38. Ver os comentários sobre o Artigo 3 da Diretiva feitos no item 4.5.4.2.3., acima.

90 (3), são de natureza exclusiva, isto é, até que ponto a Comissão se constitui na única autoridade competente para decidir quando os monopólios são justificáveis no mercado único. A questão que se coloca é: terão as autoridades nacionais o poder de manter ou introduzir direitos exclusivos, caso tais autoridades os considerem justificados de acordo com o Tratado (embora com a supervisão da Comissão)?

Essas questões foram novamente formuladas no contexto dos Casos que se seguiram ao Caso *Telecom*, tal como no Caso *Höfner*.[140]

4.5.4.3. A relutância inicial do Tribunal em aceitar as conseqüências do Caso Telecom

4.5.4.3.1. Höfner v Macroton. Trata-se o Caso *Höfner v Macroton* de uma questão prejudicial enviada ao Tribunal, nos termos do artigo 177, por um tribunal alemão, relativamente a um litígio envolvendo, de um lado, os senhores Höfner e Elser, consultores na área de recursos humanos e, de outro, a Macroton GmbH, sociedade alemã que havia contratado os serviços de referidos consultores para assessorá-la na contratação de um executivo de vendas.

Como estabelecido no pertinente contrato, os consultores apresentaram à Macroton um candidato de nacionalidade alemã que, de acordo com eles, era perfeitamente adequado para o cargo em questão. A Macroton, no entanto, não empregou o candidato, além de ter-se recusado a pagar os honorários estipulados.

Após terem, sem sucesso, ajuizado ação de cobrança de honorários, os consultores apelaram ao supra-referido tribunal alemão. Embora o tribunal tenha considerado que o contrato em questão violava o Artigo 13 do "*Arbeitsforderungsgesetz*" ("AFG") (Lei que dispõe sobre a promoção de empregos), que rege determinados aspectos do mercado de empregos alemão, entendeu necessário formular algumas questões ao Tribunal, a fim de determinar o efeito das regras do Tratado sobre a AFG.

A AFG confia ao *"Bundesanstalt für Arbeit"* ("BA"), Departamento Federal de Empregos, a tarefa de colocar empregados potenciais em contato com empregadores e administrar benefícios de desemprego. Essa tarefa é desempenhada pelo BA com base em direitos exclusivos a ele outorgados pelo Artigo 4 do AFG. O BA, no entanto, pode, em circunstâncias excepcionais e após consultar as associações de trabalhadores e empregadores pertinentes, confiar a outras instituições a tarefa de localização de empregos para determinadas profissões ou ocupações. Não obstante, suas atividades permanecem sob o controle do BA.

140 Caso C-41/90, *Klaus Höfner e Fritz Elser v Macroton GmbH*, [1992] ECR I-1979.

Apesar dos referidos direitos exclusivos outorgados ao BA, foram surgindo, ao longo do tempo, vários escritórios ou agências de consultoria especializados no recrutamento e seleção de executivos. Essa atividade tem sido, de certa maneira, tolerada pelo BA.

Ocorre que, de acordo com o Código Civil Alemão, considera-se nulo todo e qualquer ato legal que viole uma proibição legislativa, existindo jurisprudência firmada de que tal proibição se aplica, inclusive, às atividades de recrutamento e seleção realizadas em desconformidade com o AFG.

Os quesitos formulados pelo tribunal alemão ao Tribunal trataram separadamente de dois temas. Em primeiro lugar, buscaram uma interpretação dos Artigos 86 e 90 à luz das relações de concorrência entre os escritórios ou agências privados de recrutamento e seleção e o BA. No segundo bloco de questões, foi indagado se as disposições do Tratado sobre a livre circulação de serviços (Artigo 59) não impediriam a existência da proibição relativa ao exercício das atividades de recrutamento e seleção por esses escritórios ou agências privados.

Com lastro nas regras de concorrência do Tratado, argumentaram os consultores que uma agência como o BA é tanto uma empresa pública, na forma do Artigo 90 (1), quanto uma empresa encarregada de serviços de interesse econômico geral, no sentido do Artigo 90 (2). Nessa conformidade, o BA está sujeito às regras de concorrência da Comunidade, na medida em que a aplicação de tais regras não obstrua, de fato ou de direito, o desempenho da atividade específica a ele atribuída. O BA não estaria impedido de desempenhar tal atividade se tivesse de concorrer com escritórios ou agentes privados na área de recrutamento e seleção de executivos.

Além disso, segundo alegação dos consultores, a decisão do BA de estender seu monopólio de localização de empregos a atividades para as quais a criação de monopólio não é de interesse público, constituía abuso de posição dominante. O fato de o governo alemão ter tornado possível tal abuso de posição dominante, já que manteve em vigor determinados dispositivos do AFG, implicava violação do Artigo 90 (1) e dos princípios gerais do Tratado, segundo os quais os Estados-Membros devem se abster de adotar quaisquer medidas que possam destruir a eficácia das regras de concorrência da Comunidade.

O Tribunal não teve dificuldades em confirmar que o BA, ao desempenhar uma atividade econômica, era uma empresa para os efeitos de aplicação do Artigo 86. Ratificou sua decisão do Caso *Sacchi,*[141] declarando que: "... *the application of Article 86 of the Treaty cannot obstruct the performance of the particular task assigned to that agency in so far as the latter is manifestly not in a position to satisfy demand in that area of the*

[141] Caso 155/73, *Sacchi,* [1974] *ECR* 409.

market and in fact allows its exclusive rigths to be encroached on by those companies."[142]

Referindo-se à sua decisão no Caso *INNO v ATAB,*[143] o Tribunal prosseguiu dizendo que, embora o Artigo 86 pudesse ser aplicado dentro dos limites estabelecidos pelo Artigo 90 (2), isso não prejudicaria a obrigação imposta pelo Tratado aos Estados-Membros de não editar nem manter em vigor quaisquer medidas que possam eliminar os efeitos do Artigo 86.

Como conseqüência, *"any measure adopted by a Member State which maintains in force a statutory provision that creates a situation in which a public employment agency cannot avoid infringing Article 86 is incompatible with the rules of the Treaty".*[144]

Na opinião do Tribunal, uma empresa investida de um monopólio legal pode ser considerada como detentora de posição dominante e o território do Estado-Membro sobre o qual se estende tal monopólio pode constituir uma parte substancial do mercado comum. No entanto, o simples fato de se criar uma posição dominante desse tipo, por meio da outorga de direitos exclusivos no sentido do Artigo 90 (1) não é, por si, incompatível com o Artigo 86. Um Estado-Membro infringe os Artigos 86 e 90 (1) apenas quando uma empresa, pelo mero exercício de seus direitos exclusivos, é levada a abusar de sua posição dominante: *"A Member State is in breach of the prohibition contained in those two provisions only if the undertaking in question, merely by exercising the exclusive act granted to it, cannot avoid abusing its dominant position".*[145]

Ao fazer remissão ao Artigo 86 (b), o Tribunal declarou que tal abuso poderia resultar de uma limitação dos serviços prestados, em prejuízo dos consumidores. E arrematou dizendo que:

> *"A Member State creates a situation in which the provision of a service is limited when the undertaking to which it grants an exclusive right extending to executive recruitment activities is manifestly not in a position to satisfy the demand prevailing on the market for activities of that kind and when the effective pursuit of such activities by private companies is rendered impossible by the maintenance in force of a statutory provision under which such activities are prohibited and non-observance of that prohibition renders the contracts concerned void."*[146]

---

[142] Caso C-41/90, *Höfner*, p. I-2017, parágrafo 25.

[143] Caso 13/77, *INNO v ATAB*, [1977], *ECR* 2115.

[144] Caso C-41/90, *Höfner*, p. I-2017, parágrafo 27.

[145] *Ibid.* ,ver p. I-2018, parágrafos 28/29.

[146] *Ibid.*, p. I-2018, parágrafo 31.

Como se pode verificar, o Tribunal adotou, aqui, uma posição muito mais cautelosa e conservadora, em comparação com aquela adotada no Caso *Telecom*. Não acolheu a posição da Comissão, nos termos da qual a simples existência de posição dominante pode - sob circunstâncias em que o exercício dessa posição não pode ser separado de sua existência - ser incompatível com o Artigo 86.

Apesar disso, seu raciocínio também permitiria a conclusão de que as formas de abuso especificadas em tal Artigo poderiam, igualmente, levar a situações nas quais medidas governamentais que outorgassem direitos especiais ou exclusivos a empresas seriam também incompatíveis com o Tratado.[147]

No que respeita à questão sobre a interpretação do Artigo 59, o Tribunal, com base nos fatos do Caso, entendeu que eles não envolviam aspectos contemplados pelo Tratado. No Caso *ERT*,[148] porém, o Tribunal examinou, de fato, um monopólio de serviço com base no Artigo 59.

4.5.4.3.2. ERT v Dimotiki. Tratou-se, também nesse Caso, de questão prejudicial enviada ao Tribunal com base no Artigo 177. Referia-se aos direitos exclusivos da ERT, uma empresa grega de rádio e televisão.

A Lei 1730/87 outorgou à ERT direitos exclusivos para o exercício de todas as suas atividades, incluindo o direito de emitir sons de rádio e imagens de televisão por todos os meios possíveis.

Apesar da existência desses direitos exclusivos, DEP, uma empresa municipal de informações de Thessaloniki, e o Prefeito dessa cidade criaram uma estação de televisão local. Por considerar que as atividades da DEP e do Prefeito usurpavam seus direitos exclusivos, a ERT ajuizou competente ação pleiteando, com base na referida Lei, não só a proibição de transmissão como também a apreensão e o seqüestro de equipamentos técnicos.

Perante o tribunal nacional, DEP e o Prefeito argumentaram que a Lei 1730/87 era incompatível, *inter alia*, com a legislação comunitária.

O Tribunal analisou inicialmente a compatibilidade de um monopólio de televisão com os Artigos 30, 36, e 59. Reiterou inicialmente a posição adotada em *Sacchi*[149] de que a legislação da Comunidade não proíbe a concessão de monopólio de televisão por razões que envolvam interesse público, de natureza não-econômica. Porém, a forma de organização desse monopólio e a maneira pela qual é gerido devem estar em conformidade com o Artigo 90 (1) e (2), além de não poderem infringir as disposições do

[147] Ver a respeito Slot, "Note on Cases C-202/88, C-41/90..." , *op. cit.*, p. 982.

[148] Caso C-260/89, *Elliniki Radiophonia Tileorassi-Anonimi Etairia v Dimotiki Etairia Pliroforissis (DEP) e outros*, [1991] ECR 2925.

[149] Caso 155/73, *Sacchi*, [1974] *ECR* 409.

Tratado sobre a livre circulação de bens e serviços ou as regras de concorrência.

Quanto à livre circulação de bens, o Tribunal confirmou que o Tratado não impede a concessão, a uma única empresa, de direitos exclusivos atinentes à transmissão por televisão e a concessão, para esse fim, de competência exclusiva para importar, contratar ou distribuir materiais e produtos necessários a tal transmissão, desde que não sejam criadas discriminações entre produtos domésticos e produtos importados, em detrimento dos últimos.

Ao discutir a compatibilidade do monopólio de televisão com o Artigo 59, o Tribunal destacou o seguinte:

"Article 59 of the Treaty prohibits national rules which create a monopoly comprising exclusive rights to transmit the broadcasts of the holder of the monopoly and to retransmit broadcasts from other Member States, where such a monopoly gives rise to discriminatory effects detrimental to broadcasts from other Member States, unless such rules are justified by any of the reasons indicated in Article 56 of the Treaty, to which Article 66 thereof refers."[150]

Como estava claro que, tanto pelo texto da Lei grega em questão quanto pela jurisprudência predominante, os privilégios exclusivos de ERT incluíam não somente o direito de transmitir sua própria programação, mas também o de receber e retransmitir programas de outros Estados-Membros, o Tribunal concordou com o ponto de vista da Comissão de que direitos cumulativos de transmissão poderiam criar a possibilidade de a ERT favorecer sua própria programação.

Assim, para o Tribunal, cabia ao tribunal nacional determinar se o direito cumulativo poderia resultar em discriminação contra a programação de outros Estados-Membros. Enfatizou, no entanto que, sujeito a uma possível exceção sob o Artigo 56, caso o efeito da Lei que outorga o direito exclusivo fosse discriminatório, as disposições da Lei seriam tidas como contrárias ao Tratado no que tange à liberdade de prestação de serviços.

Ao que tudo indica, esse amplo alcance dos Artigos 30 e 59 resulta em que quaisquer direitos de importação ou venda exclusivos são proibidos, a menos que justificados pelos Artigos 36 e 56, ou por requisitos obrigatórios.

Por outras palavras, isso significa que tal direito exclusivo deveria, em princípio, ser abolido a fim de garantir o livre acesso a bens e serviços de outros Estados-Membros. Como ponderado por *Marc van der Woude*, essa

[150] Estabelece o Artigo 56: "*As disposições deste Capítulo e as medidas tomadas em conformidade com ele não deverão prejudicar a aplicação dos dispositivos emanados de lei, regulamento ou medidas administrativas que vierem a estabelecer tratamento especial para estrangeiros por razões de política pública, seguridade ou saúde públicas*".

é "*uma conclusão extremamente ampla, que poderia até mesmo afetar monopólios locais ou regionais*". Entretanto, não está claro se o Tribunal teve consciência de tais conseqüências tão amplas de sua jurisprudência. "*O Caso Merci parece indicar que não está, ou, pelo menos, que não deseja aceitá-las*".[151]

Com respeito à compatibilidade do monopólio de transmissão com as regras de concorrência, o Tribunal, à luz do Artigo 90 (2), confirmou que empresas encarregadas da operação de serviços de interesse econômico geral estavam sujeitas às regras de concorrência, na medida em que a aplicação de tais regras não obstruísse o desempenho de suas atividades específicas.

Respondeu o Tribunal ao tribunal nacional que era dever daquele determinar se as atividades do monopólio de transmissão eram compatíveis com o Artigo 86 e, caso não o fossem, determinar se elas seriam necessárias ao cumprimento das funções atribuídas a tal monopólio.

Dessa posição do Tribunal, vale destacar dois aspectos.

Primeiramente, é preciso observar que, ao contrário dos aspectos fáticos de *Höfner*, o Tribunal não tinha, aqui, nenhuma indicação de que ERT havia efetivamente abusado de sua posição dominante. Assim, um exame do Artigo 90 (2) somente poderia ter sido efetuado de maneira abstrata. O resultado de tal exame poderia ter sido inútil. Conseqüentemente, a delegação ao tribunal nacional parece ter sido, em tese, a solução mais sensata e apropriada.

Em segundo lugar, a delegação ao tribunal nacional parece ser - nas palavras de *Trepte*[152] - uma confirmação "explícita" do enfoque adotado pelo Tribunal no Caso *Ahmed Saeed.*[153]

Independentemente da conveniência da decisão proferida no Caso *ERT*, o Tribunal não deu uma orientação clara, inequívoca e definitiva sobre se cabe ao tribunal nacional proceder à necessária instrução processual,[154] ou se tal tarefa é do próprio Tribunal.[155]

Voltando à compatibilidade de medidas do Estado com o Artigo 90 (1), o Tribunal reiterou sua decisão no Caso *Höfner* de que, a menos que a

---

[151] Ver Marc van der Woude, "Article 90 ...", *op. cit*, p. 72. Ver Caso C-179/90, *Merci Convenzionali Porto di Genova SpA v Siderúrgica Gabrielli SpA*, [1991] ECR I-5889.

[152] Ver Trepte, "Article 90 ...", *op. cit.*, p. 118.

[153] Caso 66/86, *Ahmed Saeed*, [1989] *ECR* 803.

[154] *Ibid.*, p. 853, parágrafo 57.

[155] Para uma opinião divergente ver Slot, "Note on Cases C-202/88, Case 41/90 ...", *op. cit.*, p. 984, onde ele diz: "*The ERT judgment provides an important specification of the procedural requirements of Article 90 (2). In its Saeed judgement, the Court of Justice seemed to suggest that the national court may establish whether the performance of the particular tasks of undertakings entrusted with the operation of services of general economic interest is obstructed by complying with the competition rules. Paragraphs 34 of this (ERT) judgement states this in unequivocal terms, thereby expelling any doubts which may have been created in the Saeed Case.*"

aplicação do Artigo 86 seja impedida pelo Artigo 90 (2), a outorga de um direito exclusivo de transmitir e de um direito exclusivo de retransmissão de sinais de televisão por uma única empresa contraria o Artigo 90 (1), *"where those rights are liable to create a situation in which that undertaking is induced to infringe Article 86 by virtue of a discriminatory broadcasting policy which favours its own programmes..."*.

4.5.4.3.3. Merci v Siderúrgica Gabrielli[156]. A questão prejudicial nesse Caso referiu-se também a uma empresa que havia recebido a concessão de direitos exclusivos na forma do Artigo 90 (1). Merci Convenzionali Porto di Genova SpA ("Merci") gozava de concessão exclusiva para operações de manuseio de carga e descarga no porto de Gênova, Itália. Gozava, mais precisamente, do direito exclusivo de administrar as operações de carga e contratou a Compagnia Unica Lavoratori Merci Varie Porto di Genova para realizar essas operações. De acordo com a legislação italiana pertinente, todas as atividades relativas a carga e descarga de navios tinham que ser realizadas por italianos.

Devido a uma greve na companhia Merci, a descarga de bens importados da Alemanha estava atrasada. Os direitos exclusivos impediam a tripulação alemã de fazer diretamente a descarga do navio. O proprietário da carga, Siderúrgica Gabrielli SpA, processou a companhia Merci por danos havidos em razão do atraso. As questões submetidas ao Tribunal pelo tribunal italiano diziam respeito a interpretações dos Artigos 7, 30, 85, 86 e 90 do Tratado. No entanto, as respostas do Tribunal basearam-se precipuamente na aplicação combinada dos Artigos 86 e 90.

Inicialmente, o Tribunal relembrou a proibição geral de discriminação com base em nacionalidade consubstanciada no Artigo 48. Em seguida, declarou que o Artigo 48 impedia um Estado-Membro de adotar disposições que reservassem a seus cidadãos o direito de trabalhar em uma determinada empresa daquele Estado-Membro.

Passou, então, o Tribunal, à análise do Artigo 86. Aplicou os princípios desenvolvidos nos Casos *Höfner* e *ERT*. Com base nos fatos descritos pelo tribunal nacional, concluiu que as empresas receptoras de direitos exclusivos eram levadas a exigir pagamentos por serviços não solicitados, a cobrar preços desproporcionais, a recusar o uso de tecnologia moderna, aumentando, assim, os custos e atrasos, e a discriminar contra clientes. Eram, assim, por outras palavras, levadas a abusar de sua posição dominante.

No que tange ao Artigo 30, simplesmente afirmou ser suficiente relembrar que o ato do governo nacional, que tinha tido o efeito de facilitar

[156] Caso C-179/90, *Merci Convenzionali Porto di Genova SpA v Siderúrgica Gabrielli SpA*, [1991] *ECR* I-5889.

o abuso de uma posição dominante capaz de afetar o comércio entre Estados-Membros, seria normalmente incompatível com aquele Artigo, na medida em que também tinha tido o efeito de dificultar - e, portanto, prejudicar - as importações de bens de outros Estados-Membros.

Para o Tribunal, o Artigo 90 (1) do Tratado, combinado com os Artigos 30, 48 e 86, derroga normas de um Estado-Membro que confere, a uma empresa estabelecida naquele Estado, o direito exclusivo de organizar trabalho portuário e exige, para tal fim, que se recorra a empresa portuária cujo pessoal seja composto exclusivamente de cidadãos nacionais.

Similarmente à posição adotada nos Casos *Höfner* e *ERT*, o Tribunal parece ter, também aqui, hesitado em aceitar as conseqüências do Caso *Telecom*, quando analisa direitos exclusivos sob as disposições atinentes à livre circulação. Preferiu fiar-se na aplicação combinada dos Artigos 86 e 90 a empregar os dispositivos do Artigo 30. Como observado por *Marc van der Woude*, ao fazê-lo, o Tribunal *"seems to prefer to control the exercise of monopolies rather than the admissibility of their existence"*.[157]

Por outras palavras, ao valer-se da aplicação combinada dos Artigos 86 e 90, o Tribunal não foi tão longe a ponto de adotar a visão de que a outorga de direitos exclusivos pode, por si mesma, constituir uma medida contrária às regras do Tratado, em especial aquelas normas estabelecidas no Artigo 86. Na reflexão de *Gyselen,*[158] nos Casos *Höfner, ERT* e *Merci*, a decisão do Tribunal sugere que *"a verificação de comportamento abusivo é condição* sine qua non *para ensejar a aplicação combinada dos Artigos 90(1) e 86"*.

Relativamente à derrogação das regras do Tratado estabelecidas no Artigo 90 (2), o Tribunal destacou, brevemente, que nem a documentação nem os comentários a ele submetidos indicavam ser as operações portuárias de interesse econômico geral. Ainda que esse fosse o caso, para o Tribunal, a aplicação das normas do Tratado concernentes à concorrência e livre circulação de bens não obstruiriam a realização daquelas operações.

Na verdade, o Tribunal acabou não fornecendo nenhum esclarecimento sobre a relação entre o Artigo 90 (2) e a possível justificativa de direitos exclusivos sob as disposições do Tratado.

---

[157] Ver Marc van de Woude, "Article 90 ..", *op. cit,*. p. 73.

[158] Ver Luc Gyselen, "Note on Cases C-179/90 and C/18-88", [1992] 29 *CML Rev.* 1229, p.1230. Pode-se dizer, no entanto, que os casos *Höfner, ERT e Merci*, e - como se verá mais adiante - também o Caso *RTT* (Caso C-18/88, *Régie de Télégraphes et des Téléphones v SA "GB-Inno-BM"*, [1991] *ECR* I -5941, demonstraram que, em alguns aspectos, a outorga de direitos exclusivos se torna quase impossível sob o Artigo 86 *"juncto"* Artigo 90, se o exercício de tais direitos levar, necessariamente, ao abuso pela empresa em questão *"or if a situation is created in which this company could not place itself autonomously without infringing Article 86"* Ver Marc van der Woude, "Article 90...", *op. cit.*, p 73.

Foi no Caso *RTT*[159] que o Tribunal, finalmente, abandonou suas hesitações e alinhou, de modo menos relutante, seu raciocínio com aquele formulado anteriormente no julgamento do Caso *Telecom.*[160] Com efeito, como será visto mais adiante, o Tribunal apoiou-se na denominada "teoria do abuso automático".

Como precedentemente mencionado, de acordo com essa teoria, a outorga de um direito exclusivo somente é autorizada se o Estado-Membro assegurar que seu exercício não resultará em abuso no sentido do Artigo 86. Conforme enfatizado por *van der Woude,*[161] o monopólio deverá ser *"tão eficiente quanto uma empresa que opera sob condições normais de concorrência. Se não o for, perde seus direitos exclusivos"*. Esse enfoque permitiria, assim, aos Estados-Membros, intervir no mercado *"mas não no funcionamento do mecanismo do mercado, exceto quando justificado sob o Artigo 90 (2)"*.

4.5.4.4. Caso RTT v GB- Inno-BM: a corroboração do enfoque dado ao Caso Telecom

Nesse Caso, Régie des Télégraphes et des Téléphones ("RTT"), empresa pública belga, detinha direitos exclusivos de operação das redes públicas de telefone e para a homologação do equipamento a ser conectado à rede não fornecido diretamente por ela.

As questões sobre a interpretação dos Artigos 30 e 86 submetidas pela Corte belga ao Tribunal surgiram no contexto de um litígio entre RTT e GB-Inno-BM. Essa última empresa tinha vendido equipamento telefônico em suas lojas, o qual não tinha sido homologado pela RTT. Tal equipamento que, conforme a GB-Inno-BM, poderia funcionar como um segundo aparelho conectado à instalação já existente, estava sendo vendido a preços significativamente mais baixos que os aparelhos daquele tipo oferecidos normalmente por RTT.

O Tribunal declarou inicialmente que aquele monopólio, que pretendia colocar a rede pública de telefones à disposição do consumidor, constituía um serviço de interesse público geral, no sentido do Artigo 90 (2).

A extensão daquele monopólio, sem nenhuma necessidade objetiva, a um mercado adjacente mas distinto (o mercado de terminais de equipamentos), eliminando, assim, a concorrência de outras empresas era, na opinião do Tribunal, contrária às disposições do Artigo 86. Conseqüentemente, se essa ampliação da posição dominante da empresa pública ou da empresa à

---

[159] Caso C-18/88, *Régie de Télégraphes et des Téléphones v SA "GB-Inno-BM"*, [1991] *ECR* I-5941.

[160] Como observado por Gyselen, o Tribunal chegou à mesma conclusão que aquela do Caso *Telecom,* sem valer-se de uma *"'salami' analysis of the three sets of exclusive rights separately"*. Gyselen, "Note on Cases C-179/90...", *op. cit,*. p. 1234.

[161] Ver Marc van de Woude, "Article 90 ...", *op. cit,*. pp. 74/75.

qual o Estado havia concedido direitos especiais ou exclusivos era uma medida de Estado, tal medida violava o Artigo 90 combinado com o Artigo 86 do Tratado.

O Tribunal afirmou que:

> *"Articles 3(f), 90 and 86 of the EEC Treaty preclude a Member State from empowering the operator of its public telecommunications network to lay down specification for telephone sets and to monitor traders' compliance therewith when that operator competes with those traders on the market for such sets."*

Ponderou ainda que a extensão ou restrição da concorrência no mercado de equipamentos telefônicos não podia ser justificada pela função de fornecer um serviço público de interesse econômico geral (Artigo 90 (2)).

Quanto ao Artigo 30, o Tribunal observou que a exigência de homologação prévia para que o equipamento telefônico pudesse ser conectado à rede tornava a comercialização de tal equipamento mais difícil e onerosa. Uma exceção ao princípio da livre circulação de bens com base em tal exigência somente seria justificável se a legislação nacional fosse proporcional ao objetivo pretendido. Declarou que: *"Article 30 of the Treaty precludes a public undertaking from being empowered to approve telephone sets intended to be connected to the public network but not supplied by that underking if its decisions are not subject to judicial review"*.

Infere-se dessa decisão do Tribunal que a outorga de direitos exclusivos pode, *"in itself"* - nas palavras de *Gyselen,*[162] constituir uma medida violadora das disposições do Artigo 86.

Da mesma forma, o Tribunal declarou o Artigo 30 aplicável, independentemente da prova de comportamento abusivo. Tinha adotado o mesmo entendimento no Caso *Telecom*, com a diferença de que, no Caso *RTT* colocou muito mais ênfase nos aspectos relativos às regras de concorrência (em especial nas do Artigo 86).

Tudo indica que o Tribunal não teve dificuldades em rejeitar a aplicabilidade do Artigo 90 (2), no que se refere às medidas de Estado concedentes dos direitos exclusivos em exame.

É preciso notar, no entanto, que o Tribunal salientou também, nesse aspecto, que a proteção de necessidades essenciais, tais como segurança dos usuários e operadores e a confiabilidade da própria rede, poderia ser garantida por meio de alternativas menos restritivas. Essas necessidades sugeridas como possíveis justificativas sob o Artigo 90 (2) eram exatamente as mesmas mencionadas no Caso *Telecom* como justificativas sob o Artigo 30. Daí poder-se dizer que o Artigo 90 (2) absorve todos os interesses de

---

[162] Gyselen, "Note on Cases C-179/90...", *op. cit.*, p. 1230.

natureza não-econômica que, de acordo com *Sacchi,*[163] justificam a existência de monopólios sob as regras de livre circulação.[164] Desse modo, direitos exclusivos somente são permitidos na medida em que estejam contemplados pelo Artigo 90 (2). Se não estiverem *"ou violam os Artigos 86 e 90(1,) com base na teoria do abuso automático, ou em razão das disposições sobre livre circulação contidas no Tratado".*[165]

4.5.5. A clara opção liberal da Comunidade

Na jurisprudência recente sobre o Artigo 90 (em combinação com os Artigos 30 (f) (atual 3 (g)), 5 (2), 30, 59, 85 e 86), o Tribunal não seguiu a clássica distinção entre a existência e o exercício de direitos exclusivos. Apoiou o entendimento de que tanto as Cortes Nacionais quanto a Comissão têm o direito de avaliar a admissibilidade de tais direitos.

Assim procedendo, como observado por *Weatherill e Beaumont,* todas essas decisões recentes *"are capable of fatally undermining state preservation of exclusivity in many sectors, if necessary at the behest of private operators, who may rely on the direct effect of these provisions in order to gain access to hitherto uncontested protected markets".*[166]

Tendo em vista o fato de que essas disposições do Tratado envolvem legislação constitucional da Comunidade, parece claro que *"a Comunidade possui a constituição mais fortemente orientada para o livre mercado do mundo".*[167]

Somente no âmbito dessa estrutura constitucional orientada para o livre mercado é que o equilíbrio institucional proporcionado pelo Tribunal entre os poderes dos Estados-Membros e os objetivos de um sistema de livre concorrência poderá ser permanentemente assegurado.

---

[163] Caso 155/73, *Sacchi,* [1974] *ECR* 409.

[164] Ver Marc van der Woude, "Article 90...", *op. cit,.* p. 77.

[165] *Ibid.,* p 77.

[166] Ver Weatherill e Beaumont, *op. cit,* 757.

[167] Ver Ehlermann, "The Contribution ...", *op. cit.,* p 273.

5. Controle dos subsídios

5.1. POSIÇÃO GERAL DOS SUBSÍDIOS NA COMUNIDADE

5.1.1. O "approach" político: o equilíbrio entre a Comunidade e os interesses dos Estados-Membros

Assim como o artigo 90, os artigos 92-94 aplicam-se aos Estados e às autoridades públicas, cuja motivação é, em princípio, o bem-estar político, social e econômico do cidadão.[1]

Se, de um lado, tanto as disposições dos artigos 85 e 86 e as dos artigos 90/92-94 são matérias de interpretação jurídica, de outro, a interpretação destes últimos artigos requer, também, em certa medida, um enfoque político.

Essa diferença pode ser percebida no texto dos artigos: enquanto, por exemplo, o abuso de uma posição dominante (artigo 86) é "proibido", além de ser "incompatível com o mercado comum", os subsídios são, em princípio, somente "incompatíveis".

A aplicação das regras de subsídios, por restringirem consideravelmente o espaço de manobra dos Estados-Membros em termos de política econômica, envolve um equilíbrio entre os interesses nacionais e comunitários ao promover na Comunidade *"o desenvolvimento harmonioso e equilibrado das atividades econômicas"*.[2]

5.1.2. Os princípios do GATT/OMC sobre subsídios e a Comunidade

Ao desviar as mercadorias exportadas de seus preços e custos reais e impedi-las de somente refletir as chamadas vantagens comparativas de um país, os subsídios podem resultar em considerável distorção ou falseamento do comércio internacional como um todo. É por essa razão que, na condição

[1] Reconhecidamente, porém, os governantes nem sempre tomam decisões relativas a subsídios no interesse público. Eles estão sob permanente pressão por parte de seu eleitorado, ao qual têm de agradar para se manterem no poder.

[2] Artigo 2 do Tratado, com a redação que lhe foi dada pelo artigo G.2 do Tratado da União Européia.

de principal acordo comercial do pós-guerra destinado a estabelecer o livre comércio internacional desbloqueado de barreiras tarifárias e não-tarifárias, o GATT, e seu sucessor, a OMC, possuem regras concernentes aos subsídios.

Como já esclarecido anteriormente, esta tese versa apenas sobre a aplicação dos subsídios no âmbito da Comunidade, não discutindo seus efeitos fora de seus limites. No entanto, é preciso registrar que o GATT se constituiu na principal fonte da legislação da Comunidade. Atualmente, na relação com seus parceiros externos, está a Comunidade subordinada às regras de concorrência da OMC. Como assevera *Luiz Olavo Baptista*, o sistema da OMC, sucessor do GATT, *"constitui-se sob a bandeira da liberdade de comércio e da livre concorrência, limitando assim todas as medidas que possam de alguma maneira modificar as condições necessárias para alcançar esses objetivos"*. Dessa forma, prossegue o autor, *"tanto medidas anticompetitivas de origem privada (apoiadas ou não pelos estados) como o 'dumping', ou medidas estatais que alteram as condições normais de comércio, como os subsídios, foram proibidos total ou parcialmente. Essa tendência acentuou-se desde as origens do GATT até os acordos da OMC"*.[3]

5.1.3. O mercado único e o critério de compatibilidade

Como precedentemente mencionado, a criação de um verdadeiro mercado único e de um sistema de livre concorrência requer que os Estados-Membros se abstenham de conceder às empresas subsídios que falseiem, ou ameacem falsear, a concorrência e o comércio.

Em diversas ocasiões, a Comissão reafirmou a importância do controle dos subsídios. Em seu 12º Relatório sobre Concorrência, de 1982, declarou que os subsídios podem ser usados como uma forma de protecionismo que visa a beneficiar produtores nacionais, proporcionando-lhes vantagens competitivas e evitando as necessárias adaptações estruturais. Ou seja, têm o efeito de transferir dificuldades a concorrentes de outros Estados.

Em face da importância do comércio de produtos industriais na Comunidade, prossegue o Relatório, *"such aids, however beneficial they may appear from a short-term national point of view, could endanger and threaten the unity of the common market, the very existence and development of which provides the best opportunities of overcoming the recession"*. Nesse contexto, o controle exercido pela Comissão, em conformidade com os poderes que lhe foram outorgados pelo artigo 92 *et seq* do Tratado, sobre a concessão de subsídios estatais *"are of increasing importance in the*

[3] Cf. Luiz Olavo Baptista, "OMC: Canadá v. Brasil", relatório analítico, preparado em 1997, acerca das alegações do Canadá de que o Brasil, através do PROEX, estaria concedendo subsídios proibidos aos compradores internacionais de aeronaves da EMBRAER.

development of the Community and in particular the maintenance of the unity of the common market".[4]

Da mesma forma, em seu 16º Relatório sobre Concorrência, de 1986, asseverou a Comissão que o controle dos subsídios possui crucial importância no contexto de abertura do mercado. Os Estados-Membros podem usar os subsídios como meio de conferir às indústrias nacionais vantagens sobre outras indústrias de outros Estados-Membros da Comunidade. Fundos públicos podem também ser utilizados para alavancar negócios e indústrias pouco competitivos. Isto, segundo referido Relatório, apenas torna mais difícil a tarefa de se encontrar uma solução definitiva, além de causar problemas para as empresas mais competitivas que estão realmente criando empregos. Portanto, é *"essential to ensure that government funds are not used to confer a competitive advantage on some firms at the expense of others".*[5]

Mais recentemente, enfatizou a Comissão que a conformação do mercado único e o projeto de união econômica e financeira requerem uma efetiva política de concorrência. *"This is particularly necessary in the field of state aids since these can be used to replace barriers to trade that have been dismantled in the integration process...".*[6]

Na forma do artigo 92 (1), portanto, são incompatíveis com o mercado comum, *"na medida em que afetem as trocas comerciais entre os Estados-Membros, os subsídios concedidos pelos Estados ou provenientes de recursos estatais, independentemente da forma que assumam, que falseiem ou ameacem falsear a concorrência, favorecendo certas empresas ou certas produções".*

Nessa conformidade, o Tratado proíbe, em princípio, qualquer forma de intervenção estatal que possa falsear a concorrência ou restringir o comércio entre os Estados-Membros.

Todavia, uma proibição absoluta dos subsídios seria "inconcebível", para usar as palavras de *Pappalardo.*[7] Afinal, os subsídios são largamente aceitos, com maior ou menor intensidade, em todos os Estados-Membros, nos quais os setores públicos e privados freqüentemente buscam de maneira conjunta determinados objetivos econômicos.

A Comissão, ao agir de um modo que se poderia chamar de realista, deve aceitar o fato de que, com muita constância, ocorrerão falhas e imperfeições no mercado que provocarão a necessidade de se conferir algum tipo

---

[4] Cf. *The Twelfth Competition Report (1982)*, ponto 158.

[5] Cf. *The Sixteenth Competition Report (1986)*, pontos 13/14.

[6] Cf. Ver *Third Survey on State Aids in the European Community in the Manufacturing and certain other sectors (1992)*, p. 1.

[7] Ver a respeito, Aurélio Pappalardo, "Government Equity Participation under the EEC rules on State Aids: recent developments", [1988] 11 *FILJ* 311, p. 314.

de assistência a determinadas empresas, a fim de que elas possam se expandir rapidamente e atender a novas demandas criadas, por exemplo, pelos inevitáveis avanços na área tecnológica. Além disso, segundo pondera *Goyder*, tais empresas podem, com não menos freqüência, deparar com uma situação em que o auxílio do Estado se faz necessário em face de uma aguda queda de demanda ou recessão.[8]

Assim, várias exceções são expressamente admitidas pelo artigo 92 (3), cuja aplicação realista ou pragmática tem propiciado à Comissão a possibilidade de desenvolver gradualmente um conjunto de regras, especialmente no que respeita aos subsídios regionais ou setoriais. Na forma deste artigo, as seguintes medidas podem ser consideradas como compatíveis com o mercado comum:

a) Os subsídios destinados a promover o desenvolvimento econômico de regiões em que o nível de vida seja anormalmente baixo ou em que exista grave situação de subemprego;

b) Os subsídios destinados a fomentar a realização de um projeto importante de interesse europeu comum, ou a sanar uma perturbação grave da economia de um Estado-Membro;

c) Os subsídios destinados a facilitar o desenvolvimento de certas atividades ou regiões econômicas, quando não alterem as condições das trocas comerciais de maneira que contrariem o interesse comum...;

d) Os subsídios destinados a promover a cultura e a conservação do patrimônio, quando não alterem as condições das trocas comerciais e da concorrência na Comunidade num sentido contrário ao interesse comum;[9]

e) As outras categorias de subsídios determinadas por decisão do Conselho, deliberando por maioria qualificada, sob proposta da Comissão.

Pode-se afirmar que estas regras têm capacitado a Comissão a conciliar, de um lado, a busca, ao nível nacional, de importantes objetivos sociais e econômicos, com, de outro, a manutenção, em nível comunitário, do grau de concorrência necessário a assegurar que a conformação do mercado unificado não seja impedida ou prejudicada.[10]

Além dos subsídios que podem ser considerados compatíveis com o mercado comum, existem aqueles que, nos termos do artigo 92 (2), são

---

[8] Ver Goyder, *EEC Competition Law*, 1ª ed., Oxford, Clarendon Press, 1988,p. 376. O autor observa ainda que a Comissão deve compreender que, algumas vezes, "*a sharply falling demand or national recession might bring about 'intolerable social tensions' to deal with which a Member State must be given some leeway from strict application of competition policies*".

[9] Alínea d) aditada pelo artigo G.18 do Tratado da União Européia.

[10] Cf. Pappalardo, "Government Equity...", *op.cit.*, p. 315.

automaticamente tidos como compatíveis, tais como os *"de natureza social"*, os *"destinados a remediar os danos causados por calamidades naturais ou por outros acontecimentos extraordinários"* e os *"atribuídos à economia de certas regiões da República Federal da Alemanha afetadas pela divisão da Alemanha, desde que sejam necessários para compensar as desvantagens econômicas causadas por esta divisão"*.

Por outro lado, quando os subsídios são conflitantes com os objetivos fundamentais da Comunidade, a Comissão, em inúmeras ocasiões, recusou-se a conceder uma isenção.

5.1.4. A tarefa de fiscalização e controle da Comissão

Como precedentemente mencionado, ao determinar a compatibilidade do subsídio com o mercado comum, a Comissão goza de considerável poder discricionário.

Na forma do artigo 93:

"1. A Comissão procederá, em cooperação com os Estados-Membros, ao exame permanente dos regimes de subsídios existentes nestes Estados. A Comissão proporá também aos Estados-Membros as medidas adequadas, que sejam exigidas pelo desenvolvimento progressivo ou pelo funcionamento do mercado comum.
2. Se a Comissão, depois de ter notificado os interessados para apresentarem as suas observações, verificar que um subsídio concedido por um Estado ou proveniente de recursos estatais não é compatível com o mercado comum nos termos do artigo 92, ou que esse subsídio está sendo aplicado de forma abusiva, decidirá que o Estado em causa deve suprimir ou modificar esse subsídio no prazo que ela fixar.
....
3. Para que possa apresentar as suas observações, deve a Comissão ser informada em tempo hábil dos projetos relativos à instituição ou alteração de quaisquer subsídios. Se a Comissão considerar que o determinado projeto de subvenção não é compatível com o mercado comum nos termos do artigo 92, deve sem demora dar início ao procedimento previsto no parágrafo 2. O Estado-Membro em causa não pode pôr em execução as medidas projetadas antes de tal procedimento haver sido objeto de uma decisão final".[11]

---

[11] Conforme já observado, o presente estudo lida apenas com o direito substantivo pertinente aos subsídios, ficando de fora abordagem de seus aspectos processuais consubstanciados nos artigos 93 e 94.

Esse poder discricionário da Comissão está sujeito à reserva de poderes do Conselho e do Parlamento[12] e, obviamente, ao controle jurisdicional do Tribunal. Com o Tratado da União Européia, procurou-se restringir um pouco esses amplos poderes da Comissão ao se estabelecer a necessidade de consulta ao Parlamento. Na prática, no entanto, a Comissão não tem ficado na dependência da notória relutância, ou talvez, inabilidade do Conselho, em tomar decisões relativas às propostas que lhe são por ela submetidas.

Trata-se de questão antiga, pois, como observado por *Flynn* há mais de uma década, pouca ajuda pode ser esperada do Conselho na área de subsídios. Segundo o autor, *"a combination of caution and jealousy"* paralisa o Conselho. Coletivamente, diz ele, *"the Member States are unwilling to foreclose on their own freedom of movement in the future"*. Individualmente, tais Estados se queixam amargamente perante a Comissão de esquemas de subsídios de outros Estados-Membros, independentemente de tais esquemas terem sido notificados ou autorizados.[13]

Contudo, severas críticas sobre os poderes da Comissão têm sido feitas ao longo dos últimos anos. Muitos afirmam que, ao exercer as funções de investigação, acusação, julgamento e execução, a Comissão *"risks conflicts of interest by combining too many incompatible roles"*.[14]

Uma recente decisão do Tribunal, é bem verdade, amparou a idéia de descentralização da aplicação das regras de concorrência da Comunidade relativamente aos subsídios. Ao reconhecer o "efeito direto" da última parte do artigo 93 (3), o Tribunal discorre sobre os poderes e obrigações dos tribunais nacionais na aplicação dos artigos 92 e 93 do Tratado.[15]

A Comissão não ficou indiferente a essas ponderações do Tribunal. Tanto é verdade que, algum tempo depois, em 1995, publicou uma Nota contendo algumas diretrizes sobre a forma de cooperação com os tribunais nacionais na área de subsídios. Afirma a Comissão em referida Nota que:

---

[12] Com a redação dada pelo artigo G 19 do Tratado da União Européia, prescreve o artigo 94 do Tratado: "*O Conselho, deliberando por maioria qualificada, sob proposta da Comissão, e após consulta do Parlamento Europeu, poderá adotar todos os regulamentos adequados à execução dos artigos 92 e 93 e fixar, designadamente, as condições de aplicação do parágrafo 3º do artigo 93 e as categorias de subsídios que ficam dispensadas deste procedimento*".

[13] Cf. James Flynn, "State Aid and Self-Help", *ELRev.*, nº 8, 1983, p. 312.

[14] Ver a respeito editorial do jornal *Financial Times* de 18 de junho de 1992, p. 20. Ver também Flynn, "How will Article 100A (4) work? A comparison with Article 93", *CMLRev.*, nº 24, p. 707, onde o autor comenta: "*Nowwhere else in the Treaty is the Commission given such power of prior scrutiny of national measures or its approval or confirmation of a national proposal made in a sine qua non of legality. In some cases, the Commission is required to act to an extent like an Upper House, Conseil d'État or constitutional court, refusing its visa to a bill or striking down a statute on the book*".

[15] Ver Caso C-354/90, *FNCEPA v. Comissão* referido no *XX1st Competition Report (1991)*, ponto 71.

"The proper application of competition policy in the internal market may require effective cooperation between the Commission and national courts. This notice explains how the Commission intends to assist national courts by instituting close cooperation in the application of Articles 92 and 93 in individual cases. Concern is frequently expressed that the Commission's final decisions in State aids cases are reached some time after the distortions of competition have damaged the interests of third parties. While the Commission is not always in a position to act promptly to safeguard the interests of third parties in State aid matters, national courts may be better placed to ensure that breaches of the last sentence of Article 93 (3) are dealt with and remedied."[16]

Ainda segundo a Comissão, a aplicação das regras de concorrência da Comunidade pelos tribunais nacionais teria consideráveis vantagens para os indivíduos e as empresas. Não pode a Comissão determinar a compensação de perdas e danos sofridos em decorrência da violação ao artigo 93 (3). Tais pedidos indenizatórios poderiam ser ajuizados somente perante os tribunais nacionais. Além disso, poderiam os tribunais nacionais conceder medidas liminares no sentido de impedir ou fazer cessar a infringência às disposições de referido artigo. Perante os tribunais nacionais, prossegue a Comissão, seria possível combinar um pedido formulado nos termos da legislação comunitária com um pedido submetido na forma da lei nacional, o que *"is not possible in a procedure before the Commission. In addition, courts may award costs to successful applicant. This is never possible in the administrative procedure before the Commission"*.[17]

Seja como for, uma solução para os excessivos poderes da Comissão deveria passar primeiramente pela atribuição da responsabilidade de investigação e adjudicação a um órgão independente. Em segundo lugar, tal órgão independente deveria publicar rotineiramente e de maneira circunstanciada suas opiniões. Isso contribuiria para injetar a tão necessária transparência em um sistema que, correntemente, *"imposes no onus on Brussels to justify competition decisions"*.[18] Com efeito, deveria a Comissão exercer suas funções de maneira crescentemente transparente. No que tange aos subsídios aprovados, pouca divulgação é normalmente feita para o público em geral. Contudo, como a experiência tem demonstrado, são justamente essas decisões que muitas vezes têm provocado o falseamento da concorrência. Além da virtual ausência de um mecanismo legal que possibilite a uma empresa opor objeções à decisão tomada pela Comissão autorizando a

16 Ver *OJ* [1995],"Notice on cooperation between national courts and the Commission in the State aid field" (C 312/8).

17 *Ibid.*

18 Editorial do *Financial Times* de 18 de junho de 1992, p. 20.

concessão de subsídios para um de seus concorrentes, as empresas têm dificuldade em identificar com clareza o tipo e a forma de tais subsídios.

Essas propostas poderiam levar a Comissão a tomar decisões mais justas e mais consistentes. Afinal, como lembram *Van Bael* e *Bellis*, a Comissão não é um tribunal, mas uma instituição política e, como tal, *"its decisions are not made on purely legal grounds but emerge in a political context"*.[19]

De qualquer forma, é preciso enfatizar que essa tarefa de controle e fiscalização exercida pela Comissão, em que pesem algumas críticas que a ela possam ser feitas, não deve, em nenhuma hipótese, ser conferida aos Estados-Membros. Por razões óbvias, os Estados-Membros têm uma inexorável tendência de fugir da aplicação das normas de concorrência. Como observado por *Gilchrist* e *Deacon*, *"left to themselves, there is always the risk that Member States will use aids to try to export some of their own problems"*. Os governos dos Estados-Membros, ao concederem subsídios, apenas levam em consideração única e exclusivamente seus próprios problemas. Assim, subsídios indevidamente concedidos em um Estado-Membro *"can lead to unemployment in another, prompting calls for countervailing aids"*.[20] Os governos dos Estados-Membros raramente sucumbem à tentação de prestar auxílio financeiro, direta ou indiretamente, para proteger indústrias domésticas da recessão. Apesar da tendência decrescente dessa prática, a disputa para atrair investimento estrangeiro, por meio da concessão de vantagens e benefícios fiscais, permanece atual.

Quando estava à frente da gestão da Comissão, *Leon Brittan* declarou que nenhum país *"can police itself and yet policing is clearly essential if a true common market is to exist"*. Segundo ele, o modo de aplicação do princípio da subsidiariedade não deve eximir a Comissão de sua responsabilidade.[21]

Consistentemente com a política delineada por *Leon Brittan*, a Comissão, lastreada no artigo 93 (1) e, tendo em vista a conformação do mercado único, que então se aproximava, deu início a uma sistemática revisão de todos os regimes de subsídios existentes nos Estados-Membros.[22] Segundo

---

[19] Van Baek e Bellis, *Competition Law..., op. cit.*, p. 19.

[20] Ver Joseph Gilchrist e David Deacon, "Curbing Subsidies", in *European Competition Policy*, org. por Peter Montagnon, Londres, The Royal Institute of International Affairs, 1990, p 34. Ver também Editorial da *ECLR*, nº1, 1984, que, de maneira sintomática, alertava: *"The ultimate futility of countries competing by leapfrogging each other with ever higher grants and aids is recognised by all, however the elimination of state aids depends on action in concert"*.

[21] Ver jornal *Financial Times*, de 26 de junho de 1992, p. 2.

[22] Essa revisão sistemática que antecedeu a formação do mercado único em 1992 foi, sem dúvida, o reconhecimento pela Comissão de que, em determinadas áreas ou setores, os Estados-Membros gastavam somas expressivas com subsídios, sem um controle eficaz da Comissão. Essas áreas ou setores, segundo estudos publicados à época (ver, por exemplo, *The First Survey on State Aids in the European Communities (1989)*),incluíam, entre outros: investimentos

a Comissão, o desenvolvimento do mercado comum rumo a uma maior integração requereria mudanças, ou mesmo a supressão, de alguns esquemas de subsídios, que haviam sido aprovados anos atrás sem qualquer referência a um plano setorial ou regional. Tais esquemas de subsídios poderiam *"run counter to the objectives of the Community's regional development policy and ultimately distort competition".*[23]

Esse processo de revisão de subsídios levado a efeito pela Comissão provocou, como era de se esperar, fortes reações negativas. Em um artigo publicado em 1992 no jornal *Financial Times*, o então presidente do Grupo PSA Peugeout Citroën, Mr. Jacques Calvet, em feroz crítica à Comissão, asseverou que a Comissão *"launched a witch-hunt against State subsidies, which seriously damaged/harmed several EC-owned companies, but did not touch the European subsidiaries of their US and Japanese competitors".*[24]

A Comissão, não obstante a virulência dos ataques sofridos, estava, de qualquer forma, ciente de que devia ficar alerta aos potenciais efeitos distorsivos sobre o mercado único que subsídios a ela não notificados e, portanto, não autorizados, poderiam gerar.

Como será visto mais adiante, a Comissão, sem embargo, examinou casos de significativa relevância. No entanto, muitos deles somente chegaram a seu conhecimento por meio da imprensa.[25] Deparou a Comissão, notadamente no período pré-mercado único, com grandes dificuldades para pôr em prática seu projeto de impedir efetivamente a distorção do comércio e da concorrência.

5.2. SUBSÍDIOS INCOMPATÍVEIS COM O MERCADO COMUM

Note-se inicialmente que, na forma do artigo 92 (1), a incompatibilidade dos subsídios com o mercado comum depende de uma série de condições definidas de forma extremamente ampla e vaga.[26]

---

gerais, seguros de crédito à exportação, ajudas a empresas em dificuldades financeiras, injeções de capital e outros fluxos para empresas do setor público. Somente em 1991, foram registrados 145 casos de concessão de subsídios não notificados à Comissão, conforme determina o artigo 93(3). Ver a respeito o *XXI Competition Report (1991)*, ponto 76.

[23] Cf. *XXVthe General Report on the activities of the European Communities (1991)*, ponto 250. Ver também o *XXIV General Report on the activities of the European Communities (1990)*, ponto 202.

[24] *Financial Times*, 30 de abril de 1992, p. 21.

[25] Por exemplo, a compra, em 1988, da Alfa Romeo pela Fiat.

[26] À diferença dos artigos 85 e 86, os quais, como discutido, contêm expressamente proibições automáticas. Além disso, o tratamento conferido no Tratado aos subsídios é substancialmente diferente daquele contemplado no Tratado de Paris. Com efeito, nos termos do Tratado de Paris, os subsídios são inteiramente proibidos pelo artigo 4 (c), apesar de o artigo 67(2) prever algumas restritas exceções em determinadas circunstâncias. No que respeita à interpretação do artigo 92 (1), ver o Caso 78/76, *Steinike & Weinlig v. Alemanha*, na *ECR* nº 595, p. 609, no

São as seguintes essas condições:

1) a medida deve configurar um subsídio concedido por um Estado-Membro ou proveniente de recursos estatais, independentemente da forma que assumam;

2) deve tal medida falsear ou ameaçar falsear a concorrência; e

3) deve afetar o comércio entre os Estados-Membros.

Como salientado por *Quigley*, é a primeira dessas condições que determina se uma dada medida configura subsídio, enquanto as outras descrevem características adicionais[27] do tipo de subsídio que é incompatível com o mercado comum.

5.2.1. A ampla definição de subsídio

O artigo 92 (1) não contém uma definição precisa de subsídio. Como assinalado pelo Advogado-Geral *Lenz*, uma definição de subsídio não seria factível nem útil, *"since concrete definitions would be liable to restrict the scope of the term"*.[28] A Comissão tem adotado uma visão abrangente do assunto examinando o mérito de cada caso. O Tribunal tem preferido perquirir os efeitos de uma determinada medida. O assunto veio à tona em um dos primeiros casos em que o Tribunal teve de apreciar o artigo 92 (1), a saber *Itália v Comissão.*[29]

Determinada lei italiana havia outorgado a empresas têxteis, por um período de três anos, uma redução de 5% na taxa de contribuição de abono-família. No entender da Comissão, tal medida constituía um subsídio setorial, que deveria ser revisto. Como era de se esperar, a pertinente decisão do Tribunal foi questionada pelo governo italiano, o qual argumentou que a medida em questão não podia configurar subsídio, uma vez que possuía caráter de redução de carga tributária e era aplicada como instrumento de política social.

O Tribunal, porém, concordou com o ponto de vista da Comissão. Segundo o Tribunal, ao decidir se um benefício havia sido outorgado nos termos do artigo 92, o ponto de partida deveria ser a posição competitiva

qual o Tribunal declarou que a proibição contida no artigo 92 (1) não é nem absoluta nem incondicional. Ver também o *Tenth (1980) and Eleventh Report on Competition Policy (1981)*.No primeiro, a Comissão assumiu uma posição mais conservadora e restritiva ao afirmar que a "*Commission's general approach to the problem of State Aids is governed by the basic principle stated in the Treaty, that State Aids are incompatible with the common market*" (ponto 160). No segundo relatório, revela a Comissão uma visão um pouco mais abrangente quando diz que "*aids in as far as they distort competition and affect trade between Member States are incompatible with the commom market*" (ponto 177).

[27] Cf. Conor Quigley, "The Notion of State Aid in the EEC", *ELRev.*, nº 13, 1988, p. 243.

[28] Ver parecer do Advogado-Geral Lenz no Caso 40/85, *Bélgica v Comissão*, [1986] *ECR* 2321, p.2327.

[29] Caso 173/73, *Itália v Comissão*, [1974] *ECR* 709, p. 723.

existente no âmbito do mercado comum antes da adoção da medida em questão. A modificação unilateral de um fator de custo de produção de um determinado setor da economia de um Estado-Membro pode ter o efeito de afetar o equilíbrio existente.[30] Nessa conformidade, o Tribunal sustentou que, se a posição competitiva preexistente for modificada, resultando na redução dos custos de produção, a medida do Estado configurará um subsídio.

Além do caso referido acima, há outros exemplos por meio dos quais se pode verificar que o conceito de subsídio contido no artigo 92 é extremamente amplo. Assim como naquele caso, esses outros exemplos tornaram claro que o subsídio constitui não somente medidas diretas de ajuda às empresas, como também medidas por meio das quais o Estado mitiga custos que seriam normalmente de tais empresas.[31]

No Caso *Comissão v França,*[32] a taxa de redesconto preferencial para créditos de exportação concedida pelo Banque de France foi considerada enquadrável no artigo 92 (1). Um outro exemplo é dado pelo Caso *Comissão v Alemanha,*[33] no qual foi conferida a empresas alemãs que realizaram determinados tipos de investimento uma dedução fiscal equivalente a 10% do valor investido.

No final dos anos setenta, o Tribunal teve nova oportunidade de fornecer uma definição geral e ampla de subsídio. No Caso *Denkavit,*[34] o Tribunal manifestou-se no sentido de que subsídio deve ser entendido em face de sua função *"as an instrument of national economic and social policy involving the provision of some kind of tangible benefit for specific undertakings or individuals"*. Afirmou o Tribunal que o artigo 92 (1)

> *"refers to the decisions of Member States by which the latter, in pursuit of their own economic and social objectives give, by unilateral and autonomous decisions, undertakings or other persons resources or*

[30] Essa linha de raciocínio do Tribunal é transparente na seguinte declaração: "*The aim of Article 92 is to prevent trade between Member States from being affected by benefits granted by public authorities which, in various forms, distort or threaten to distort competition by favouring certain undertakings or the production of certain goods. Accordingly, Article 92 does not distinguish between the measure of State intervention concerned by reference to their causes or aims but defines them in relation to their effects*" (grifamos), *ibid*, p. 718.

[31] Ver a respeito, Despina Schina, *State Aids ..., op. cit.*, p.14. Ver também Ivo van Bael e Jean François Bellis, *Competition Law..., op.cit.*, p. 94.

[32] Casos 6 e 11/69, *Comissão v França*, [1969] *ECR* 523.

[33] Caso 70/72, *Comissão v. Alemanha*, [1973] *ECR* 813.

[34] Caso 61/79, *Amministrazione delle Finanze dello Stato v. Denkavit Italiana SRL*, [1980] *ECR* 1205, p. 1228, parágrafo 31. Ver também Derrick Wyatt e Alan Dashwood, *European Community Law*, Londres, Sweet & Maxwell, 1993, p. 521.

procure for them advantages intended to encourage the attainment of the economic or social objectives sought."[35]

Pode-se depreender ainda da decisão do Tribunal nesse caso que uma vantagem ou benefício outorgado a uma empresa sem que ocorra qualquer tipo de retribuição por parte desta última configura inequivocamente um subsídio.

Posteriormente, em *Deufil,*[36] o Tribunal reiterou seu entendimento no sentido de que os subsídios são definidos em face de seus efeitos. Assim, os objetivos gerais de regras nacionais que embasam os subsídios não são suficientes para retirá-los do âmbito de aplicação do artigo 92. Como assinalado por Ross, essa confirmação da "teoria dos efeitos" adotada na interpretação dos subsídios remete ao tipo de controvérsia que marcou o desenvolvimento do artigo 85 alguns anos atrás, como visto em capítulo precedente.[37]

5.2.2. Uma vantagem: gratuita ou não

Como precedentemente mencionado, os subsídios compõem-se dos seguintes principais elementos: (1) uma *vantagem*; (2) outorgada por um *Estado-Membro* ou *por meio de* recursos estatais; (3) que favorecem *algumas* empresas ou a produção de *alguns* bens; (4) distorcendo ou falseando a concorrência e (5) afetando o comércio *entre os Estados-Membros.*[38]

No que tange ao primeiro dos elementos, apesar de, no Caso *Denkavit*, o Advogado-Geral *Reischl* ter afirmado ser essencial ao conceito de subsídio que a concessão fosse feita sem nenhuma expectativa ou exigência de contraprestação por parte do beneficiário, o Tribunal parece nem sempre ter concordado com tal linha de raciocínio.

No Caso *Steinike und Weinlig v Alemanha,*[39] o Tribunal sustentou que uma vantagem outorgada pode constituir um subsídio mesmo quando o recipiente tiver dado alguma ou uma substancial forma de contribuição. Por outras palavras, uma medida pode configurar subsídio apesar de a empresa ter contribuído total ou parcialmente com seu financiamento por força de

---

[35] Tudo indica que essa definição não foi adotada pelo Advogado-Geral Slynn. Com efeito, nos Casos 296 e 318/82, *Holanda e Leewarder Papierenfabrik v Comissão,* [1985] *ECR* 809, p. 811, ele observou que, no que respeita à participação do Estado em uma empresa por meio de aquisição de ações, a questão é saber se ela é meramente um veículo para fornecer apoio financeiro a tal empresa. Para Lasok, esse entendimento sugere que não é necessário constatar que determinada vantagem tem um objetivo econômico e social específico para caracterizá-la como subsídio. *"All that is necessary is to establish that the advantage is not granted on a normal commercial basis"*. Paul Lasok, "State Aids and Remedies under EEC Treaty", [1986] *ECLR* 53, p. 55.

[36] Caso 310/85, *Deufil v Comissão,* [1987] *ECR* 901, [1988] 1 *CMLR* 553.

[37] Cf. Malcolm Ross, "A Review of Developments in State Aids 1987-88", [1989} 26 *CMLRev.* 167, p. 168.

[38] Ver também a respeito Christopher Bellamy e Graham D. Child, *Common Market Law of Competition, op.cit.,* p. 614.

[39] Caso 78/76, *Steinike und Weinlig v Alemanha,* [1977] *ECR* 595, p. 611.

um tributo. Segundo o Tribunal, uma medida adotada pela autoridade pública favorecendo algumas empresas ou produtos não perde seu caráter de vantagem gratuita pelo fato de ser total ou parcialmente financiada por contribuições impostas pela autoridade pública e cobrada das empresas envolvidas.

Esse ponto de vista foi, de certa forma, repetido no Caso *França v. Comissão,*[40] no qual o Tribunal ponderou que a proibição contida no artigo 92 alcança todo auxílio concedido por um Estado-Membro ou através de recursos estatais. Não há, pois, necessidade de se traçar qualquer distinção entre o subsídio concedido diretamente pelo Estado ou por uma entidade pública ou privada por ele estabelecida ou indicada para geri-lo ou administrá-lo.

Além disso, uma medida pode configurar subsídio quando o Estado, em contrapartida, exige determinada contribuição por parte da empresa beneficiária. Um exemplo ilustrativo disso está contido no Caso *Intermills v Comissão,*[41] em que o governo belga concordou em intervir em favor da Intermills, uma empresa belga de manufatura de papel, desde que esta última pusesse em prática um profundo projeto de reestruturação.

Note-se, portanto, que qualquer forma de assistência concedida por um Estado-Membro ou por meio de recursos estatais, com vistas a alcançar determinado objetivo, configura subsídio mesmo sem ser gratuita. Mais importante, porém, conforme assinalado pelo Advogado-Geral *Slynn*, é que *"at the very least, assistance constitutes an aid if recipient obtains a benefit which he would not have received in the normal course"*.[42] Em vez de definir ou precisar o significado da expressão *"in the normal course"*, o Advogado-Geral limitou-se a dizer que um empréstimo com uma taxa de juros abaixo das taxas comerciais normais seria um óbvio exemplo disso.

Fica a questão sobre se referida expressão poderia ter sido definida. O Tribunal, em sua análise, parece ter como ponto de partida as apropriadas condições do mercado. Isso implica a necessidade de um exame do modo pelo qual o mercado operaria sem a intervenção do Estado, o que não é tarefa fácil.

5.2.3. A participação acionária do Estado como forma de subsídio e o princípio do investidor de economia de mercado

Apesar de ser uma prática cada vez menos freqüente, existe o reconhecimento de que os Estados-Membros têm o direito de adquirir participação

[40] Caso 290/83, *França v. Comissão,* [1985] *ECR* 439, p. 449, parágrafo 14.

[41] Caso 323/82, *Intermills v. Comissão,* [1984] *ECR* 3809.

[42] Opinião manifestada no Caso 84/82, *Alemanha v Comissão,* [1984] *ECR* 1451, p. 1501.

acionária nas empresas. Como mencionado no capítulo anterior, tal direito está assegurado pelo artigo 222 do Tratado.

Como no passado recente essa prática era comum, a Comissão sempre pautou sua conduta pelo princípio da imparcialidade no que respeita ao sistema de titularidade de ações e pela igualdade entre empresas públicas e privadas. Dessa forma, a postura da Comissão não deve ser no sentido de penalizar nem favorecer autoridades públicas que injetem capital nas empresas. Tampouco deve a Comissão expressar qualquer opinião quanto à escolha que as empresas fazem entre métodos de financiamento via empréstimos ou capital (aumentos de capital), ou quanto à origem dos recursos, isto é, se se trata de recursos públicos ou privados.[43]

Com isso, pode-se afirmar que a aquisição de ações por parte do Estado não necessariamente constitui subsídio. É sempre importante ter presente a distinção feita entre decisões tomadas pelas autoridades públicas na qualidade de agentes privados e medidas estatais tendo objetivos políticos, como, por exemplo, aquelas destinadas a estabilizar o mercado de trabalho, muito embora, é forçoso reconhecer, tal distinção não seja legalmente relevante nos termos do Tratado.

Todavia, quando a duração e os termos da aquisição indicarem claramente que o objetivo do Estado é o de auxiliar determinada empresa a superar algumas dificuldades temporárias, poderá configurar-se uma infração às disposições do artigo 92.[44] Por exemplo, uma aquisição de ações representativas do capital de uma empresa poderia caracterizar subsídio na medida em que o valor pago excedesse o valor das ações adquiridas. Assim, se o Estado pagasse R$ 5 bilhões de reais por ações que valem R$ 2 bilhões, o montante de R$ 3 bilhões seria de subsídio.

Com efeito, essa questão, ao longo do tempo, colocou e, com menor intensidade, continua colocando, algumas dificuldades tanto para a Comissão como para o Tribunal. Durante muito tempo, tal questão esteve restrita às empresas do setor público. Somente a partir do final da década de 80 é que a análise da participação acionária do Estado como possível subsídio passou a ser realizada.

Apesar dos esforços da Comissão para tornar claro que os direitos dos Estados-Membros estabelecidos no artigo 222 não deveriam ser usados para frustrar a aplicação das disposições do artigo 92, as técnicas de subsídios para as empresas revelaram-se cada vez mais complexas e diferenciadas ao longo do tempo.[45]

---

[43] Ver, por exemplo, o *Bulletin EC 9/1984*, parte I.

[44] Ver a respeito parecer do Advogado-Geral Slynn nos Casos 296 e 318/82, *Netherlands and Leeuwarder Papierwarenfabrik v Comissão*, [1985] *ECR* 809, p. 836.

[45] No Caso *Alemanha v Comissão*, por exemplo, atinente a planos do governo belga de reestruturar o setor têxtil, o governo alemão manifestou posição no sentido de que a injeção de capital

Em muitas ocasiões, a Comissão expressou sua preocupação relativamente ao uso crescente da participação dos Estados-Membros como um mecanismo conveniente para colocar recursos financeiros à disposição das empresas.[46] Além disso, a Comissão enfatizou que tal mecanismo foi escolhido pelos Estados-Membros com vistas a escapar da supervisão exercida sobre os subsídios.

Como precedentemente mencionado, a Comissão publicou, em setembro de 1984, um "guia" referente à aquisição societária por parte das autoridades públicas, fixando também as obrigações dos Estados-Membros nesse setor.[47] A Comissão optou por comunicar referido "guia" em forma de carta aos Estados-Membros, publicada no Boletim. Como asseverado por *Hellingman,*[48] o texto de tal carta sugere um caráter vinculante. Porém, não se trata de uma comunicação oficial publicada no *"Official Journal"*, como a que viria a ser publicada mais tarde em face do acúmulo de subsídios com diversas finalidades.

De acordo com o "guia", o principal critério para se poder determinar se a participação do Estado constitui um subsídio é o da contribuição em circunstâncias que seriam inaceitáveis para um investidor privado operando em condições normais de mercado. Esse é o caso, por exemplo, de um investimento feito em uma empresa, cuja situação financeira (e, particularmente, a estrutura e volume de sua dívida) não permite, dentro de um período razoável, um retorno normal desse investimento em termos de dividendos, ou, ainda, de um investimento em uma empresa cujo fluxo de caixa não a qualificaria para levantar recursos no mercado para um programa de investimento.[49]

Em termos semelhantes, o mesmo critério foi declarado pela Comissão em seu *Fourteenth Report on Competition Policy*:

> *"The theme of the provision of equity capital according to standard company practice in a market economy is the guiding principle adopted by the Commission. If it can be shown clearly that the State is acting in the same manner as would a private person in the market sector of the economy, then the presumption is that there is no question of State aid. If, on the other hand, the State is acting because the*

---

em empresas com dificuldades financeiras e que têm acesso restrito ou limitado aos mercados de capitais era equivalente a um empréstimo com juros baixos. Caso 84/82, [1984] *ECR* 1451, p. 1473.

46 Ver, por exemplo, o *Twelfth Report on the Competition Policy (1982)*, no qual a Comissão sublinhou que cada vez mais a participação do Estado no capital das empresas era usado como forma de subsidiá-las.

47 Ver *Bulletin EC 9/1984*.

48 Hellingman, "State participation as...", *op.cit.*, p. 114.

49 Parágrafo 3.3 da carta enviada pela Comissão aos Estados-Membros e publicada no *Bulletin EC 9/1984*.
Ver a respeito o *Fourteenth Report on Competition Policy*, ponto 198.

commercial sector would not intervene in the case in question, then there is a presumption that State aid is being granted."[50]

No Caso *Intermills v Comissão,*[51] a Comissão questionou, *inter alia,* uma participação acionária do governo belga no valor de BFr. 2.350.000,00 (dois milhões, trezentos e cinqüenta mil francos belgas) em uma empresa deficitária da Walonia. Para a Comissão, estava claro que tal injeção de dinheiro em uma empresa cujo capital e recursos representavam apenas Bfr. 1.250.000,00 (um milhão, duzentos e cinqüenta mil francos belgas) configurava subsídio. A Comissão havia verificado também que empréstimos concedidos paralelamente à empresa em questão eram compatíveis com o artigo 92. Todavia, a referida injeção de capital, não diretamente relacionada com a reestruturação da empresa, violava o artigo 92.

O Tribunal, por sua vez, entendeu que nenhuma distinção poderia ser traçada entre subsídios concedidos na forma de empréstimos e por meio de aquisição de ações, deixando claro, portanto, que, em princípio, a participação do Estado constitui subsídio. Porém, em vista do fato de a Comissão não ter exposto de maneira satisfatória sua posição, acabou por anular a decisão daquele órgão executivo.[52]

No Caso *Leeuwarder v Comissão,*[53] similarmente ao Caso *Intermills,* a Comissão questionou uma participação acionária de Fl.4.000.000,00 (quatro milhões de florins) de uma *holding* pública regional holandesa em uma companhia produtora de papel. Na opinião da Comissão, corroborada pelo Tribunal, referida participação acionária constituía subsídio, na medida em que a estrutura financeira daquela companhia, sua urgente necessidade de novos maquinários e sua posição no setor tornavam improvável o levantamento de recursos junto aos mercados de capitais privados.

Ao comentar o caso, o Advogado-Geral *Gordon Slynn* esclareceu que o critério para se estabelecer se determinado aporte de capital, diferentemente de um investimento normal de mercado, constitui subsídio, *"is whether the purchase of shares by the State can be regarded as an investment for the purposes of obtaining income or capital appreciation, the aim of the ordinary investor, or whether it is merely a vehicle for providing financial support for a particular company".*[54]

---

[50] Aqui, novamente, seria necessário um exame da maneira pela qual o mercado operaria sem a presença indevida do Estado. Com efeito, trata-se de tarefa extremamente complexa.

[51] Caso 323/82, *Intermills v Comissão,* [1984] ECR 3809.

[52] Ver também nesse sentido o Caso 261/89, *Itália v Comissão,* julgado em 03 de outubro de 1991.

[53] Casos conjuntos 296 e 318/82, *The Netherlands and Leeuwarder Papierwarenfabriek BV v Comissão,* [1985] *ECR* 809.

[54] Casos 296/318/82, *The Netherlands and Leeuwarder Papierwarenfabriek BV v Comissão,* [1985] *ECR* 809. No Caso *Intermills,* o Advogado-Geral *Verloren van Themaat* adotou posição semelhante. *Hellingman,* ao contrário, não atribui muita importância à diferença de intenção ou propósito entre entidades privadas e o Estado. Argumenta o autor que, nem sempre, uma

A questão a ser salientada, portanto, é se uma entidade privada teria feito tal investimento.[55]

Ao longo dos últimos anos, este "princípio do investidor de economia de mercado" tem sido aplicado consistentemente pela Comissão.[56] Na decisão do caso CDF/ORKEN, a Comissão concluiu que a autoridade pública tinha injetado capital em uma empresa em condições diversas das de uma economia de mercado. De fato, a empresa em questão, segundo a Comissão, tinha muito poucas chances de obter capital suficiente do mercado privado a fim de assegurar sua sobrevivência e longa estabilidade.[57]

Outro exemplo é dado pela decisão no caso Eni-Lanerossi, no qual a Comissão afirmou que o financiamento:

> *"was granted in circumstances that would not be acceptable to a private investor operating under normal market economy conditions, as in the present case the financial and economic position of these factories, particularly in view of the duration and volumes of their losses, was such that a normal return in dividends or capital gains could not be expected for the capital invested.*[58]

Por outro lado, houve uma série de casos em que a Comissão claramente afirmou que aportes de capital pelo Estado não constituíam subsídio, uma vez que era possível prever um razoável retorno na forma de dividendos ou aumento de capital.[59]

O Tribunal, por sua vez, após os Casos *Intermills* e *Leeuwarder*, tem também sido solicitado a examinar uma série de decisões da Comissão tomadas com base no princípio do investidor de economia de mercado.

No Caso *Bélgica v Comissão,*[60] o governo belga ajuizou ação, na forma do artigo 173 do Tratado, com vistas a anular decisão da Comissão, na qual

---

exclui a outra "*so it is not necessary to demand that the state completely identify its intentions with those of the private sector*". Hellingman, "State participation...", *op.cit.*, p. 119.

[55] Com relação ao método de mensuração dos valores de subsídios, ver Comissão das Comunidades Européias, *The Measurement of the Aid Element of State Acquisitions of Company Capital (evolution of concentration and competition)*, Bruxelas/Luxemburgo, e Comissão das Comunidades Européias, *The Measurement of the Aid Element of State participation in Company Capital-Federal Republic of Germany*, Bruxelas/Luxemburgo, 1988.

[56] Em junho de 1988, por exemplo, a Comissão autorizou um investimento holandês na Fokker Aircraft Company em vista do fato de as ações terem sido adquiridas por valor de mercado aberto. A Comissão também conseguiu reduzir uma proposta do governo britânico de cancelamento (*"write-off"*) de 800 milhões de libras esterlinas para o Grupo Rover. O *"write-off"* foi reduzido para 469 milhões de libras esterlinas.

[57] [1982] O.J. C198/2.

[58] [1989] O.J. L16/52.

[59] A respeito, ver as seguintes decisões da Comissão : CDF/ORKEN, *op.cit.*; Q UIMIGAL, [1990] *O.J.* C188/3; INTERMILLS II [1990] 4 *EC Bulletin*, ponto 1.1.34; e ERNAELSTEEN, *Eighteenth Competition Report* (1988), pontos 212 e 213.

[60] Caso 40/85, *Bélgica v Comissão*, [1986] *ECR* 2321.

esta declarou que a subscrição, pela *Société Regionale d'Investissement de Wallonie*, uma agência pública de investimento regional, de aumento de capital de uma indústria de cerâmica, no valor de Bfr 83.000.000,00 (oitenta e três milhões de francos belgas) constituía subsídio incompatível com o mercado comum e deveria, portanto, ser cancelado.

Entre as razões expendidas pela Comissão no preâmbulo de sua decisão, destacava-se primeiramente o fato de a intervenção estatal, na forma de participação societária, poder exibir características de um subsídio. Em segundo lugar, de acordo com a análise feita pela Comissão, a situação financeira da empresa em questão aliada à sua *overcapacity* no setor industrial de cerâmicas, especialmente na divisão de cerâmica sanitária, tinham tornado improvável a possibilidade dessa empresa de levantar junto ao setor financeiro privado recursos para sua sobrevivência. Referida empresa, segundo a Comissão, vinha acumulando prejuízos por muitos anos, a saber Bfr 134.000.000,00 (cento e trinta e quatro milhões de francos belgas) em 1979, BFr 243.000.000,00 (duzentos e quarenta e três milhões de francos belgas) em 1980, Bfr 302.000.000, 00 (trezentos e dois milhões de francos belgas) em 1981 e Bfr 168.000.000, 00 (cento e sessenta e oito milhões de francos belgas) em 1982. Em terceiro lugar, a Comissão enfatizou que a suspensão do subsídio no valor de Bfr 475.000.000, 00 (quatrocentos e setenta e cinco milhões de francos belgas) em 1981, por ela determinada, iria agravar ainda mais a situação financeira dessa empresa.

Em vista dessas circunstâncias, o aporte de capital no montante de Bfr 83.000.000,00 (oitenta e três milhões de francos belgas) pelo Estado configurava subsídio para os fins do artigo 92 (1). Além disso, o estado da indústria de cerâmica era tal que, preservar a capacidade de produção por meio de auxílio estatal, seria contrário aos interesses do mercado comum.

Vale registrar também algumas das ponderações feitas pelo governo belga. Argumentou o governo que, ao proibir as autoridades belgas de subscreverem um aumento de capital, a Comissão estaria perpetrando um ato discriminatório entre elas e um investidor privado. Seria, segundo o governo, legítimo e normal para um investidor dar apoio, via subscrição adicional de capital, a uma empresa por ele controlada e que estava experimentando dificuldades temporárias, especialmente, quando, como no caso em questão, tal subscrição de capital fazia parte de um plano de renovação destinado a aumentar sua produtividade e reduzir o número de seus funcionários.

Em sua crítica à decisão da Comissão, o governo belga argüiu que o exame da situação financeira da empresa deveria ter levado em consideração o fato de que ela possuía duas divisões, uma de louça de barro e outra de cerâmica sanitária, e que esta última vinha mostrando constantes melhoras em seus balanços (em 1983, havia apresentado balanço positivo de Bfr 6.000.000,00 (seis milhões de francos belgas).

Para o Tribunal, era razoável que um acionista pudesse subscrever aumento de capital necessário para assegurar a sobrevivência de uma empresa que estivesse passando por dificuldades temporárias e que fosse capaz de se tornar lucrativa novamente, possivelmente após um processo de reorganização. Todavia, naquele caso, como havia sido observado pela Comissão, quando o capital foi subscrito, a empresa já vinha apresentando resultados negativos durante anos seguidos, sua sobrevivência somente tinha sido possível após aportes de capital por autoridades públicas e seus produtos tinham de ser vendidos em um mercado com excesso de demanda.

Além do mais, no entender do Tribunal, não era relevante o fato de uma das divisões da empresa ter apresentado melhores resultados que a outra, uma vez que as duas divisões eram parte da mesma empresa, devendo ser avaliadas como uma única entidade.

O Tribunal, assim, manteve a decisão da Comissão, tendo feito no parágrafo 13 de seu julgamento a seguinte declaração:

> *"An appropriate way of establishing whether a measure is a State aid is to apply the criterion, which was mentioned in the Commission's decision and, moreover, was not contested by the Belgian Government, of determining to what extent the undertaking would be able to obtain the sums in question on the private capital markets. In the case of an undertaking whose capital is almost entirely held by public authorities, the test is, in particular, whether in similar circumstances a private shareholder, having regard to the foreseeability of obtaining a return and leaving aside all social, regional policy and sectoral considerations, would have subscribed the capital in question."*[61]

Esse princípio foi reafirmado pelo Tribunal no Caso *Boussac.*[62] Nesse caso, autoridades francesas prestaram, entre junho de 1982 e agosto de 1984, assistência financeira à *Compagnie Boussac Saint Frères*, sociedade produtora de tecidos, roupas e papéis. Essa assistência financeira, feita por meio de aporte de capital, foi aprovada pelo *"Institut de Développement Industriel"* e transferida para a *"Société de Participation et de Restructuration Industrielle"*. Foi essa última sociedade que, efetivamente, aportou capital, concedeu empréstimos a taxas de juros reduzidas e diminuiu os encargos pertinentes à seguridade social para o setor de tecidos e de roupas.

O governo francês argumentou que os aportes de capital, os empréstimos a juros reduzidos e a diminuição dos encargos previdenciários não

---

[61] *Ibid.*, parágrafo 13, p. 2345. Ver também Caso 234/84, *Bélgica v Comissão*, [1986] *ECR 2263*, onde se pode encontrar o mesmo tipo de raciocínio.

[62] Caso 301/87, *França v Comissão*, [1990] I *ECR* 307.

configuravam subsídios na medida em que haviam sido concedidos à Compagnie Boussac sob as condições de uma economia de mercado. Além disso, haviam sido feitos conjuntamente com investidores privados.

O Tribunal, contudo, rejeitou tal argumentação, tendo declarado que o critério para decidir se tais medidas constituíam subsídios deveria ser o das oportunidades oferecidas à empresa receptora dos benefícios no mercado de capitais. De acordo com o Tribunal, primeiramente, a situação financeira da empresa em 1981 era tal que nada fazia supor que os investimentos pudessem alcançar um nível aceitável de lucratividade em um período razoável. Em segundo lugar, a Compagnie Boussac, em face de sua inadequada margem de autofinanciamento, não teria preenchido as condições necessárias para captar recursos no mercado de capitais. Em terceiro lugar, o Tribunal concluiu que os primeiros investimentos privados, além de serem muito inferiores às contribuições derivadas de recursos públicos, foram feitos somente após a alocação desses últimos. O aporte de capital feito na Compagnie Boussac foi, portanto, considerado subsídio na forma prescrita no artigo 92 (1).[63]

Novamente, no Caso *Bélgica v Comissão,*[64] uma produtora de tubos de aço, a Tubemeuse, havia sido contemplada com subsídios, de várias formas, pelo governo belga. Após ter enfrentado dificuldades financeiras em meados dos anos 70, aquela empresa deparou novamente com situação não menos complicada em 1979, o que acabou por provocar o êxodo de vários investidores privados, que foram substituídos pelo governo belga. O governo belga assumiu o controle de 72% (setenta e dois por cento) do capital da empresa. Várias tentativas fracassadas foram feitas pelos novos acionistas no sentido de se modernizar a empresa, o que também envolveu uma autorização dada pela Comissão relativa a uma série de subsídios outorgados pelo governo belga. Os acionistas privados restantes, obviamente, retiraram-se da sociedade. Conseqüentemente, o governo foi forçado a adquirir quase a totalidade do capital. Por essa razão, o governo belga sustentou perante o Tribunal que as medidas em questão[65] não configuravam subsídio mas, sim, uma normal contribuição de um acionista à sociedade.

O Tribunal, de maneira bastante consistente, aplicou o princípio do investidor de economia de mercado e concluiu que aquelas medidas cons-

---

[63] *Ibid.*, ver parágrafos 38, 39 e 40, p. 361.

[64] Caso 142/87, *Bélgica v Comissão,* [1990] I *ECR* 959.

[65] É interessante citar algumas dessas medidas para demonstrar o quão complexo o processo de outorga de subsídios tinha se tornado:
(a) aumento do capital da Tubemeuse e subscrição condicionada de títulos participativos conversíveis; e
(b) a conversão de Bfr 2510 milhões de empréstimos garantidos à Tubemeuse em capital.

tituíam subsídios, já que era improvável que a Tubemeuse pudesse ter adquirido esse valor essencial para sua subsistência no mercado.

Mais recentemente, o Tribunal burilou ainda mais o princípio do investidor de economia de mercado ao fazer uma distinção entre *"a private investor whose time horizon is a short-term even speculative one, and that of a private holding group with a longer-term perspective..."*.[66]

No Caso *Itália v Comissão,*[67] o governo italiano, com base no artigo 173 do Tratado, pleiteou a anulação de uma decisão da Comissão relativa a subsídio por ele outorgado à Alfa Romeo, a famosa fabricante de veículos.

Até a venda da Alfa Romeo para a Fiat em 1986, o governo italiano, através das *holding* públicas, o IRI (*"Instituto per la Ricostruzione Industriale"*) e a Finmeccanica, vinha compensando contínuos prejuízos daquela empresa na forma de aportes de capital totalizando Lit 615.1 bilhões de liras italianas.

Em seu pleito pela anulação da decisão da Comissão, o governo italiano alegou não se tratar de subsídios na forma do artigo 92 (1). Argumentou, *inter alia,* que a Comissão não tinha declarado por que um investidor privado não teria feito os aportes de capital em questão, tendo na devida conta as peculiaridades do setor e os investimentos envolvidos. Além disso, sustentou que, em uma economia mista, a alocação de recursos por entidades do Estado administradoras do setor público era uma decisão política, e que a intervenção de entidades como a IRI ou empresas como a Finmeccanica se baseava em considerações de lucratividade no longo prazo e nas peculiaridades do setor. Nessa conformidade, ao descrever as injeções de capital como subsídios simplesmente porque os recursos tinham origem pública, a Comissão tinha infringido os dispositivos do artigo 222 do Tratado.

O Tribunal primeiramente destacou que, de acordo com a jurisprudência dominante, investimentos feitos por autoridades públicas no capital de empresas, qualquer que seja a forma, constituem subsídio quando as condições estabelecidas no artigo 92 forem observadas. Após ter confirmado a validade do princípio do investidor operante em uma economia de mercado, ou seja, reforçado a necessidade de se verificar se, em circunstâncias similares, o investidor privado de porte comparável àquele das entidades administradoras do setor público teria feito aporte de capital de determinado valor, o Tribunal fez a distinção acima aludida entre a conduta especulativa de um investidor em busca de objetivos de curto prazo e o investidor guiado por perspectivas de lucro no longo prazo.[68] E declarou:

---

[66] Ver a respeito, *Commission of the European Communities (Practice Note),* "State aids to Public Undertakings in the Manufacturing Sector", [1992] 2 *CMLR* 369, p. 378.

[67] Caso C-305/89, *Itália v Comissão,* [1991] I *ECR* 1603.

[68] Ver também a respeito o *XXIst Report on Competition Policy - 1991,* da Comissão, p. 200.

"[it] should be added that although the conduct of a private investor with which the intervention of the public sector pursuing economic policy aims must be compared need not be the conduct of an ordinary investor laying out capital with a view to realizing a profit in the relatively short term, it must at least be the conduct of a private holding company or a private group of undertakings pursuing a structural policy-whether general or sectorial-and guided by prospects of profitability in the longer term."[69]

Com base nos fatos, afirmou o Tribunal que a Comissão tinha poderes para considerar que um investidor privado, mesmo adotando uma política de longo prazo sem retornos imediatos, não teria, em circunstâncias normais de uma economia de mercado, feito as injeções de capital nos moldes efetuados pela Finmeccanica. Assim, tinha a Comissão poderes para considerá-los subsídios.[70]

Note-se que a maneira pela qual o Tribunal assume a função de analista econômico é - para dizer o mínimo - um tanto quanto surpreendente. Aqui, novamente, a questão é saber se ele está realmente capacitado para exercer tal função. Parece que assuntos econômico-comerciais extremamente complexos quanto esses não podem ser julgados com tanta frieza e objetividade judicial.

5.2.3.1. A participação acionária do Estado em empresas públicas. As Diretivas de Transparência e as relações financeiras entres os Estados-Membros e as empresas públicas

Parece não haver dúvidas de que o princípio da economia de mercado se aplica às participações acionárias de empresas públicas. Como mencionado, as diretrizes da Comissão referem-se ao ato de injetar-se capital em empresas por meio da aquisição de uma *holding* pública. De acordo com a Comissão, o conceito de uma *holding* pública é o controle direto de instituições financeiras ou outras agências nacionais, regionais ou industriais, que são patrocinadas com recursos do Estado na forma do artigo 92 (1), ou sobre as quais o governo central, regional ou local exercem uma influência dominante.[71]

---

[69] Caso C-305/89, *Itália v Comissão*, [1991] I *ECR* 1603, parágrafo 20, p. 1640.

[70] *Ibid.*, p. 1641. No Caso C-303/88, *Itália v Comissão*, [1991] *ECR* 1433, o mesmo entendimento pode ser encontrado. Acerca de subsídios outorgados pelo governo italiano a ENI-Lanerossi, na forma de injeções de capital em suas subsidiárias de roupas masculinas, o Tribunal comentou: "*However, when injections of capital by a public investor disregard any prospect of profitabililty, even in the long term, such provision of capital must be regarded as aid within the meaning of Article 92 of the Treaty, and its compatibility with the commom market must be assessed on the basis solely of the criteria laid down in that provision*" (p. 1476).

[71] Ver Introdução e nota de rodapé I das diretrizes, *Bulletin EC 9/84*.

Além disso, enfatiza a Comissão que isso inclui empresas públicas, tal como definido no artigo 2 da Diretiva Transparente com base no artigo 90 (3) do Tratado.[72] Isso significa, portanto, que as diretrizes abrangem participações acionárias de empresas públicas.

O fato de as diretrizes se aplicarem a participações em empresas públicas também parece ser induvidoso. Com efeito, a inclusão de empresas públicas como possíveis beneficiárias de subsídios por meio de participação acionária deriva dos itens 2, c, e 3.2 (ii) daquelas diretrizes. Como asseverado por *Hellingman*, aparentemente não há diferenças entre esse conceito e o anteriormente estampado na Diretiva de 1980.[73]

Apesar da clareza das regras acima, a Comissão tem enfrentado grandes dificuldades na supervisão das relações financeiras entre os Estados-Membros e empresas públicas. Tais dificuldades têm decorrido precipuamente (mas não exclusivamente) da participação acionária dos Estados-Membros em empresas públicas.

Um retrato fiel dos obstáculos enfrentados pela Comissão nesse assunto está contido nos seguintes comentários de *Andriessen*:

> *"...some governments have developed an admirable navigational skill in steering clear of the various rocks and rounding the market buoys with the necessary precision. At the same time, a number of governments appear to be able to create much a mist over the water that the Commission has difficulty in maintaining a clear view of the real course of events, not only by failure to notify certain aid schemes, but also by granting indirect aid. The situation in public undertakings is a matter of concern in this respect..."*[74] (grifamos).

Como se verá na seqüência, a Diretiva da Comissão destinada a assegurar maior transparência nas relações financeiras entre os Estados-Membros e as empresas públicas provou-se ineficaz.

5.2.3.1.1. Das Diretivas de Transparência ao Comunicado adotado pela Comissão em 24 de julho de 1991. A tarefa de supervisão e fiscalização da Comissão dos subsídios conferidos pelos Estados-Membros às empresas

[72] Diretiva da Comissão de 25 de junho de 1980 sobre a transparência das relações financeiras entre Estados-Membros e suas empresas públicas, com a redação dada pela Diretiva 85/143, que passou a incluir setores anteriormente excluídos (O.J. [1980] L 195/35 e O.J. [1985] L 229/20).

[73] Hellingman, "State participation...", *op.cit.*, p.121. Ao referir-se às relações ou mesmo sobreposições entre as Diretivas de Transparência e as diretrizes, ele observa que *"[they] are easily accounted for, since the aim of the Directives is "the fair and effective application of the aid rules of the Treaty",or in the words of Commissioner Sutherland, "to ensure that discipline on State aid is also applied in an equitable manner to public enterprise""*. Ver p. 122.

[74] Ver Frans Andriessen, "The Role of Anti-Trust in the Economic Recession", [1983] 4 *ECLR* 286, p. 294.

públicas foi, e, de certa forma, continua sendo, complicada em vista de dois fatores principais: o primeiro deles é a falta de notificação da concessão desses subsídios pelos Estados-Membros, de acordo com os procedimentos previstos no artigo 93 (3).O segundo desses fatores é justamente a falta de transparência entre as relações financeiras dos Estados-Membros e as empresas públicas.[75]

Em várias ocasiões antes da adoção das Diretivas de Transparência, a Comissão referiu-se explicitamente a esses fatores. Em seu *Second Report on Competition Policy (1972)*, por exemplo, declarou que, dentre suas atribuições, incluía-se *inter alia* a de assegurar que os Estados-Membros não concedessem às empresas públicas subsídios incompatíveis com o mercado comum, o que podia ser difícil de constatar em vista das relações especiais que elas mantinham com os Estados-Membros.[76]

Em seu *Fifth Report on Competition Policy (1975)*, a Comissão expressou sua preocupação com relação à crescente assistência governamental na forma de participações societárias temporárias ou empréstimos, uma direta conseqüência da generalizada crise econômica da época. Após observar que as oportunidades que tinha tido de examinar a compatibilidade com o Tratado eram reduzidas no caso de empresas públicas que podiam ser custeadas com recursos públicos por períodos relativamente longos e cuja conduta podia levar a distorções na concorrência, a Comissão reconheceu que seu trabalho naquela área era freqüentemente prejudicado pela falta de transparência nos vínculos financeiros entre os governos e as empresas, as quais eram indubitavelmente influenciadas por governos.[77]

Os Estados-Membros podiam, portanto, explorar as oportunidades que essa falta de transparência lhes proporcionava (elidindo, assim, as regras dos artigos 92 a 94 do Tratado), concedendo injustas vantagens competitivas a suas empresas que, por não estarem relacionadas com o desempenho de nenhuma função a elas atribuída ou confiada, eram incompatíveis com o mercado comum.[78] De acordo com o *Eighth Report on Competition Policy (1978)*, dentre as medidas adotadas pelos Estados-Membros, estavam: aumentos de capital para compensar prejuízos, empréstimos concedidos a taxas anormalmente favoráveis, disponibilidade de recursos sem remuneração razoável e isenções fiscais ou qualquer outra vantagem financeira desfrutada por uma empresa pública e não por empresas privadas em circunstâncias econômicas similares.[79]

---

[75] Ver a respeito, Alan C. Page, "The new Directive on transparency of financial relations between Member States and public undertakings", [1980] 5 *ELRev.* 492, pp.493/494.

[76] *Second Report on Competition Policy (1972)*, parágrafo 128.

[77] *Fifth Report on Competition Policy (1975)*, parágrafo 159.

[78] Ver Page, "The new Directive...", p. 494.

[79] Ver *Eighth Report on Competition Policy (1978)*, parágrafo 253. Os diferentes tipos de subsídio são discutidos a partir do item 5.2.4.

Em vista disso, e firmemente convencida de que as normas referentes a subsídios somente poderiam ser aplicadas eqüitativamente tanto a empresas públicas como privadas quando as relações financeiras entre as autoridades públicas e empresas públicas fossem tornadas transparentes, a Comissão adotou a Diretiva mencionada acima. Essencialmente, a Diretiva obrigou os Estados-Membros a assegurar que o fluxo de recursos públicos a empresas públicas e o uso desses recursos fossem transparentes (Art. 1). Ademais, consoante o artigo 5, os Estados-Membros deverão, quando a Comissão julgar necessário requisitar, fornecer à Comissão toda a informação mencionada no artigo 1, juntamente com os objetivos perseguidos com a utilização desses recursos públicos (Art. 5). Apesar de a transparência em questão aplicar-se a todos os recursos públicos, a destinação dos seguintes foi especialmente citada:

a. injeção de capital;

b. compensação de prejuízos operacionais;

c. empréstimos com condições especiais;

d. outorga de vantagens financeiras por meio da omissão de lucros ou recuperação de valores devidos; e

e. compensação de encargos financeiros impostos por autoridades públicas.

Outro ponto relevante da Diretiva é que, na forma do artigo 2, a transparência dos recursos públicos deve ser alcançada independentemente da forma pela qual a transferência dos mesmos é feita. Conseqüentemente, não somente os fluxos de recursos provenientes diretamente das autoridades públicas às empresas privadas se enquadram no artigo 2, como também os fluxos de recursos provenientes indiretamente de outras empresas públicas sobre as quais a autoridade pública possui influência dominante.[80]

Essa Diretiva foi descrita à época, pelo jornal *Financial Times*, como um "*direct and unprecedented challenge to governments's sovereignty...*", e como "*an attempt to usurp the power of the Council of Ministers*", o que provavelmente iria provocar "*irritation... and strong political resentment...*".[81]

De fato, essa forte reação política veio à tona quando três Estados-Membros, a saber, França, Itália e Reino Unido, decidiram questionar a

---

[80] É interessante lembrar que o termo "autoridade pública", que não é usado no artigo 90, está definido no artigo 2 como autoridades estaduais, regionais ou locais. Ver definição de "empresa pública" no Capítulo IV. Presume-se a existência de influência dominante, "*when a public authority has directly our indirectly in relation to an undertaking a major part of the undertaking's subscribed capital, or control of a majority of votes attached to the shares of the undertaking, or the power to appoint more than one half of the members of the undertaking's administrative, managerial or supervisory body*" (art. 2).

[81] Financial Times, 27 de junho de 1980, trecho citado por Page, "The new Directive...", *op.cit.*, pp. 492/493.

legalidade da Diretiva. O Tribunal, no entanto, conforme precedentemente mencionado, confirmou a legalidade da Diretiva em seu julgamento de 6 de julho de 1982[82]. Em cada uma das ações propostas pelos governos dos três Estados-Membros, foi o Tribunal solicitado a declarar a nulidade da Diretiva, sobretudo por falta de competência da Comissão para tratar do assunto. A principal razão dessa objeção por parte dos Estados-Membros era que, como o Conselho tinha, na forma do artigo 94,[83] poder específico para adotar todos os regulamentos relativos às condições de aplicação dos artigos 92 e 93, não tinha a Comissão, com base no disposto no artigo 90, parágrafo 3º, poderes gerais para os mesmos propósitos.

Em abono dos pontos de vista sustentados pelos governos daqueles Estados-Membros, e, em particular, do governo italiano, *Brothwood* assinalou que era realmente difícil verificar como, em face do dever específico imposto aos Estados-Membros de informar a Comissão sobre quaisquer novos planos de alteração de subsídios (artigo 93, parágrafo 3º) e do poder específico conferido ao Conselho (pelo artigo 94) de adotar os regulamentos adequados à aplicação dos artigos 92 e 93, *"poderia a Comissão invocar legitimamente que estava investida de poderes paralelos na forma do artigo 90, parágrafo 3º"*. Prosseguiu o autor dizendo que *"os poderes atribuídos à Comissão pelo artigo 213 são muito amplos, não havendo, aparentemente, nenhuma razão para afirmar que não sejam satisfatórios no sentido de capacitá-la a obter a informação solicitada e assegurar o cumprimento dos artigos 92 e 93"*.[84]

O Tribunal rejeitou enfaticamente esses argumentos. Relativamente ao artigo 213, o qual está localizado nas disposições gerais e finais do Tratado, afirmou que o mesmo não afeta os poderes que são atribuídos à Comissão por dispositivos específicos do Tratado.[85] Após discorrer sobre as diferenças entre os artigos 90 e 94, declarou que:

> *"In comparison with the Council's power under Article 94, that which is conferred upon the Commission by Article 90 (3) thus operates in a specific field of application and under conditions defined by reference*

[82] Casos conjuntos 188-190/80, *França, Itália e Reino Unido v Comissão*, [1982] *ECR* 2545.

[83] O artigo 94, com a nova redação que lhe foi dada pelo artigo G.19, do Tratado da União Européia, estabelece: "*O Conselho, deliberando por maioria qualificada, sob proposta da Comissão, e após consulta do Parlamento Europeu, pode adotar todos os regulamentos adequados à execução dos artigos 92 e 93 e fixar, designadamente, as condições de aplicação do parágrafo 3º do artigo 93 e as categorias de subsídios que ficam dispensadas desse procedimento*".

[84] Ver Michel Brothwood, "The Commission Directive on Transparency of Financial relations between Member States and Public Undertakings", [1981] 18 *CMLRev.* 207, pp. 214/215. Prescreve o artigo 213 que: "*Para o desempenho das funções que lhe são confiadas, a Comissão pode recolher todas as informações e proceder a todas as verificações necessárias, dentro dos limites e condições fixadas pelo Conselho, nos termos do presente Tratado*".

[85] Casos 188-190/80, *França, Itália e Reino Unido v Comissão*, [1982] *ECR* 2545, p. 2574, parágrafo 10.

to the particular objective of that article. If follows that the Commission's power to issue the contested directive depends on the needs inherent in its duty of surveillence provided for in Article 90 and that the possibility that rules might be laid down by the Council, by virtue of its general power under Article 94, containing provisions impinging upon the specific sphere of aids granted to public undertakings does not preclude the exercise of that power by the Commission.[86]

É preciso notar que os outros princípios desenvolvidos pelo Tribunal com relação à Diretiva da Transparência constituem jurisprudência incontroversa. Mais importante ainda é o fato de o Tribunal ter confirmado que:

a. é necessário não só tornar as relações financeiras transparentes como também prover à Comissão as informações requeridas, o que está de acordo com o princípio da proporcionalidade;[87]

b. a Diretiva obedece ao princípio da neutralidade de tratamento de empresas públicas e privadas;[88]

c. para os efeitos de supervisão do cumprimento dos artigos 92 e 93, tem a Comissão legítimo interesse em ser informada sobre todos os tipos de fluxos de recursos públicos para empresas públicas;[89]

d. para os efeitos de monitorar o cumprimento dos artigos 92 e 93, a Comissão também tem legítimo interesse relativamente aos fluxos de recursos públicos para empresas públicas que provêm tanto diretamente de autoridades públicas como indiretamente de outras empresas públicas.[90]

Não obstante todos esses bem-fundamentados e estabelecidos princípios, a Comissão sempre considerou difícil, para dizer o mínimo, "detectar" subsídios camuflados. Os Estados-Membros têm, com muita freqüência, deixado de cumprir suas obrigações previstas nas Diretivas de Transparência.

---

[86] *Ibid.*, p. 2575, parágrafo 14.

[87] Nesse sentido, asseverou o Tribunal que: "*...in those circumstances there is an undeniable need for the Commission to seek additional information on those [financial] relations by establishing common criteria for all the member-states and for all the undertakings in question*". *Ibid.*, p. 2576, parágrafo 18.

[88] Após reconhecer que decisões de empresas públicas podem ser afetadas por fatores diversos que traduzem a busca de objetivos de interesse público por parte de autoridades públicas, o Tribunal aduziu: "*The economic and financial consequences of the impact of such factors lead to the establishment between those undertakings and public authorities of financial relations of a special kind which differ from those existing between public authorities and private undertakings. As the Directive concerns precisely those special relations, the submission relating to discrimination cannot be accepted*". *Ibid.*, pp. 2577/2578, parágrafo 21.

[89] *Ibid.*, ver parágrafos 23 e 24, p. 2578.

[90] *Ibid.*, parágrafos 25 e 26, p. 2579. Com relação a todos esses princípios estabelecidos pelo Tribunal, ver também trabalho publicado pela Comissão, "State Aids to Public Undertakings", *op.cit.*, pp. 372/373.

No Caso *Comissão v Itália*,[91] a Comissão, na forma do artigo 169, argumentou perante o Tribunal que, ao se recusar a lhe fornecer informações concernentes às atividades da *Amministrazione Autonoma dei Monopoli di Stato*, a qual opera no setor de manufatura de tabaco, o governo italiano havia inadimplido suas obrigações previstas no artigo 5 (2) da Diretiva.

O governo italiano defendeu sua recusa em fornecer tal informação requerida pela Comissão com base no fato de que aquela entidade não podia ser considerada uma "empresa pública" para os fins do artigo 2 da Diretiva, mas enquadrável na categoria "autoridades públicas" do mesmo artigo. Nessa conformidade, argumentou que, como a *Amministrazione Autonoma dei Monopoli di Stato*, uma entidade estatal, era uma autoridade pública, não poderia ao mesmo tempo ser uma empresa pública nos termos da Diretiva.

Para o Tribunal, o fato de o Estado realizar tais atividades econômicas por meio de uma entidade distinta sobre a qual exerce, direta ou indiretamente, influência dominante de acordo com os critérios estabelecidos no artigo 2 da Diretiva, ou diretamente, por meio de entidade da Administração Direta, não tinha a menor importância. Nesse último caso, o fato de a entidade ser da Administração Direta implicava automaticamente, para o Tribunal, o exercício de influência dominante nos termos do referido artigo 2 da Diretiva. Assim,

> *"in such cases, the financial relations can be even more complex and the transparency which the directive seeks to achieve therefore becomes even more necessary. In this case, the fact that the AAMS is integrated into the State Administration does not therefore prevent its being regarded as a public undertaking within the meaning of Directive 80/723."*[92]

O Tribunal, portanto, ratificou a posição da Comissão, tendo declarado que, ao se recusar a fornecer a informação requerida concernente à *"Amministrazione Autonoma dei Monopoli di Stato"*, a República Italiana tinha inadimplido suas obrigações estatuídas no artigo 5 (2) da Diretiva relativa à transparência nas relações entre Estados-Membros e empresas públicas.

A Comissão, movida pela urgente necessidade de conferir maior efetividade à Diretiva da Transparência, adotou, em 24 de julho de 1991, um *"Communication on the application of Articles 92 and 93 of the EEC Treaty and of Article 5 of Commission Directive 80/723 to public undertakings in the manufacturing sector"*.[93]

---

[91] Caso 118/85, *Comissão v Itália*, [1987] *ECR* 2599.

[92] *Ibid.*, pp. 2621/2622, parágrafo 8.

[93] Cf. OJ [1991] c 273/2. O texto desse Comunicado pode também ser encontrado em [1992] 2 *CMLR* 369. Para alguns breves comentários, ver Comissão das Comunidades Européias, *XXVth*

O Comunicado explica a maneira pela qual a Comissão deverá desenvolver o bem-estabelecido princípio, segundo o qual o fato de os Estados colocarem à disposição de uma empresa recursos em circunstâncias que não seriam aceitas por um investidor que operasse em condições normais de economia de mercado constitui subsídio. Além disso, o Comunicado esclarece como a Comissão pretende aumentar a transparência ao aplicar esse princípio a todas as formas de fundos ou recursos públicos e empresas em todas as situações.[94]

A pergunta que se coloca é se, em períodos de recessão econômica, têm os Estados cumprido suas obrigações previstas na Diretiva, as quais foram reforçadas pelo aludido Comunicado. Não surpreende que, pouco tempo depois de sua adoção, o governo francês apresentou queixas perante o Tribunal acerca do que chamou de *"Brussel's attempts to glean more information on the financing of state-owned manufacturing companies"*.[95] Na ocasião, revelou também o governo francês sua preocupação de que o Comunicado *"might discriminate against public-owned companies, which have to provide more information than private companies"*.[96]

Com efeito, mesmo após a adoção da Diretiva e do Comunicado, significativos esquemas de ajuda às empresas do setor público foram postos em prática, ficando a Comissão sob intensa pressão política para aprová-los. Um exemplo eloqüente disso foi o subsídio concedido à Bull, empresa francesa do setor de computação e informática.

Em 02 de julho de 1992, a Comissão aprovou subsídio no valor de FF 6.6 bilhões concedido pelo governo francês à Bull sob a justificativa de que *"it would help make the company viable without giving it undue boost over competitors"*. No entender da Comissão, a concessão de FF 4 bilhões de aporte de capital, somados a FF 2.6 bilhões de pesquisa e desenvolvimento, *"constituted a state aid Brussels is empowered to control"*.[97]

General Report on the activities of the European Communities (1991), pp. 71/72, e Comissão das Comunidades Européias, *XXIst Report on Competition Policy (1991)*, 1992, p. 12 e 126 a 128.

94 A Comissão deverá avaliar não somente injeções de capital, como também garantias, empréstimos, retornos de investimento, etc., estabelecer como esses conceitos serão aplicados de maneira sistemática.

95 Ver *Financial Times* de 07 de fevereiro de 1992, p. 2.

96 *Ibid.*

97 Ver *Financial Times* de 03 de julho de 1992, p.2.H. Ver também a respeito artigo intitulado "With time running out, the Twelve face tough choices in their bid to create a truly common market", na *Time*, revista semanal americana, de 09 de dezembro de 1991, p. 25. Antes da decisão final da Comissão, a ICL, empresa britânica então controlada pela japonesa Fujitsu e pelo governo britânico do setor de computação e informática, tinha formulado queixa àquele órgão executivo alegando que a concessão do subsídio poderia estimular outras empresas a buscar auxílios de seus governos, além de ser contrária aos compromissos da Comissão de estabelecer um mercado aberto e competitivo (*Financial Times*, de 16 de abril de 1992, p. 2g). Para outros exemplos, ver *The Times* de 07 de dezembro de 1992, p. 30, onde se lê que o governo francês teria dado "sinal verde" para a concessão de um subsídio no valor de FF 5.4 bilhões a

Teoricamente, a justificativa da Comissão para aprovar tal subsídio parece acima de qualquer crítica. Todavia, sua apreciação da real situação daquela empresa parece ter observado critérios políticos e não financeiros. Evidência disso é que, naquele mesmo ano, a Bull anunciou prejuízos no valor de FF 4.7 bilhões.[98]

Dessa forma, os Estados-Membros conseguiram preservar artificialmente algumas empresas "doentes", mas, em um certo sentido, estratégicas. Na reflexão de *Gilchrist* e *Deacon*, *"is often a fragmentation of European industry along national lines and a consequent loss of international competitiveness, which may lead to renewed pressure for state aids in the future"*.[99]

5.2.4. Subsídios concedidos por um Estado-Membro ou por meio de recursos estatais

Como precedentemente mencionado, ao se aplicar o artigo 92, é preciso levar na devida conta especialmente os efeitos do subsídio sobre as empresas ou produtos por ele favorecidos, e não o *status* das instituições encarregadas da distribuição e administração desse subsídio. É por essa razão que o Tribunal tem interpretado o artigo 92 (1) de maneira abrangente no que respeita àquelas entidades capazes de conceder subsídios. Dessa forma, subsídio pode ser concedido por um governo central, regional ou local, autoridades públicas ou por entidades privadas constituídas ou indicadas pelo Estado para administrá-lo. No Caso *Steinike und Weinlig v Alemanha,*[100] o Tribunal declarou:

> *"The prohibition contained in Article 92 (1) covers all aid granted by a Member State or through State resources without its being necessary to make a distinction whether the aid is granted directly by the State or by public or private bodies established or appointed by it to administer the aid. In applying Article 92 regard must primarily be had to the effects of the aid on the undertakings or producers favoured and not the status of the institutions entrusted with the distribution and administration of the aid."*

---

uma empresa deficitária do setor eletrônico, a SGS-Thompson, cujo processo de privatização foi recentemente interrompido por decisão do atual governo socialista do primeiro-ministro Lionel Jospin.

[98] Ver *Financial Times* de 16 de março de 1993, p. 21.

[99] Cf. Joseph Gilchrist e David Deacon, "Curbing Subsidies", *European Competition Policy, op.cit.*, p. 44.

[100] Caso 78/76, *Steinike und Weinlig v Alemanha*, [1977] *ECR* 595, p. 611, parágrafo 21.

Como sublinhado por *Lasok*[101] e *Green*, *Hartley* e *Usher,*[102] um bom exemplo do significado de subsídio concedido pelo Estado ou por meio de recursos estatais é dado pelo Caso *França v Comissão.*[103] Referido caso envolveu a concessão pelo Fundo Nacional de Crédito Agrícola da França de assistência financeira a fazendeiros sem recursos. Tal assistência foi financiada pelo superávit operacional acumulado durante vários anos pela *"Caisse Nationale de Credit Agricole"* (o Fundo).

Sustentou o governo francês que o superávit do Fundo tinha sido gerado pela administração de recursos privados, e não de recursos estatais. Além disso, declarou que a decisão de alocar os recursos em questão tinha sido tomada imediatamente antes da Conferência sobre Agricultura promovida pela administração do Fundo, na qual os representantes do Estado eram minoria.

Apesar de o Advogado-Geral *Mancini* ter duvidado da veracidade dessa declaração e suspeitado de que a maioria dos membros da administração do Fundo era composta de representantes do Estado, o Tribunal limitou-se a examinar a natureza jurídica do Fundo sob o Direito Público Francês. Com base nos procedimentos pertinentes ao controle de empresas públicas nacionais e a certas entidades com fins econômicos e sociais, concluiu o Tribunal que as decisões relativas à alocação dos lucros do Fundo somente se tornavam definitivas após aprovação pelas autoridades públicas. Depois de asseverar que o subsídio não precisava ser necessariamente financiado com recursos estatais para ser classificado como subsídio estatal,[104] o Tribunal afirmou que:

> *"It follows that Article 92 of the Treaty covers aid which, like the solidarity grant in question, was decided and financed by a public body and the implementation of which is subject to the approval of the public authorities, the detailed rules for the grant of which correspond to those for ordinary State aid and which, moreover, was put forward by the Government as forming part of a body of measures in favour of farmers which were all notified to the Commission in pursuance of Article 93 (3)."*[105]

Portanto, apesar de o dinheiro ter derivado de superavits acumulados gerados pela administração de fundos ou recursos privados, e não propriamente do Estado, o Tribunal considerou os pagamentos feitos pela *"Caisse Nationale de Credit Agricole"* como sendo subsídio, em vista de a corres-

---

[101] Cf. Paul Lasok, "State aids and remedies...", *op.cit.*, p. 58.

[102] N. Green, T.C. Hartley e J.A. Usher, *The Legal Foundation of the Single European Market, op.cit.*, p. 289.

[103] Caso 290/83, *França v Comissão,* [1985] *ECR 439.*

[104] *Ibid.*, p. 449, parágrafo 14.

[105] *Ibid.*, p. 449, parágrafo 15.

pondente decisão ter sido instigada pelo Estado, devendo ser ainda por ele aprovada.

A esse respeito, *Bellamy* e *Child* comentaram que faltava verificar se o Tribunal iria ampliar o conceito de subsídio a ponto de incluir a concessão, pelos Estados-Membros, de vantagens pecuniárias não pagas por eles, como, por exemplo, exigir que empresas privadas do setor elétrico cobrem tarifas reduzidas de determinadas companhias.[106]

De acordo com essa linha de raciocínio, tal medida não envolveria recursos emanados de um Estado-Membro, mas poderia ser considerada como um subsídio concedido por um Estado-Membro na hipótese de este último ter influência substancial sobre a entidade concedente.

Com efeito, esse ponto de vista já tinha sido defendido pelo Advogado-Geral *Verloren Van Themaat*, no Caso *Norddeutsches Vieh-und Fleischkontor v BALM.*[107] Segundo o Advogado-Geral, é bastante razoável argumentar que a concessão independente por um Estado-Membro de vantagens pecuniárias não pagas pelo Estado-Membro pode ser enquadrada no artigo 92. Vantagens, diz ele, *"which come to mind here are, on the one hand, reduced rates which Member States might require private electricity companies or haulage contractors, for example, to grant (without reimbursement) to certain undertakings or in respect of certain products"*. Poder-se-ia, por outro lado, prossegue *Van Themaat*, incluir a concessão independente de benefícios financiada pela Comunidade, como nos casos em questão. Na medida em que os Estados-Membros têm alguma discrição relativamente ao desembolso dos recursos da Comunidade, tais como os do Fundo Social, do Fundo Regional ou dos recursos do Banco Europeu de Investimento, *"these may also spring the mind"*.[108]

Não obstante, naquela ocasião, o Tribunal não adotou essa argumentação. Como se pode verificar pelas ponderações de *Van Themaat*, o caso em questão envolvia a concessão de benefícios financiada pela Comunidade. Tratava-se de uma taxa agrícola comunitária que, por uma artimanha de autoridades públicas alemãs, não tinha sido cobrada de alguns comerciantes daquele país. Após concluir que tal vantagem financeira não tinha sido concedida por meio de recursos do Estado, mas, sim, através de recursos comunitários, já que a tarifa não cobrada era parte desses recursos comunitários, o Tribunal afirmou que *"although the term 'aid granted through State resources' is wider than the term 'State aid', the first term still presupposes that the resources from which the aid is granted come from the Member State"*.[109]

---

[106] Bellamy & Child, *Common Market Law Competition, op.cit.*, p. 617.

[107] Casos 213-215/81, *Norddeutsches Vieh-und Fleischkontor v BALM*, [1982] *ECR* 3583.

[108] *Ibid.*, p. 3602, parágrafo 22.

[109] *Ibid.*, p. 3602, parágrafo 22.

Como sublinhado por *Quigley*, essa decisão sugere que o Tribunal não considerou que "subsídio concedido por um Estado-Membro" poderia ser interpretado como incluindo subsídio não derivado de recursos estatais.[110] Da mesma forma, quando normas nacionais afetarem o financiamento de entidades privadas, mas de um modo tal que não envolvam diretamente recursos estatais, o artigo 92 (1) não é aplicável.

No Caso *Van Tiggele,*[111] o Tribunal, nos termos do artigo 177, foi solicitado a decidir se a fixação, pela autoridade pública, de preços mínimos de varejo, com o objetivo de favorecer determinados distribuidores de um produto em detrimento exclusivo dos consumidores, poderia ser considerada subsídio.

Acompanhando parecer do Advogado-Geral *Capotorti*, segundo o qual subsídio concedido por um Estado-Membro ou através de recursos estatais significa uma vantagem que necessariamente acarreta um ônus para as finanças públicas, quer na forma de despesas, quer na forma de redução de receitas,[112] o Tribunal declarou que *"fixing by a public authority of minimum retail prices for a product at the exclusive expense of consumers does not constitute aid granted by a State within the meaning of (Article 92 (1))".*[113]

A possibilidade aventada acima de o Tribunal poder ampliar o conceito de subsídio para incluir a concessão de vantagens financeiras por um Estado-Membro não pagas pelo Estado-Membro finalmente tornou-se concreta no Caso *Van der Kooy e outros v Comissão.*[114] O governo holandês ajuizou ação, nos termos dos parágrafos primeiro e segundo do artigo 173, visando a anular uma decisão da Comissão sobre tarifa preferencial cobrada de produtores de estufas para gás natural naquele país. Referida tarifa estava regulada por contratos assinados entre a NV Nedelandse Gasunie, uma empresa cuja metade do capital era detida, direta ou indiretamente, pelo governo holandês, e o restante por duas empresas privadas e o *"Landbouwshap"*, uma entidade pública voltada para a defesa dos interesses dos produtores agrícolas.

O governo holandês sustentou que, contrariamente às explicações fornecidas pela Comissão em sua decisão, a tarifa contestada não tinha sido imposta por ele e, portanto, não poderia ser caracterizada como *"subsídio concedido por um Estado-Membro ou por meio de recursos estatais"*. Além disso, argüiu que a Gasunie era uma empresa privada da qual o governo detinha 50% do capital e que a tarifa era o resultado de um acordo celebrado

---

110 Ver Quigley, "The Notion of a State Aid...", *op.cit.*, p. 251.

111 Caso 82/77, *Openbaar Ministerie of the Netherlands v Van Tiggele,* [1978] *ECR* 25.

112 *Ibid.*, p. 52.

113 *Ibid.*, p. 41, parágrafo 26.

114 Casos conjuntos 67, 68 e 70/85, *Van der Kooy e Outros v Comissão,* [1988] *ECR* 219.

sob a égide do Direito Privado entre a Gasunie, Vegin e a *"Landbouwschap"*, do qual o Estado holandês não era parte.

O Tribunal entendeu que a Gasunie de maneira alguma gozava de ampla autonomia na fixação de tarifas, mas agia sob o controle e mediante instruções das autoridades públicas. Estava claro, portanto, que a Gasunie não podia fixar a tarifa sem levar em conta as exigências das autoridades públicas.[115] O Tribunal concluiu que *"the fixing of the contested tariff is the result of action by the Netherlands State and thus falls within the meaning of the phrase 'and granted by a Member State' under Article 92 of the Treaty"*.[116]

5.2.5. Medidas destinadas a favorecer empresas nacionais. A distinção legal entre subsídios e medidas gerais de política econômica

Uma medida do Estado, para ser enquadrável no artigo 92, deve constituir um subsídio concedido por meio de recursos estatais, o qual, *ao favorecer determinadas empresas ou a produção de determinados bens*, falseia ou ameaça falsear a concorrência, além de afetar o comércio entre os Estados-Membros.

Em face dessa natureza específica sublinhada acima, qual seja a de favorecer determinadas empresas ou a produção de determinados bens, o subsídio deve ser diferenciado de outras medidas estatais, normalmente denominadas medidas gerais de política econômica, que afetam ou podem afetar a economia como um todo.

Assim, medidas gerais, tais como, desvalorização da moeda, afrouxamento de controles de crédito, redução fiscal ou redução da taxa de juros, não constituem subsídios. É bem verdade que referidas medidas podem perfeitamente melhorar a posição de determinadas empresas de um Estado-Membro *vis-à-vis* concorrentes de outros Estados-Membros. Nesse caso, e,

---

115 *Ibid.*, p. 272, parágrafo 7.

116 *Ibid.*, p. 272, parágrafo 8. Em sentido contrário, em julgamento proferido em 17 de março de 1993, nos Casos conjuntos C -72/91 e C-73/91, *Sloman Neptun Schiffahrts AG e Seebetriebsrat Bodo Ziesemer der Sloman Neptun Schiffahrts AG*, o Tribunal entendeu que o fato de uma lei alemã permitir a contratação, por empresas alemãs, de marinheiros não-residentes no país de outros Estados não-membros, sem a aplicação dos generosos benefícios sociais a que têm direito os marinheiros alemães, que geram, como contrapartida o pagamento de elevadas tarifas e impostos por parte das empresas, não constituía subsídio concedido por meio de recursos estatais. O Tribunal afirmou: *"The consequences arising from this, in so far as they relate to the difference in the basis for the calculation of social security contributions, mentioned by the national court, and to the potential loss of tax revenue because of the low rates of pay, referred to by the Commission, are inherent in the system and are not a means of granting a particular advantage to the undertakings concerned"*. (Citação extraída do material do curso "Competition Law, 1996/1997", sob a responsabilidade de Steven Weatherill, da Universidade de Nottingham, Inglaterra).

desde que levem ao falseamento da concorrência no âmbito da Comunidade, elas podem ser abrangidas pelas disposições dos artigos 101 e 102,[117] muito embora, na prática, pouco uso tenha sido feito desses artigos.

A razão econômica dessa distinção é que o subsídio tem um efeito mais direto e imediato sobre as condições da concorrência entre os Estados-Membros do que as medidas gerais. Como assinalado pela Comissão, em seu *"Second Survey on State Aids (1990)"*, ao concentrar recursos estatais em *determinadas* empresas ou setores e ao conferir-lhes benefícios adicionais, as empresas ou setores favorecidos são colocados em clara posição de vantagem não somente em relação aos concorrentes do mesmo Estado-Membro, como também relativamente aos concorrentes de outros Estados-Membros. Por sua vez, os efeitos da maioria das medidas gerais provavelmente ficarão diluídos no amplo espectro da atividade econômica, podendo, ainda, ser compensados ou anulados por outras medidas genéricas ou neutralizados por mudanças na taxa de câmbio.[118]

Conquanto claro possa estar tal raciocínio, a distinção entre subsídios e medidas genéricas nem sempre é fácil de ser aplicada.[119] No Caso *Comissão v França,*[120] por exemplo, uma medida estatal a ser aplicada indistintamente a todos os produtores nacionais foi considerada um subsídio nos termos do artigo 92 (1). Esse Caso dizia respeito à outorga pelo *"Banque de France"* de taxa preferencial de redesconto a exportadores. Na opinião

---

[117] O parágrafo primeiro do artigo 101 estabelece que: "*Se a Comissão verificar que a existência de uma disparidade entre as disposições legislativas, regulamentares ou administrativas dos Estados-Membros falseia as condições de concorrência do mercado comum, provocando assim uma distorção que deve ser eliminada, consultará os Estados-Membros em causa*". O parágrafo primeiro do artigo 102 prescreve: "*Quando houver motivo para recear que a adoção ou alteração de uma disposição legislativa, regulamentar ou administrativa possa provocar uma distorção, na acepção do artigo anterior, o Estado-Membro que pretenda tomar essa medida consultará a Comissão. Após ter consultado os Estados-Membros, a Comissão recomendará aos Estados interessados as medidas adequadas, tendentes a evitar a distorção em causa*".

[118] Ver *Second Survey on State Aids..., op.cit.*, pp. 5/6.

[119] Um exemplo ilustrativo dessa dificuldade é a questão formulada, em certa ocasião, por um membro belga do Parlamento Europeu. Uma empresa tinha aparentemente decidido mudar seus planos quanto à localização de uma nova fábrica no setor químico depois de ter sido informada por autoridades públicas que uma determinada região - que acabou sendo a escolhida - seria beneficiada com a instalação de infra-estrutura de tratamento de águas e esgotos. Essa infra-estrutura tornaria desnecessário o tratamento de água normalmente efetuado pela empresa em seu processo de industrialização. Ao ser perguntada sobre se, em tais circunstâncias, a criação dessa infra-estrutura pelas autoridades públicas seria enquadrável no artigo 92 (1), a Comissão respondeu que, como se tratava de atividade tradicionalmente financiada pelo Estado ou por autoridades públicas locais, a rigor, não constituiria subsídio. No entanto, poderia vir a constituir subsídio se fosse criada especificamente para atender aos interesses de uma ou mais empresas ou de um determinado tipo de produto. Ver "Commission Answer to Written Question, *OJ* 1967, p. 2311.

[120] Casos 6 e 11/69, *Comissão v França,* [1969] *ECR* 523. Ver também Caso 173/73, *Itália v Comissão,* [1974] *ECR* 709, em que a redução, pelo governo italiano, de contribuições da seguridade social incidentes sobre salário-família pagas por empregadores foi caracterizada como subsídio.

do Tribunal, apesar de a taxa preferencial em questão ser aplicável a todos os produtos nacionais de exportação, os mais beneficiados eram determinados produtores franceses.[121]

Da mesma forma, no Caso *Comissão v Itália,*[122] o governo italiano assumiu parcialmente a responsabilidade pelo pagamento de contribuições destinadas ao seguro-saúde de empregados que empregadores ligados aos setores industrial e comercial eram obrigados a fazer.

O Tribunal corroborou o entendimento da Comissão no sentido de que aquela assunção de responsabilidade por parte do Estado acarretava uma redução muito maior no valor da contribuição para os planos de seguro-saúde da mão-de-obra feminina do que da masculina, o que favorecia determinados setores industriais italianos que empregavam um contingente maior de mão-de-obra feminina, tais como, o setor têxtil, de vestuário e de produtos de couro.[123]

O mesmo grau de dificuldade foi encontrado no Caso *Comissão v Irlanda.*[124] O governo irlandês havia lançado a campanha *"Buy Irish"*, parcialmente financiada com recursos governamentais, cujo objetivo era o de estimular o consumo de produtos fabricados na Irlanda. A Comissão questionou tal campanha, alegando violação do artigo 30 do Tratado. O governo irlandês sustentou que a companha não constituía medida de efeito equivalente a uma restrição quantitativa a importações (portanto, ilegal sob o artigo 30). Em seu entender, ela deveria ser considerada um subsídio na forma do artigo 92 (1). Para a Comissão, no entanto, aquela ação do Estado, que favorecia todos os produtos domésticos em detrimento dos importados, era demasiadamente genérica para ser enquadrada no artigo 92 (1).

Surpreendentemente, o Tribunal não decidiu a questão à luz das regras atinentes aos subsídios. Afirmou simplesmente o Tribunal que, se o governo irlandês considerava a campanha *"Buy Irish"* um subsídio na forma do artigo 92 (1), deveria tê-lo notificado à Comissão, consoante o previsto no artigo 93 (3)[125] Perdeu o Tribunal uma grande oportunidade de fornecer

[121] Ver especialmente parágrafos 19 e 20, p. 540. Interessante verificar também a opinião do Advogado-Geral Roemer. Segundo ele, o artigo 92 (1) refere-se não somente a subsídios a setores individuais ou áreas geográficas, como também a medidas do Estado que não se aplicam a todas as empresas em um Estado-Membro *"which is doubtless the case with aids to exports in relation to many undertakings which produce exclusively for domestic market"*. Ver p. 552.

[122] Caso 203/82, *Comissão v Itália*, [1983] *ECR* 2525.

[123] *Ibid.*, parágrafo 9, p. 2531. Conseqüentemente, como assinalado pelo Advogado-Geral Rozes, para que tal sistema não configurasse subsídio incompatível com o mercado comum, deveria o mesmo ser aplicado a todos os setores da economia (trecho do parecer do Advogado-Geral Rozes localizado na p. 2533). Situação similar foi discutida no Caso 52/83, *Comissão v França*, [1983] *ECR* 3707, em que o governo francês, a exemplo do italiano, assumiu parte da responsabilidade pelo recolhimento da seguridade social.

[124] Caso 249/81, *Comissão v Irlanda ("Buy Irish")*, [1982] *ECR* 4005.

[125] *Ibid.*, parágrafo 19, p. 4021.

mais esclarecimentos sobre as diferenças existentes entres subsídios e medidas gerais de política econômica.

Deve-se reconhecer, porém, que, pelo menos, no que respeita ao relacionamento entre os artigos 92/93 e 30, o Tribunal tornou claro que o fato de uma parte substancial da campanha ser financiada pelo governo irlandês e de os artigos 92 e 93 do Tratado poderem ser aplicados a financiamentos desse tipo não significava que a campanha em si pudesse escapar das proibições prescritas no artigo 30.[126]

Mais recentemente, em 25 de março de 1997, a Comissão aprovou um esquema belga conhecido como *"Maribel quater"*, destinado a promover o emprego de trabalhadores braçais. O esquema prevê uma redução nas contribuições de seguridade social aplicável a todas as empresas que empreguem trabalhadores braçais. Esse esquema foi considerado pela Comissão como uma medida geral, e não um subsídio por sua natureza genérica e aplicação automática e tendo em vista o fato de não fazer discriminação *a priori* entre setores. As reduções autorizadas variam de empresa para empresa de acordo com a proporção de trabalhadores braçais no total da força de trabalho empregada, o que, segundo a Comissão, não retira o caráter genérico da medida. Para a Comissão, essas variações foram justificadas com argumentos de política de emprego, *"because of the differing levels of social security contributions as a proportion of firms' total wage bills"*. Além disso, no entender da Comissão, os riscos de trabalhadores braçais serem demitidos, em conseqüência de um processo de automatização, são muito maiores em empresas que empregam um grande contingente desse tipo de mão-de-obra. Finalmente, a Comissão considerou os parâmetros utilizados pelo governo belga transparentes e objetivos.[127]

5.2.5.1. Sistemas gerais de subsídios e o princípio da justificativa compensatória

Em sua "incontrolável disposição" para estimular suas respectivas economias, os Estados-Membros, não raramente, também adotam os chamados sistemas gerais de subsídios, isto é, sistemas de subsídios não-setoriais, não-regionais, nem, de alguma forma, específicos, mas que são concedidos com base nos poderes gerais de intervenção dos Estados-Membros.

Como observado por *Schina*,[128] tais esquemas ou sistemas de subsídios não devem ser confundidos com as medidas gerais de política econômica, as quais, como mencionado precedentemente, podem eventualmente afetar todas as empresas em um Estado-Membro.

---

126 *Ibid.*, parágrafo 18, p. 4021.

127 Ver *Competition Policy Newsletter* nº 1, vol. 3, 1997, publicado trimestralmente pela Diretoria-Geral de Concorrência da Comissão, p. 25.

128 Despina Schina, *State aids..., op.cit.*, p. 32.

A Comissão reconheceu expressamente que esses sistemas gerais de subsídios apresentam problemas específicos, uma vez que ela não pode assumir uma posição definitiva em relação a eles quando são oficialmente notificados.[129] Em virtude de sua falta de especificidade, esses sistemas gerais de subsídios não são diretamente abrangidos pelas disposições do artigo 92 (3), o que impossibilita a Comissão de conceder isenções com base nos poderes que lhe são atribuídos. Como destacado por *Cownie*, isso é óbvio, na medida em que a Comissão não pode prever o provável efeito de tais esquemas ou sistemas gerais até obter informações mais específicas a respeito.[130]

Contudo, como também admitido pela Comissão, não seria sensato proibir a legislação pertinente a tais sistemas gerais de entrar em vigor, uma vez que os Estados-Membros necessitam ter à sua disposição poderes gerais que os capacitem a tomar ações imediatas, quando for o caso. Dessa forma, a Comissão permite que tal legislação seja editada, sob a condição de os Estados-Membros notificarem-na, com a devida antecedência, de quaisquer casos significativos de subsídios setoriais ou regionais a serem implementados nessas condições.[131]

Como resultado de sua preocupação de que o exame dos casos envolvendo esquemas gerais de subsídios pudesse ser tão rigoroso quanto aquele aplicado a outros planos ou propostas de subsídios, desenvolveu a Comissão o princípio da justificativa compensatória. Com base nesse princípio, a concessão de subsídio enquadrável no artigo 92 (1) somente será autorizada quando for necessária para se alcançar um dos objetivos inscritos no artigo 92 (3). Como afirmado pela Comissão em seu *Tenth Report on Competition Policy (1980)*, isenções à incompatibilidade incluída no artigo 92 (3) devem ser interpretadas restritivamente, ou seja, o subsídio apenas poderá ser concedido quando a Comissão puder verificar que ele contribuirá com a concretização dos objetivos especificados na isenção, objetivos esses que, em condições normais de mercado, as empresas beneficiárias não alcançariam por suas próprias ações.[132]

Infere-se desse Relatório da Comissão que os subsídios serão autorizados apenas para dar cumprimento aos objetivos da Comunidade e, como dizem, *Evans* e *Martin*, *"in the presence of market failure"*.[133]

---

[129] Ver a respeito o *Fifth Report on Competition Policy (1975)*, ponto 135.

[130] Ver Fiona Cownie, "State Aids in the Eighties", [1986] 11 *ELRev*. 247, p. 254.

[131] Cf. *The Tenth Report on Competition Policy (1980)*, ponto 213.

[132] *Ibid.*, ponto 149. Ver também Decisão 79/743 de 27 de julho de 1979 sobre proposta apresentada pelo governo holandês no sentido de aprimorar a capacidade produtiva de uma indústria de cigarros, *O J*. 1979 L 217/17, p. 18.

[133] Ver Andrew Evans e S. Martin, "Socially Acceptable Distortion of Competition: Community Policy on State Aid", [1991] 16 *ELRev*. 79, p. 90.

O princípio da justificativa compensatória foi ratificado pelo Tribunal no Caso *Philip Morris v Comissão.*[134] A Philip Morris questionou a posição da Comissão, segundo a qual o subsídio somente deveria ser aprovado na hipótese de insuficiência do mercado. Argumentou a Philip Morris que a aprovação ou não de subsídios abarcados pelo artigo 92 (3) deveria ser examinada independentemente da capacidade do mercado de alcançar o objetivo desejado. Após ter rechaçado essa linha de argumentação da Philip Morris, a Comissão sumarizou sua posição destacando que: *(i)* os subsídios são, em princípio, incompatíveis com o mercado comum; *(ii)* o poder discricionário da Comissão deveria ser exercido apenas quando os subsídios propostos pelos Estados-Membros contribuíssem com a realização dos objetivos e interesses da Comunidade inscritos no artigo 92 (3); e *(iii)* o interesse nacional de um Estado-Membro ou os benefícios obtidos pelo recipiente do subsídio ao contribuir para o interesse nacional não justificam por si próprios o exercício positivo dos poderes discricionários da Comissão.[135]

Em sua Decisão 81/626, de 10 de julho de 1981, a Comissão acrescentou que a aceitação de esquemas ou sistemas gerais de subsídios está sujeita às seguintes condições: *(i)* o Estado-Membro em questão deverá informar a Comissão sobre planos regionais ou setoriais de subsídios, ou, caso isso não seja possível, *(ii)* notificá-la sobre esquemas individuais significativos.[136]

Por outras palavras, o princípio da justificativa compensatória requer um exame da situação caso a caso. Assim, um subsídio concedido sob a forma de "esquemas ou sistemas gerais" para um inteiro setor ou ramo de uma indústria será aceitável sob a condição de que concessões individuais significativas sejam notificadas à Comissão.

5.2.6. A forma do subsídio: sob qualquer forma

Após o exame das linhas divisórias entre subsídios propriamente ditos, medidas gerais de política econômica e esquemas ou sistemas gerais de subsídios, cumpre tecer alguns comentários sobre as diversas formas de subsídios que podem favorecer ou beneficiar determinadas empresas.

O texto do artigo 92 (1) é muito claro a respeito. Estabelece tal artigo que os subsídios podem ser concedidos independentemente da forma que assumam, ou seja, os subsídios não precisam ter uma forma ou um tipo específico. Em determinada ocasião, em resposta a uma questão formulada

134 Caso 730/79, *Philip Morris Holland BV v Comissão*, [1980] *ECR* 2671.

135 Ver o *Tenth Report on Competition Policy (1980)*, p. 151.

136 Ver *O.J.* 1981 L229/12.

pelo Parlamento Europeu, forneceu a Comissão a seguinte lista não exaustiva de exemplos de medidas governamentais que constituem subsídios:

a) subsídios diretos;

b) isenções fiscais;

c) taxas de juros preferenciais;

d) garantias de empréstimos em condições especiais;

e) fornecimento de bens e serviços sob termos e condições preferenciais; e

f) indenizações contra perdas e outras medidas de efeito equivalente.

Com base em vários relatórios sobre concorrência publicados anualmente pela Comissão e em alguns processos ou casos examinados pelo Tribunal, *Schina*[137] aduziu os seguintes exemplos à supra-referida lista:

a) empréstimos sem juros ou com taxas de juros reduzidas;[138]

b) reembolso de custos na hipótese de êxito;

c) garantia de manutenção de taxa de câmbio ou garantias de empréstimos ou créditos;[139]

d) diferimento do recolhimento de impostos ou contribuições sociais;

e) fornecimento de serviços que aliviam os custos das empresas, tais como assistência técnica gerencial e comercial;

f) permissão de depreciação acelerada de ativos;

g) acesso preferencial a contratos públicos;

h) gratificação de emprego;

i) serviços de infra-estrutura fornecidos por autoridades públicas com o objetivo de beneficiar especificamente empresas ou a produção de determinados bens; e

j) aquisição temporária pelo Estado de ações do capital de empresas.

5.2.7. Falseamento da concorrência

O subsídio, para ser enquadrado no artigo 92 (1), deve falsear ou ameaçar falsear a concorrência. No principal precedente jurisprudencial a

---

137 Ver Despina Schina, *State Aids...*, *op.cit.*, pp. 16/17.

138 Ver a respeito o interessante Caso 57/86, *Grécia v Comissão*, [1988] *ECR* 2875, em que o Tribunal manteve a decisão da Comissão, segundo a qual subsídios à exportação sob a forma de taxa de juros subsidiada eram incompatíveis com o mercado comum.

139 Parece não haver dúvidas de que garantias estatais constituem subsídios, venham ou não a ser executadas, na medida em que a cláusula de garantia retira o elemento risco que a empresa teria de normalmente correr. Ver a Decisão da Comissão 75/79/EEC, [1979] *O.J.* L 138/30. Em 05 de abril de 1989, a Comissão enviou circular aos Estados-Membros relativamente a essas garantias outorgadas pelo Estado (Reference SG (89) D/4328). Nos termos dessa circular, a Comissão deverá considerar todas as garantias outorgadas pelo Estado, quer diretamente ou por delegação do Estado por meio de contribuições financeiras, como incursas no artigo 92 (1). Ver também circular subseqüente (Reference SG (89) D/12772, datada de outubro de 1989) relativa à necessidade de essas garantias serem notificadas à Comissão.

respeito, o Caso *Philip Morris v Comissão,*[140] o Advogado-Geral *Capotorti* sustentou que um subsídio sempre falseia a concorrência. Para ele, o texto do artigo 92 (1) deve ser interpretado de maneira tal que a distorção da concorrência deveria ser *"uma conseqüência consistente e necessária do benefício concedido a determinadas empresas ou à produção de determinados bens por meio de subsídio do Estado".*[141] Dessa forma, enquanto um exame dos efeitos do subsídio no contexto do artigo 85 (1) seria absolutamente necessário - devendo tal exame ser abrangente no sentido de determinar se há um substancial efeito adverso sobre a concorrência -, quando se tratasse da aplicação do artigo 92 (1), *"não haveria razão para se investigar se o falseamento efetivamente existe, não sendo ainda possível verificar em que condições uma investigação restrita ao seu real escopo seria segura".*[142]

Deduz-se, portanto, das palavras de *Capotorti*, que o subsídio estatal falseia a concorrência *per se*, a menos que existam circunstâncias excepcionais, como, por exemplo, a total ausência no mercado comum de produtos que sejam idênticos, ou que possam substituí-los, àqueles produzidos pelo recipiente do subsídio.[143]

Esse entendimento foi partilhado pela Comissão em seu *Eleventh Report on Competition Policy (1981)*, no qual ela afirmou:

> *"Moreover, the effect of the use of aids within the Member States should not be overlooked. While the recipient of aid receives a positive advantage, there are automatic disadvantages for those who do not receive aid. Not only do they have to compete, but the very fact of the granting of subsidies may have wider economic effects in terms of higher rates of interest which further heighten the disadvantage of the non-recipient of aid."*[144]

O Tribunal, no entanto, em seu julgamento do mesmo Caso *Philip Morris,*[145] não foi tão longe a ponto de considerar que subsídios têm efeitos automáticos sobre a concorrência. Tratava-se o subsídio em questão de um prêmio de investimento que o governo holandês tinha proposto conceder àquela fabricante de cigarros (a segunda maior do mundo do grupo). Referido prêmio de investimento envolvia, de um lado, um projeto de fechamento de uma fábrica em uma região da Holanda e, de outro, expansão de sua capacidade em outra região. O prêmio corresponderia a 3.8% do total do investimento. Com a reorganização do grupo, Philip Morris esperava con-

---

140 Caso 730/79, *Philip Morris v Comissão,* [1980] *ECR* 2671.

141 *Ibid.* , p. 2698.

142 *Ibid.*, p. 2699.

143 *Ibid.*. p. 2698. Ver também Despina Schina, "State Aids...", *op.cit.*, p. 24.

144 Ver *Eleventh Report on Competition Policy (1981)*, ponto 176.

145 Caso 730/79, [1980] *ECR* 2671.

trolar metade da indústria de manufatura de cigarros da Holanda e exportar mais de 80% de sua produção naquele país para outros Estados-Membros. Com base em tal informação, a Comissão concluiu que o programa de subsídio iria afetar o comércio e falsear a concorrência entre os Estados-Membros.

A Philip Morris questionou tal decisão por diversas razões. Segundo a empresa, a análise econômica realizada pela Comissão não era suficiente para justificar o entendimento relativo à existência de falseamento da concorrência. Argüiu a Philip Morris que a fim de determinar em que medida um subsídio específico era incompatível com o mercado comum, deveria a Comissão aplicar, em primeiro lugar, o critério de verificação da existência de restrições da concorrência sob os artigos 85 e 86 do Tratado. Nessa conformidade, deveria a Comissão, antes de mais nada, determinar o "mercado relevante" e, para fazê-lo, deveria levar em consideração o produto, o território e o período em questão. Além disso, deveria considerar a estrutura do mercado para ser capaz de examinar em que medida referido subsídio em um caso determinado afetava as relações entre os concorrentes.[146] Na opinião da Philip Morris, portanto, a decisão da Comissão deveria ser anulada porque não continha essa análise.

O Tribunal confirmou o entendimento da Comissão dizendo que *"State financial aid strengthens the position of an undertaking compared with other undertakings competing in intra-Community trade, the latter must be regarded as affected by that aid".*[147]

Segundo o Tribunal, a decisão da Comissão estava correta, uma vez que os fatos nela mencionados eram suficientes para justificar a conclusão de que o subsídio proposto iria ameaçar falsear a concorrência entre empresas e afetar o comércio entre os Estados-Membros. De fato, para o Tribunal, os fatores decisivos foram: *(a)* o subsídio em questão tinha como objetivo ajudar a Philip Morris a aumentar sua capacidade de exportar cigarros; e *(b)* esse subsídio teria reduzido o custo de conversão das instalações da empresa, propiciando-lhe, assim, uma vantagem competitiva relativamente a outros produtores de cigarros que teriam de financiar com recursos próprios um aumento similar de capacidade produtiva de suas respectivas fábricas.[148]

Pode-se inferir desse Caso *Philip Morris* que se, de um lado, as exigências analíticas impostas à Comissão no que se refere a subsídios estatais são - para usar, no original, as palavras de *Evans* e *Martin*[149] - *"relatively*

146 *Ibid.*, p. 2688.

147 *Ibid.*, pp. 2688/2689, parágrafo 11.

148 *Ibid.*, p. 2689, parágrafo 1. Ver também Bellamy & Child, *Common Market Law..., op.cit.*, p. 620 e Wyatt e Dashwood, *The Substantive Law of the EEC*, 1ª ed., Londres, Sweet & Maxwell, 1987, p. 458.

149 Andrew Evans e S. Martin, "Socially Acceptable...", *op.cit.*, p. 88.

mild", ou muito menos abrangentes do que aquelas pertinentes aos artigos 85 e 86, de outro, parece ser função da Comissão, pelo menos, declarar claramente suas razões. Por outras palavras, a Comissão deve explicar de que maneira a concorrência é afetada, a posição do recipiente no mercado e o volume de comércio do produto em questão entre os Estados-Membros.

Esse entendimento veio a ser mais tarde confirmado no Caso *Holanda e Leewarder Papierfabriek BV v. Comissão.*[150] Após observar nesse Caso que nem as razões nem os fatos foram demonstrados pela Comissão para embasar sua afirmação geral de que a assistência estatal sob análise falseava ou ameaçava falsear a concorrência, o Advogado-Geral *Slynn* disse que não lhe parecia suficiente a Comissão meramente referir-se a alegações de terceiros sem demonstrar as apurações realizadas por ela própria.[151]

O Tribunal, que concordou com essa opinião do Advogado-Geral, declarou:

> *"Even if in certain cases the very circumstances in which the aid is granted are sufficient to show that the aid is capable of affecting trade between Member States and of distorting or threatening to distort competition, the Commission must at least set out those circumstances in the statement of reasons for its decision. In this case it has failed to do so since the contested decision does not contain the slightest information concerning the situation of the relevant market, the place of Leeuwarder in that market, the pattern of trade between Member States in the products in question of the undertaking's exports."*[152]

Por essas e outras razões, o Tribunal anulou a decisão da Comissão.[153] Posição semelhante foi adotada pelo Advogado-Geral *Slynn* no Caso *Rijn-Schelde-Verolme v Comissão,*[154] no qual ele afirmou que a decisão contestada não satisfazia as exigências do artigo 190,[155] tal como interpretado pelo

---

[150] Casos 296, 318/82, *Holanda e Leewarder Papierfabriek BV v Comissão,* [1985] *ECR* 809.

[151] *Ibid.*, p. 814.

[152] *Ibid.*, p. 824, parágrafo 24.

[153] Pelas mesmas razões, o Tribunal anulou a decisão da Comissão no Caso 248/84, *Alemanha v Comissão,* [1987] *ECR* 4013. Ver também Caso 323/82, *Intermills S.A. v Comissão,* [1984] *ECR* 3809, no qual a decisão da Comissão pertinente foi parcialmente anulada em face de ela não ter fornecido indicação concreta da maneira pela qual a concorrência tinha sido prejudicada, além de não ter sido convincente em suas explicações sobre o porquê de as atividades da empresa recipiente do subsídio poderem ter tal efeito adverso sobre as condições de comércio, que sua liquidação teria sido uma opção melhor que sua salvação.

[154] Caso 223/85, *Rijn-Schelde-Verolme (RSV) Machinefabrieken en Scheepswerven NV v Comissão,* [1987] *ECR* 4617, pp. 4648-4649. Da mesma forma nesse Caso, o Tribunal não referendou o entendimento da Comissão, mas por outras razões.

[155] O artigo 190, com a redação dada pelo artigo G.62 do Tratado da União Européia, estabelece: "*Os regulamentos, diretivas e decisões adotados em conjunto pelo Parlamento Europeu e pelo Conselho, e esses mesmos atos adotados pelo Conselho e pela Comissão serão fundamentados e referir-se-ão às propostas e pareceres obrigatoriamente obtidos por força do presente Tratado*".

Tribunal no que tange aos dois assuntos relacionados, a saber: do efeito do subsídio sobre o comércio e a concorrência e sua compatibilidade com o mercado comum. Em primeiro lugar, segundo argumentou o Advogado-Geral, a decisão da Comissão não continha praticamente nada a respeito de mercado relevante ou sobre a parcela daquele mercado detida pela RSV. Ademais, aduziu o Advogado-Geral, a Comissão não tinha fundamentado suas afirmações de que o mercado relevante estava operando acima de sua capacidade. Para ele, a Comissão não tinha sido capaz de explicar a razão pela qual tinha aprovado o subsídio que lhe tinha sido notificado em 1980 e rejeitado o projeto de subsídio em questão, o qual, visava a cobrir custos adicionais não previstos decorrentes da mesma operação. Arrematou, dizendo que devia haver boas razões para as conclusões da Comissão, *"but if they are they should be spelled out"*.

Atualmente, no entanto, parece ser amplamente reconhecido que a Comissão tem sido muito mais cuidadosa ao fundamentar suas decisões. Essas decisões ultimamente têm contido estatísticas comerciais e de mercado. O mercado relevante ao qual a Comissão deve dedicar especial atenção é aquele de bens ou serviços fornecidos pelo recipiente do subsídio, e o de produtos e serviços substituíveis que, conseqüentemente, fazem parte do mesmo mercado. Ademais, diferentemente dos casos envolvendo os artigos 85 e 86, o mercado relevante geográfico, para os fins do artigo 92, não precisa ser uma parte substancial do mercado comum.[156]

Não obstante a clareza desse esclarecimento da Comissão, ainda não se chegou a um ponto capaz de permitir a resolução de todos os problemas que poderão surgir a respeito. Falta verificar como o Tribunal ou a Comissão responderia à seguinte questão: um subsídio na área de pesquisa e desenvolvimento, por exemplo, concedido a um produto que ainda não possui nenhum mercado poderia ser considerado uma medida capaz de ameaçar falsear ou falsear a concorrência entre Estados-Membros?[157]

Seja como for, no Caso *Van der Kooy v Comissão,*[158] por exemplo, o Tribunal retornou à sua política tradicional e apoiou integralmente as justificativas da Comissão, concluindo que uma redução de preço de 5.5 % era, em vista da quantidade de gás utilizada por hortifrutigranjeiros holandeses, suficiente para falsear a concorrência no âmbito no mercado comum.

---

[156] Ver a respeito, Freeman e Whish, org., *Butterworths...*, *op.cit.*, p. viii/21.

[157] Ver Manfred Caspari, "The aid rules of the EEC Treaty and their application", *in Discretionary Powers of the Member States in the Field of Economic Policies and their Limits under the EEC Treaty (contributions to an International Colloquium of the European University Institute held in Florence on 14-15 May, 1987)*, ed. por Jürgen Shwarze, Baden-Baden, Nomos Verlagsgesellschaft, 1988, p. 45.

[158] Casos conjuntos 67, 68 e 70/85, *Van der Kooy e outros v Comissão*, [1988] *ECR* 219, p. 276.

5.2.7.1. O grau de falseamento da concorrência: o princípio "de minimis"

O princípio geral de Direito *"de minimis non curat lex"* também aplica-se no âmbito do Direito Comunitário. Isso significa que os efeitos ou conseqüências de certos atos têm tão reduzida importância que nem sequer são abordados por um sistema jurídico.

No Caso *Volk v Vervaecke* e *Beguelin Import v GL Import Export,*[159] o Tribunal confirmou o entendimento da Comissão no sentido de que aquele princípio deveria ser aplicado nos termos do artigo 85. Contudo, inquestionavelmente, o Tribunal não foi capaz de indicar a presença desse mesmo princípio no artigo 92 (1). Até o momento, sua aplicabilidade ao artigo 92 (1) tem sido sistemática e completamente rejeitada.

Conforme já referido no Caso *Philip Morris,*[160] apesar de aquela indústria de cigarros ter argumentado que uma regra *de minimis* deveria ser aplicada ao artigo 92 (1) da mesma forma, ou de maneira semelhante, que a aplicada à proibição relativa a práticas restritivas contida no artigo 85, o Tribunal não examinou apropriadamente essa questão.[161] Deve ter procedido dessa maneira provavelmente porque o subsídio em questão teve, de fato, um efeito significativo sobre a concorrência.

Um comentário mais incisivo sobre os argumentos expendidos pela Philip Morris foi feito pelo Advogado-Geral *Capotorti.* Segundo ele, não era necessário que o Tribunal examinasse se o subsídio em questão tinha um efeito substancial sobre o comércio entre os Estados-Membros pelas seguintes razões: *(a)* o efeito automático dos subsídios sobre a concorrência; *(b)* o fato de o artigo 85 aplicar-se a empresas, enquanto o artigo 92 refere-se aos Estados-Membros; e *(c)* os critérios mais restritivos que deveriam ser aplicados na área de subsídios estatais, em face de sua maior importância e da necessidade de controlar-se a tendência dos governos de descumprir sua proibição.[162] Com efeito, esse entendimento do Advogado-Geral *Capotorti* veio posteriormente a ser corroborado pela recusa do Tribunal em permitir a aplicação da exceção *de minimis* ao artigo 30.[163]

---

159 Caso 5/69, *Volk v Vervaecke,* [1969] e Caso 22/71, *Beguelin Import v GL Import Export,* [1971] *ECR* 949, respectivamente.

160 Caso 730/79, *Philip Morris v Comissão,* [1980] *ECR* 2671.

161 Deve-se admitir, no entanto, é bem verdade, que, em seu julgamento, o Tribunal estabeleceu um critério para determinar se um subsídio falseia a concorrência e afeta o comércio entre Estados-Membros. Como mencionado, sustentou o Tribunal que, quando o subsídio financeiro do Estado fortalecer a posição de uma empresa comparativamente com outras empresas concorrentes no comércio intracomunitário, essas últimas devem ser tidas como afetadas por tal subsídio (*Ibid.,* pp. 2688/2689).

162 *Ibid.,* p. 2699.

163 Ver Ross, "State aids...", *op.cit.,* p. 170, onde ele observa que: "*...the rejection of any* de minimis *rule for Article 30 restrictions on trade seems based on this very point*". A esse respeito, ele menciona o Caso 16/83, *Prantl,* [1984] *ECR* 1299 e o Caso 103/84, *Comissão v Itália,* [1987] 2 *CMLR* 825. Os Casos 177 e 178/82, *Van de Haar,* [1984] *ECR* 1797 poderiam ser também mencionados.

Essa questão atinente à aplicabilidade do princípio *de minimis* ao artigo 92 (1) surgiu novamente no Caso *Bélgica v Comissão,*[164] que versou sobre a injeção de capital pelo Estado em uma fábrica de equipamentos insolvente. O Advogado-Geral *Lenz* opôs-se firmemente à existência daquele princípio no campo de subsídios estatais. Afirmou o Advogado-Geral que o Tribunal, até aquele momento, não havia reconhecido a existência de tal princípio no setor de subsídios estatais. Segundo ele, a adoção de tal princípio no contexto do processo de revisão do subsídio não seria adequada, uma vez que *"State aid disrupts the system of undistorted competition which is sought by the Treaty (Article 3 (f) of the EEC Treaty)".*[165]

O Tribunal cingiu-se a observar que as justificativas da Comissão, apesar de concisas, estavam claras e bem fundamentadas, o que era suficiente para concluir que a injeção de capital constituía subsídio na forma do artigo 92 (1).[166]

Entendimento semelhante foi adotado no Caso *Deufil,*[167] no qual autoridades alemãs tinham concedido àquela empresa subsídios (chamados de investimento) no valor de 3 milhões de marcos destinados à substituição de equipamentos de produção de fios de poliamido por equipamentos mais produtivos tanto para fios de poliamido quanto para fios de polipropileno. Esses recursos foram repassados à empresa sem notificação à Comissão. A Comissão emitiu decisão considerando o subsídio ilegal e requerendo ao governo alemão que o recuperasse da Deufil. Em sua defesa perante o Tribunal, a beneficiária dessa assistência financeira, a empresa Deufil, argüiu que a proibição de um subsídio seria cabível somente na hipótese de ele vir a causar uma "significativa" alteração nas condições de concorrência e comércio intracomunitário.

O Advogado-Geral *Darmon*, ao lidar, em primeiro lugar, com a visão da Deufil de que o Tribunal não deveria levar em consideração a quantidade de sua produção destinada à exportação para Estados não-membros, salientou que qualquer que fosse sua destinação tal quantidade de produção deveria ser examinada à luz dos critérios prescritos pelo artigo 92 (1). Segundo o Advogado-Geral, a *"depression in the Community market for the products concerned could only sharpen competition between producers and lead them to seek additional outlets on the world market, which is itself saturated"*. Assim, nesse contexto, para *Darmon*, subsídio (ou investimento) que gera uma redução nos custos de produção de um produtor não poderia deixar de ter efeito sobre a capacidade competitiva de outros pro-

[164] Caso 234/84, *Bélgica v Comissão,* [1986] *ECR* 2263.
[165] *Ibid.*, p. 2274.
[166] *Ibid.*, ver pp. 2287/2288, parágrafos 20 a 23.
[167] Caso 310/85, *Deufil GmbH e Co. KG v Comissão,* [1988] 1 *CMLR* 553.

dutores, quer de dentro quer de fora da Comunidade, e, portanto, sobre o comércio intracomunitário. Além disso, acentuou o Advogado-Geral, o argumento relativo à existência de uma parcela mínima do mercado foi desmentido pelos fatos, já que, nos dois anos subseqüentes à concessão do benefício, a empresa alemã duplicou sua capacidade de produção e participação no mercado comunitário.

Para o Tribunal, como era de se esperar, o fato de 30% da produção de poliamido e 70% da produção de polipropileno daquela empresa serem destinadas a outros Estados-Membros justificava amplamente a conclusão da Comissão de que o subsídio em questão provavelmente afetaria o comércio e falsearia a concorrência entre os Estados-Membros.[168] Rejeitou novamente o Tribunal a argumentação lastreada no princípio *de minimis*, *"without resort unequivocally to the arguments concerning Article 92 raised by analogy from Article 85"*.[169]

De maneira consistente com seus pareceres anteriormente emitidos,[170] o Advogado-Geral *Lenz*, no Caso *França v Comissão*,[171] asseverou que seria inapropriado estender o princípio do efeito apreciável ou considerável à proibição relativa a subsídios contida no artigo 92 (1). Segundo ele, não se pode inferir do texto daquele artigo ou da jurisprudência do Tribunal uma exceção à fundamental proibição pertinente a subsídios. Assim, raciocina o Advogado-Geral, considerando que a concessão de subsídio mina o sistema de livre concorrência contemplado pelo Tratado e, considerando que, na forma do artigo 5, os Estados-Membros são obrigados a facilitar a realização dos objetivos comunitários, *"it is in principle justified to apply a stricter standard as regards the conduct of Member States than as regards the conduct of undertakings"*.

Tratou-se referido caso da concessão pelo *"Fond Industriel de Modernisation"* (FIM), uma entidade constituída pelo governo francês em 1983 e extinta em 1986, de um empréstimo a uma cervejaria no valor de FF 40 milhões (francos franceses). De acordo com o Preâmbulo da decisão da Comissão, a taxa de juros dos empréstimos concedidos pelo FIM eram sempre fixadas abaixo do valor das taxas de mercado. Isso porque esses empréstimos do FIM eram financiados pela *"Comptes de Dévelopment Industriel"* (Codevi). A Codevi era constituída por contas de depósito de curto prazo destinadas a capacitar chefes de família franceses, por meio de suas poupanças, a participar da modernização industrial concebida pelo governo francês. Dessa forma, os recursos obtidos pelo FIM por meio da

168 *Ibid.*, ver pp. 565/566.

169 Ver Ross, "A Review of Developments...", *op.cit.*, p. 170.

170 Ver Caso 234/84, *Bélgica v Comissão*, [1986] *ECR* 2263, p. 2274.

171 Caso 102/87, *França v Comissão*, [1988] *ECR* 4067, p. 4068, parágrafo 25.

Codevi eram usados para financiar empréstimos de longo prazo para a indústria. A possibilidade de levantar recursos em grande volume e a taxa de juros tão baixa devia-se à isenção fiscal concedida à Codevi pelo Estado, o qual estava renunciando a uma considerável receita.

Nessas circunstâncias, a combinação de isenção fiscal da Codevi e o uso do dinheiro depositado nas referidas contas para financiar o FIM resultou na concessão de um juro subsidiado para as empresas tomadoras dos empréstimos em detrimento da receita fiscal do Estado. Para a Comissão, a concessão de empréstimos nessas condições tinha a natureza de subsídio estatal nos termos do artigo 92 (1).

Como esperado, o governo francês contestou a decisão da Comissão argumentando, em primeiro lugar, que o empréstimo não era significativo o suficiente a ponto de afetar o comércio ou a concorrência. Em segundo lugar, de acordo com o governo francês, a Comissão não havia fundamentado suas conclusões a esse respeito.

O Tribunal ratificou integralmente as conclusões da Comissão no sentido de que aquele empréstimo constituía, inequivocamente, subsídio. Ademais, concordou totalmente com a análise feita pela Comissão do mercado comunitário em questão e com a maneira pela qual o empréstimo afetou a posição da empresa relativamente a outros concorrentes. Declarou o Tribunal que:

> *"...aid to undertaking may be such as to affect trade between the Member States and distort competition where that undertaking competes with products coming from other Member States, even if it does not itself export its products. Such a situation may exist even if there is no over-capacity in the sector at issue. Where a Member State grands aid to an undertaking, domestic production may for that reason be maintained or increased with the result that, in circumstances as those found to exist by the Commission, undertakings established in other Member States have less chance of exporting their products to the market in that Member State. Such aid is therefore likely to affect trade between Member States and distort competition."*[172]

Novamente, o Tribunal evitou a questão do princípio *de minimis*. No Caso *Bélgica v Comissão,*[173] relativo a um subsídio concedido a uma fábrica de tubos de aço, o governo belga argüiu que, em face da inexistência de norma definidora de um limite (17%) a partir do qual o comércio intracomunitário é afetado, deveria ser feita referência em nível de 5% do mercado habitualmente adotado pela Comissão em matéria de concorrência.

[172] *Ibid.*, pp. 4087/4088, parágrafo 19.
[173] Caso C-142/87, *Bélgica v Comissão*, [1990] I *ECR* 959.

Dessa vez, reconhecidamente de forma um pouco mais objetiva, o Tribunal disse que o valor relativamente pequeno de subsídio ou o tamanho relativamente pequeno da empresa recipiente do benefício não exclui como tal a possibilidade de o comércio intracomunitário vir a ser afetado.[174]

Deve-se enfatizar que essa postura um tanto quanto cautelosa e conservadora do Tribunal é amplamente justificável. Afinal de contas, a possibilidade de um Estado-Membro violar suas obrigações estabelecidas no Tratado é muito mais perigosa e destrutiva para a harmonia política e da unidade do mercado do que algumas práticas restritivas por parte de empresas.[175] Nessa conformidade, considerando que o sistema de supervisão de subsídios é baseado na notificação prévia, a resistência a qualquer doutrina *de minimis* é vital para impedir que os Estados-Membros justifiquem o não-envio dessa notificação prévia à Comissão com base no fato de ser o esquema de subsídio insignificante. Portanto, como acentuado por *Ross*, qualquer *"assessment of an aid's importance must rest with the EC Commission, not the implementing State"*.[176]

Surpreendentemente, no entanto, a Comissão provavelmente em virtude da forte pressão exercida pelos Estados-Membros e em vista de seu indisfarçável desejo de reduzir sua carga de trabalho, introduziu recentemente a regra *de minimis* para subsídios estatais, nos termos da qual, no período compreendido entre 1992 e 1995, subsídio inferior a 50.000 ECU (*"European currency unit"*) não seria considerado como lesivo ao comércio ou falseador da concorrência entre os Estados-Membros. Nesse caso, a notificação prévia por parte do Estado concedente do subsídio não seria mais necessária. Em 1996, a Comissão publicou novamente um Comunicado a respeito do *de minimis* ampliado seu objetivo e simplificando os procedimentos para implementação dessa regra.[177]

Trata-se essa inovação de um precedente perigoso com base no qual podem os Estados-Membros lastrear suas decisões relativas à implementação de esquemas de subsídios, quer sejam "significativos ou não", sem o envio da pré-notificação à Comissão. Por outras palavras, tal inovação reforça a tendência natural dos Estados-Membros de não notificar a Comissão ou de minimizar os efeitos dos subsídios por eles concedidos.

---

[174] *Ibid.*, p. 1015, parágrafo 43.

[175] Cf. Ross, "State aids...", *op.cit.*, p. 170.

[176] *Ibid.*, p. 171.

[177] Ver a respeito o *XXVIth General Report on the Activities of the European Communities (1992)*, Comissão, 1993, p. 75. Ver também *OJ* C 68, 6.3.1996, p. 9 e o *XXVIth Report on Competition Policy (1996)*, p. 55.

5.2.8. Efeitos sobre o comércio intracomunitário

Nos termos do artigo 92 (1), o subsídio é incompatível com o mercado comum apenas *"na medida em que afetam as trocas comerciais entre os Estados-Membros"*. No Caso *Philip Morris*,[178] como precedentemente mencionado, o Tribunal entendeu que se um financiamento concedido pelo Estado vier a reforçar a posição de uma empresa comparativamente com outras empresas concorrentes no mercado intracomunitário, essas últimas devem ser consideradas como tendo sido afetadas pelo subsídio.

É interessante ter presente três observações aduzidas pelo Advogado-Geral *Capotorti* àquela declaração.

Na primeira delas, ele enfatizou que o elo entre o afetar o comércio intracomunitário e o falsear a concorrência é claro, já que ambos podem ser identificados adotando-se o critério segundo o qual os subsídios são proibidos *"in so far as they distort free competition in the common market and the freedom and spontaneity to the flow of trade between Member States"*.

Na segunda de suas observações, *Capotorti* assinalou que o subsídio pode afetar o comércio intracomunitário não somente no caso de uma diminuição como também de um aumento de seu volume. Subsídios à exportação, por exemplo, no âmbito da Comunidade, irá certamente gerar um aumento no volume de comércio. No entanto, tais subsídios não podem se beneficiar de nenhuma das exceções previstas no artigo 92 (3). Além disso, um subsídio para determinada empresa ou para a produção de determinados produtos aumentará a fatia do mercado nacional e comunitário do beneficiário, provocando, simultaneamente, uma redução da fatia desse mesmo mercado de seus concorrentes. Assim, qualquer mudança artificial no volume intracomunitário de comércio, que não teria ocorrido sem a concessão de um subsídio, parece enquadrar-se na proibição contida no artigo 92 (1).

Em terceiro lugar, o Advogado-Geral ponderou sobre a existência de algumas linhas paralelas que podem ser traçadas entre as frases usadas nos artigos 85 e 86 (práticas *"que podem afetar o comércio entre os Estados-Membros"*), de um lado, e o artigo 92 (1) (práticas *"que afetam as trocas comerciais entre os Estados-Membros"*). Nessa conformidade, se o comércio de um determinado produto for afetado simplesmente no âmbito nacional, as disposições do artigo 92 (1) não se aplicarão; sua aplicação deverá ser feita em um nível mais elevado, ou seja, quando o comércio intracomunitário for afetado. Apesar disso, deve-se notar que alguns assuntos que aparentemente estão restritos a um único Estado e que se referem à produção, e não ao comércio, podem ter efeitos sobre o comércio entre Estados-Mem-

[178] Caso 730/79, *Philip Morris v Comissão*, [1980] *ECR* 2671, pp. 2688/2689.

bros, desde que não tenham uma dimensão tão pequena a ponto de interessar apenas a um segmento limitado do mercado.[179]

Um enfoque parecido com esse de *Capotorti* foi adotado pelo Advogado-Geral *Reischl* em parecer exarado no Caso *Benedetti v Munari*[180] relativamente a algumas intervenções feitas pelo governo italiano no mercado agrícola. A *"Azienda di Stato per gli Interventi sul Mercado Agricolo (AIMA)"*, agindo sob instruções do governo italiano, adquiriu trigo comum a um preço "de intervenção" com recursos do Estado, tendo-o vendido a um preço consideravelmente baixo com o objetivo de baratear o preço do pão. *Reischl* observou que:

> *"...It is true that such a danger is relatively minor in the case of aid limited to a single locality and occurring at times of an international shortage of cereals. However it cannot be completely ruled out. The court making the reference must therefore clarify this matter as well, for example by obtaining the relevant statistics of foreign trade from which it may perhaps be seen that cereal imports or meal imports into Italy have declined or that the flow of trade has changed in such a way that meal which was previously sold on the Italian market has been exported to other countries."*

É importante observar que o efeito sobre o comércio intracomunitário pode variar de acordo com o subsídio em questão. Um subsídio destinado à promoção de pesquisa, por exemplo, pode afetar o comércio se financiado por tarifas impostas tanto sobre produtos domésticos como importados, mas utilizadas apenas para beneficiar a indústria doméstica.

No Caso *França v Comissão,*[181] o programa de subsídio visava a assegurar a reorganização da indústria têxtil da França. Envolvia referido programa a imposição de um tributo sobre todas as vendas de tecidos na França, quer fossem produzidos localmente ou importados. A receita de tal tributo foi alocada a um instituto de pesquisa, o *"Institut Textile de France"*, e a uma associação comercial, a *"Union des Industries Textiles"*, para financiar tal reorganização do setor têxtil francês.

A Comissão não fez restrições aos objetivos desse subsídio. Porém, questionou o fato de produtores estrangeiros terem sido taxados para propiciar um benefício destinado principalmente a empresas francesas. Dessa

---

[179] *Ibid.*, p. 2697. Ver também Despina Schina, *State Aids..., op.cit.*, p. 34. e Bellamy e Child, *Common Market Law..., op.cit.*, p. 620. Com relação ao tópico exportações mencionado discutido pelo Advogado-Geral Capotorti, deve-se salientar que subsídios concedidos a exportações para fora da Comunidade não se enquadram no artigo 92 (1), a menos que o necessário efeito sobre o comércio intracomunitário seja demonstrado. Ver *First Report on Competition Policy (1971)*, 1972, ponto 187, e o *Seventh Report on Competition Policy (1977)*, 1978, pontos 242-244.

[180] Caso 52/76, *Benedetti v Munari*, [1977] *ECR* 163, pp. 190/191.

[181] Caso 47/69, *França v Comissão*, [1970] *ECR* 487.

forma, em sua decisão, requereu que a França abolisse o programa ou alterasse o mecanismo de repasse dos recursos.

O Advogado-Geral *Roemer* delineou os termos do debate perante o Tribunal ponderando que, se a matéria fosse apreciada sob um ponto de vista qualitativo, não haveria dúvidas de que a imposição de desvantagens a produtores estrangeiros em detrimento de sua posição competitiva, especialmente como resultado de medidas tarifárias tomadas no âmbito de um sistema de subsídio, constituiria um grande distúrbio nas condições de comércio. Segundo *Roemer*, *"the extent to which such negative effects are translated into reality is therefore irrelevant"*.[182]

O Tribunal confirmou que somente os subsídios que não perturbassem ou afetassem o comércio entre Estados-Membros poderiam ser autorizados. Declarou que um sistema de subsídio, apesar de em desconformidade com a legislação comunitária, poderia ser aceitável desde que não afetasse substancialmente o comércio entre os Estados-Membros. Todavia, seu efeito perturbador poderia ser agravado por um método de financiamento capaz de tornar o sistema como um todo incompatível com o mercado único e o interesse comum.[183] Ademais, o Tribunal deu indicações de que a alíquota do imposto (relativamente baixa, como sustentado pelo governo francês) não era um elemento essencial na investigação pertinente ao falseamento da concorrência. Conforme o Tribunal, a Comissão *"has therefore rightly decided that this aid, whatever might be the rate of the said charge, has the effect, because of the method by which it is financed, of adversely affecting trade to an extent contrary to the common interest within the meaning of Article 92 (3) (c)"*.[184]

Esse trecho da decisão do Tribunal que destaca a visão segundo a qual o efeito sobre o comércio deve ser avaliado em termos qualitativos em vez de quantitativos - para usar a expressão de *Evans* e *Martin*[185] - foi subseqüentemente ratificado pela jurisprudência desse Tribunal.

É também necessário salientar que o Tribunal forneceu importantes esclarecimentos acerca do relacionamento entre os artigos 92/93 e o artigo 95.[186]

---

182 *Ibid.*, p. 495, parágrafo 16.

183 *Ibid.*, p. 495, parágrafo 16.

184 *Ibid.*, p. 496, parágrafo 23.

185 Ver Evans e Martin, "Socially Acceptable...", *op.cit.*, p. 85. É preciso observar que, em face das estreitas ligações entre o falsear da concorrência e o afetar do comércio (corretamente aludidas pelo Advogado-Geral Capotorti no Caso *Philip Morris*), a discussão sobre o princípio *de minimis* é inequivocamente aplicável àquele último.

186 Estabelece o artigo 95: *"Nenhum Estado-Membro fará incidir, direta ou indiretamente, sobre os produtos dos outros Estados-Membros impostos internos, qualquer que seja sua natureza, superiores aos que incidam, direta ou indiretamente, sobre os produtos nacionais ou similares.*
Além disso, nenhum Estado-Membro fará incidir sobre os produtos dos outros Estados-Membros impostos internos de modo a proteger indiretamente outras produções.
...".

Um subsídio estatal deve cumprir as disposições dos artigos 92 e 93, bem assim as do artigo 95. O fato de uma medida nacional atender aos requisitos do artigo 95 não significa que ela seja válida *vis-à-vis* outros dispositivos do Tratado, tais como os artigos 92 e 93.[187] Da mesma forma, como diz *Easson*, o fato de um subsídio ser válido não significa que ele possa ser financiado de maneira discriminatória.[188]

No Caso *Comissão v França,*[189] como precedentemente mencionado, o Advogado-Geral *Lenz* afirmou que seria inapropriado estender o princípio do "efeito apreciável" à proibição do artigo 92 (1).

De fato, no Caso *Itália v Comissão,*[190] o Tribunal, ao rejeitar a argumentação apresentada por aquela empresa de que as injeções de capital na Alfa Romeo não afetavam adversamente a concorrência em vista de sua fatia no mercado ser apenas marginal e a intervenção não levar a nenhuma redução na parcela do mercado de seus concorrentes, disse:

> *"In that connection, it should be observed that where an undertaking operates in a sector in which there is surplus production capacity and producers from various Member States compete, any aid which it may receive from the public authorities is liable to affect trade between the Member States and impair competition inasmuch as its continuing presence on the market prevents competitors from increasing their market shares and reduces their chances of increasing exports. It is sufficient to note that, on the Italian market alone, Alfa Romeo's share was 14.6% in 1986."*

Mais objetiva ainda foi a opinião emitida pelo Advogado-Geral *van Gerven*, no Caso *Itália v Comissão.*[191] Observou o Advogado-Geral que o fato de uma empresa beneficiária de um subsídio operar em um mercado, no qual produtores de diferentes Estados-Membros estão efetivamente concorrendo uns com os outros, já perfaz o requisito de um "efeito sobre o comércio entre os Estados-Membros" adverso. Assim, segundo ele, é apenas com relação a produtos que, devido a altos custos de transporte ou outras

---

[187] Caso 47/69, *França v Comissão*, [1970] *ECR* 487, p. 494.

[188] Ver a respeito A. J. Easson, *The Law and Policy in the EEC*, Londres, Sweet & Maxwell, 1980, p. 48. Esse entendimento veio a ser mais tarde confirmado pelo Tribunal no Caso 73/79, *Itália v Comissão*, [1980] *ECR* 1533, p. 1547, parágrafo 9, onde o Tribunal afirmou: "*These findings do not rule out the possibility that a measure carried out by means of discriminatory taxation, which may be considered at the same time as forming part of an aid within the meaning of Article 92, may be governed both by the provisions of the first paragraph of Article 95 and by those applicable to aids granted by States. It follows that discriminatory tax practices are not exempted from the application of Article 95 by reason of the fact that they may at the same time be described as a means of financing a State aid...*".

[189] Caso 102/87, *Comissão v França*, [1988] *ECR* 4067.

[190] Caso C-305/89, *Itália v Comissão*, [1991] I *ECR* 1603, p. 1642, parágrafo 26.

[191] Caso C-303/88, *Itália v Comissão*, [1991] I *ECR* 1433, p. 1464.

circunstâncias quaisquer, não cruzam as fronteiras, que ainda se pode conceber um subsídio que não satisfaça esse requisito de afetar o comércio.

5.3. SUBSÍDIOS ESTATAIS QUE SÃO *DE JURE* COMPATÍVEIS COM O MERCADO COMUM

Como já mencionado, uma proibição absoluta da concessão de subsídios seria inconcebível. O artigo 92 (2) descreve as categorias de subsídios que são *de jure* compatíveis com o mercado comum.

Esses subsídios automaticamente compatíveis estão sujeitos ao controle da Comissão. Como sublinhado por *Schina,*[192] apesar de a notificação ser necessária, a Comissão não tem poder discricionário para recusar sua autorização, na hipótese de o subsídio enquadrar-se em umas das exceções previstas no artigo 92 (2).

Com base no princípio adotado pelo Tribunal de que exceções às regras gerais da Comunidade e derrogações do Tratado devem ser interpretadas restritivamente, *Schina* destacou ainda que se o subsídio se constituir em uma das exceções do artigo 92 (2) e, no entanto, infringir outras disposições do Tratado, não poderá ser autorizado.[193]

São os seguintes os três tipos de subsídio que estão automaticamente excepcionados do princípio da incompatibilidade com o mercado comum:

a) os subsídios de natureza social (artigo 92 (2) (a);

b) os subsídios destinados a remediar os danos causados por calamidades naturais ou por outros acontecimentos extraordinários;

c) subsídios para certas regiões da República Federal da Alemanha (artigo 92 (2) (c)).

5.3.1. Os subsídios de natureza social

Esse primeiro tipo de subsídio deve ser concedido a consumidores individuais e sem discriminação relativamente à origem dos produtos envolvidos.

No Caso *Benedetti v Munari,*[194] o Advogado-Geral *Reischl* manifestou entendimento, segundo o qual a aquisição de trigo com recursos estatais,

---

[192] Ver Schina, *State aids..., op.cit.*, p. 38. Deve-se mencionar, no entanto, que, de acordo com Bellamy e Child, já que esses tipos de subsídios são automaticamente compatíveis com o mercado comum, não há necessidade de notificá-los à Comissão. Ver Bellamy e Child, *Common Market..., op.cit.*, p. 621.

[193] *Ibid.*, p. 38. Ver também parecer do Advogado-Geral Capotorti no Caso 730/79, *Philip Morris v Comissão*, [1980] *ECR* 2671, p. 2701.

[194] Caso 52/76, *Benedetti v Munari*, [1977] *ECR* 163, p. 190. Não obstante, o Advogado-Geral não considerou a medida em questão como um subsídio de natureza social, em face de ela não subsidiar diretamente consumidores. Para se caracterizar como tal, diz ele, teria essa medida de acarretar uma concessão de uma vantagem aos moinhos envolvidos.

por um preço de intervenção, e sua subseqüente revenda por um preço consideravelmente mais baixo, com o objetivo de tornar o preço do pão mais barato, poderia, em princípio, ser considerada um subsídio de natureza social, concedido a consumidores individuais, sendo, assim, compatível com o artigo 92 (2) (a).

Por outro lado, um subsídio de natureza social concedido a consumidores individuais em benefício exclusivo de produtores nacionais deve ser abolido ou estendido a produtos concorrentes de outros Estados-Membros.[195] Nenhuma discriminação relativamente à origem de produtos relacionados é permitida.

5.3.2. Subsídios destinados a remediar os danos causados por calamidades naturais ou por acontecimentos extraordinários

Essa segunda categoria de subsídio é autorizada na forma do artigo 92 (2) (b), na medida em que possa restabelecer a posição competitiva de empresas que foram prejudicadas pela ocorrência de calamidades naturais ou outro acontecimento extraordinário.

Em 1977, a Comissão considerou as inundações ocorridas na Liguria, Itália, calamidades naturais, autorizando as medidas tomadas pelo governo italiano no sentido de dar assistência financeira à região. Da mesma forma, a concessão à região de Friuli-Venezia Giulia de empréstimos com taxas de juros baixas e subsídios para a reconstrução de fábricas destruídas por um terremoto foi também permitida.[196]

Por sua vez, a noção de "acontecimentos extraordinários" parece ser muito vaga. A exceção cobriria, presumivelmente, subsídio destinado à reconstrução de negócios danificados, por exemplo, por atos de terrorismo político. Todavia, como observado por *Wyatt* e *Dashwood*, sua aplicabilidade no caso de dificuldades de natureza econômica, tal como um período de séria recessão, é mais duvidosa.[197]

5.3.3. Subsídios para certas áreas da República Federal da Alemanha

Green, Hartley e *Usher* assinalaram que essa terceira categoria, relativa a subsídios outorgados como compensação pelas conseqüências da divisão pós-guerra da Alemanha, *"was (ironically) always assumed to be an anachronism..."*. Segundo eles, *"whether aid to assist in reunification is*

195 Ver decisões no [1967] *OJ* 1275 e 1277.

196 Ver a respeito o *Eighth Commission Competition Report (1978)*, ponto 164.

197 Ver Wyatt e Dashwood, *European Community Law*, *op.cit.*, 3ª ed., p. 528. Uma "profunda recessão" parece enquadrar-se na categoria prevista no artigo 92 (3) (b).

to be deemed as aid granted as a result of division of Germany (the latter being the necessary precursor of the former) remains to be seen".[198]

A Comissão, por seu turno, já firmou posição clara quanto aos subsídios outorgados para a Alemanha reunificada.[199] Para a Comissão, após a unificação política, os princípios comunitários existentes sobre subsídios devem ser aplicados na sua totalidade à Alemanha reunificada. Ao examinar o estado da economia da antiga Alemanha Oriental, concluiu a Comissão que, com poucas exceções, não era necessário adaptar as regras horizontais ou setoriais existentes, diretivas ou diretrizes para lidar com os problemas da Alemanha reunificada.

Com efeito, com a reunificação, o governo alemão deu início a uma gigantesca transferência de subvenções aos novos Estados Federados. Atualmente, são aplicados na região, a título de subsídios, aproximadamente DM 195 bilhões (US$ 70 bilhões) anuais. Para arcar com esse pesado ônus, o governo tem recorrido a créditos públicos. Desde 1989, o total da dívida pública estatal alemã aumentou em DM 1,2 trilhão (US$ 705 bilhões). No entanto, segundo a revista *"Der Spiegel"*, *"os analistas são incapazes de calcular a porcentagem, mesmo aproximada, do que se aplicou na parte oriental após a queda do Muro de Berlim. O Banco Central Alemão estima prejuízo em mais de 600 bilhões de marcos (mais de US$ 352 bilhões), enquanto o Instituto de Economia e Sociedade de Bonn calcula em 400 bilhões de marcos (US$ 235 bilhões)".*[200] Essa dívida ameaça, inclusive, a manutenção do patamar de déficit do orçamento de 3% do Produto Interno do Bruto, para que o país possa aderir à moeda única européia.

5.4. SUBSÍDIOS QUE PODEM SER COMPATÍVEIS COM O MERCADO COMUM

Mais cinco categorias de subsídios estatais podem ser consideradas compatíveis com o mercado comum, das quais quatro podem ser autorizadas pela Comissão e uma pelo Conselho.

As quatro categorias de subsídios sujeitas à aprovação da Comissão estão previstas nos artigos 92 (3) (a) a (d)[201] e podem ser resumidas das seguinte forma: subsídios regionais (artigo 92 (3) (a) e (c)); subsídios

[198] Ver Green, Hartely e Usher, *The Legal..., op.cit.*, p. 291.

[199] Ver a respeito, *Bulletin EC 4/90*, pp. 74/75.

[200] Conforme o jornal *O Estado de São Paulo*, de 15 de junho de 1997, p. A 21.

[201] Item (d) acrescido pelo Tratado da União Européia (artigo G.18), com a seguinte redação: *"os subsídios destinados a promover a cultura e a conservação do patrimônio, quando não alterem as condições das trocas comerciais e da concorrência na Comunidade num sentido contrário ao interesse comum"*.

destinados à promoção de projetos de interesse europeu comum, ou a sanar uma perturbação grave da economia de um Estado-Membro (artigo 92 (3) (b)); subsídios setoriais e regionais que não alterem as condições do comércio de maneira que contrariem o interesse comum (92 (3) (c)); e subsídios destinados a promover a cultura e a conservação do patrimônio. A quinta categoria de subsídio que pode ser autorizada compreende *"outras categorias de subsídios determinadas por decisão do Conselho, deliberando por maioria qualificada, sob proposta da Comissão"*. Apenas em circunstâncias excepcionais pode o Conselho, na forma do parágrafo terceiro do artigo 93 (2), autorizar a concessão de subsídios, em derrogação do disposto no artigo 92 ou nos regulamentos previstos no artigo 94.

Um exemplo de subsídio que pode ser compatível com o mercado comum é o que está presentemente sendo examinado pela Comissão, relativamente ao processo de reestruturação e privatização da *"Société Française de Production"* (SFP), uma empresa francesa produtora de programas de televisão. Em 12 de fevereiro de 1997, iniciou a Comissão referido exame, a fim de determinar a compatibilidade de um subsídio no valor de FF. 2.5 bilhões (aproximadamente 379 milhões de ECU) concedido àquela empresa pelo governo francês.

Em 20 de dezembro de 1996, autoridades francesas apresentaram à Comissão um plano de reestruturação da SFP relacionado a uma oferta anterior de aquisição de controle feita pela *"Images Télévision International et Générale dImages"*, que havia sido aceita pelo governo francês em julho de 1996. Novo subsídio totalizando FF 1.192 milhões (ECU 182 milhões) ligado a tal oferta foi notificado à Comissão no final de 1996. As autoridades francesas haviam comunicado que iriam fornecer um adiantamento de FF 350 milhões (aproximadamente 53 milhões de ECU) antes do final de 1996 para atender às necessidades de fluxo de caixa da SFP. A SFP estava virtualmente insolvente e, se o Estado não interviesse, poderia ter sido liquidada. As autoridades francesas também notificaram a Comissão, nos limites do programa de reestruturação e privatização, de subsídio destinado à reestruturação financeira no valor de FF 1.300 milhões (aproximadamente 197 milhões de ECU) para cobrir débito criado quando subsídio anterior foi pago, como determinado pela Comissão em outubro de 1996. A Comissão entendeu que, sem um plano de reestruturação, as operações da SFP continuariam a gerar prejuízos, e o subsídio iria, portanto, ter de ser considerado como equivalente a subsídio operacional não autorizado. O custo total para o Estado será, como indicado acima, de FF 2.492 milhões (aproximadamente 378 milhões de ECU).[202]

---

[202] Ver a respeito *Competition Policy Newsletter*, nº 1, vol.3, 1997, p. 27.

5.4.1. O exercício dos poderes discricionários da Comissão

A Comissão goza de uma larga medida de discrição no exame de subsídios à luz de seus poderes sob o artigo 92 (3)[203] Ao decidir se autoriza ou não propostas de subsídios, deverá a Comissão levar os seguintes fatores em consideração:

(a) deverá o subsídio promover o desenvolvimento no interesse da Comunidade como um todo: a promoção do interesse nacional é insuficiente para justificar a isenção;

(b) o subsídio deverá necessariamente gerar tal desenvolvimento no sentido de que, na sua ausência, aquele não ocorreria; e

(c) as modalidades de subsídio, ou seja, sua intensidade, duração, risco de transferir dificuldades de um Estado-Membro para outro, o grau de falseamento da concorrência, etc., devem ser proporcionais à importância do objetivo do subsídio.[204]

É precisamente por causa desses complexos fatores econômicos, sociais e políticos que o Tribunal se tem recusado a declarar o artigo 92 (1) diretamente aplicável ou efetivo.[205] Como sublinhado por *Schina*, essa posição do Tribunal parece ser apropriada, na medida em que aos tribunais nacionais pode faltar o conhecimento necessário para decidir sobre o efeito de subsídios sobre o mercado comum.[206] Além disso, aplicações divergentes do artigo 92 (1) por tribunais nacionais poderiam levar à falta de uniformidade na ordem jurídica comunitária.

Esses critérios adotados pela Comissão foram também endossados pelo Tribunal no Caso *Philip Morris.*[207] O Tribunal confirmou, em especial, o argumento da Comissão segundo o qual um subsídio somente poderia contribuir com a realização de um dos objetivos especificados no artigo 92 (3) se pudesse ser demonstrado que, em condições normais de mercado, as empresas recipientes não alcançariam elas próprias tais objetivos.[208] Ademais, esclareceu o Tribunal que a Comissão tem poderes discricionários,

---

[203] Ver Caso 730/79, *Philip Morris v Comissão*, [1980] *ECR* 2671, p. 2690, parágrafo 17, onde o Tribunal disse: "...*Article 92 (3), unlike Article 92 (2), gives the Commission a discretion by providing that the aid which it specifies 'may' be considered compatible with the common market*".

[204] Ver o *12th Report on Competition Policy (1982)*, ponto 160.

[205] No entanto, poderia tal artigo tornar-se diretamente aplicável ou efetivo por meio de decisão ou de um regulamento do Conselho nos termos do artigo 94 (apesar de os poderes do artigo 94 nunca terem sido exercidos). Ver também a respeito o Caso 77/72, *Capolongo v Maya*, [1973] *ECR* 611, p. 621. Estabelece o artigo 94, com a redação que lhe foi dada pelo artigo G. 19 do Tratado da União Européia: "*O Conselho, deliberando por maioria qualificada, sob proposta da Comissão, e após consulta do Parlamento Europeu, pode adotar todos os regulamentos adequados à execução dos artigos 92 e 93, e fixar, designadamente, as condições de aplicação do nº 3 do artigo 93 e as categorias de subsídios que ficam dispensadas desse procedimento*".

[206] Cf. Despina Schina, *State Aids, op.cit.*, p. 12.

[207] Caso 730/79, *Philip Morris v Comissão*, [1980] *ECR* 2671.

[208] *Ibid.*. 2690, parágrafo 16.

cujo exercício envolve considerações de caráter social e econômico feitas no contexto comunitário.[209]

É preciso observar, no entanto, que o Tribunal pode rever as conclusões da Comissão. A esse respeito, o Advogado-Geral *Gordon Slynn*, no Caso *Alemanha v Comissão,*[210] afirmou que:

> *"The Court can, however, review the findings of fact, to consider whether on the material before the Commission such findings were open to the Commission, and the Commission's decision on the law. Where it appears that there is abuse of power or manifest error, including a case where it is clear that the Commission has exercised its discretion in a way which is outside the purpose and intendment of the legislation, the Court may annul the Commission's decision."*

Na prática, contudo, as perspectivas de um questionamento bem-sucedido das decisões da Comissão têm sido bem limitadas. Assim como nos casos sob os artigos 85 e 86, o Tribunal raramente irá anular decisões substantivas da Comissão derivadas do exercício de seu poder discricionário.

A menos que as circunstâncias mencionadas pelo Advogado-Geral possam ser demonstradas, dificilmente irá o Tribunal contraditar decisões da Comissão que envolvem análises detalhadas de fatos e aspectos econômicos.[211]

Ademais, deve-se observar que o procedimento por meio do qual um Estado-Membro pode apelar ao Conselho, nos termos do artigo 93, no sentido de obter uma declaração de que determinado subsídio não autorizado pela Comissão é compatível com o mercado comum caiu em desuso. Considerando-se o fato de o artigo 92 não ser diretamente efetivo ou aplicável, tem havido pouca intervenção judicial além dos limites de revisão de legalidade da atividade da Comissão. Conseqüentemente, a Comissão *"has been comparatively free of legal constraints deriving from Article 92 and has fashioned a policy which may not always reflect the formal legal structure of that provision"*.[212]

---

[209] *Ibid.*, p. 2691, parágrafo 24. O poder discricionário da Comissão requer uma avaliação dos efeitos positivos e negativos do subsídio sob o ponto de vista da Comunidade como um todo. Ver a respeito Derrick Wyatt e Alan Dashwood, *European Community..., op.cit.*, p. 521.

[210] Caso 84/82, *Alemanha v Comissão*, [1984] *ECR*1451, pp. 1499/1500.

[211] Ver a respeito, Green, Hartley e Usher, *The Legal Foundations..., op.cit.*, p. 292. Ver também o parecer do Advogado-Geral Jacobs no Caso C- 301/87, *França v Comissão*, [1990] I *ECR* 307, p. 349, parágrafo 73, onde ele disse que, ao examinar o exercício do poder discricionário da Comissão, o Tribunal considera apenas a informação disponível à Comissão ao chegar à sua contestada decisão. *"It is therefore in the interest of Member States to ensure that all relevant information is placed before the Commission at that stage; and in any event it is not open to a Member State to seek to introduce substantial fresh evidence before the Court..."*.

[212] Ver a respeito, Evans e Martin, "Socially acceptable...", *op.cit.*, p. 80.

No Caso *Deufil,*[213] o Advogado-Geral *Darmon* reafirmou que a Comissão gozava de uma relativamente ampla margem de discrição nos casos do artigo 92 (3). Declarou ele que, na aplicação de cada uma das derrogações estabelecidas no artigo 92 (3), à Comissão deve ser assegurado o exercício de *"a particularly wide discretion"*.

Foi com base, portanto, em seus poderes discricionários que a Comissão delineou, em 1987, a aplicação das regras de subsídios estatais no âmbito do mercado único:

> *"The progressive moves towards the creation of a single unified internal market by 1992 will place new emphasis and importance upon the application of the State aid rules. The maximization of the benefits of the single market will depend upon firms acting on the premise of the existence of this market, allowing efficient resource allocation, and upon creating the confidence that their enterprise will not be affected by competition distorting government intervention in favour of their competitors. The creation of the single market and the need for convergence and cohesion between and within the economies of the Community, require that aid measures aimed at overcoming regional disequilibrium be examined favourably."*[214]

5.4.2. Subsídio destinado à promoção do desenvolvimento econômico (subsídio regional): artigo 92 (3) (a)

Como demonstrado na análise dos artigos 85, 86, 37, 90 e 92 (1), a interferência de empresas ou de Estados-Membros na liberdade de comércio intracomunitário é considerada incompatível com o mercado comum. A confiança nas forças de mercado parece ser a filosofia subjacente ao Tratado.

Não obstante esses princípios de liberdade, em face da existência de um considerável desnível entre as regiões pobres e ricas da Comunidade, o Tratado reconhece a necessidade de as autoridades concederem subsídios para promover o desenvolvimento de regiões nas quais o nível de vida é anormalmente baixo ou há um sério risco de subemprego (artigo 92 (3) (a)), e subsídios destinados a facilitar o desenvolvimento de determinadas regiões econômicas desde que não afetem o comércio de forma contrária aos interesses comuns.

---

[213] Caso 310/85, *Deufil v Comissão*, [1988] 1 *CMLR* 553, p. 560.

[214] Ver o *Sevententh Commission Competition Report (1987)*, p. 137, ponto 169. Ver também discurso feito em 1989 pelo então Comissário responsável pelo setor de política de concorrência, Leon Brittan, intitulado "A bonfire of subsidies" (março 1989), no qual ele destacou algumas áreas, tais como subsídio à exportação para terceiros países, investimentos gerais de subsídios, por meio dos quais os Estados-Membros intervêm em setores da economia, e a proteção de empresas nacionais, para fins de avaliação especial e questionamento sob uma perspectiva política.

Nas palavras de *Mathijsen,*[215] o fato de os Estados-Membros terem implementado uma ampla variedade de esquemas de subsídios ao longo dos anos *"seems to indicate that the Commission has recognised the existence of regional problems severe enough to justify public intervention in every single country, notwithstanding its negative effects on competition within the Common Market".*

No Caso *Philip Morris,*[216] sustentou o autor, seguindo esse mesmo raciocínio de *Mathijsen*, que a Comissão estava equivocada ao entender que o padrão de vida na região de Bergen-op-Zoom (Holanda) não era "anormalmente baixo" e que não sofria de "sério subemprego" no sentido do artigo 92 (3) (a). Segundo o autor, naquela região, a taxa de subemprego era mais alta, e a renda *per capita*, menor que a média na Holanda.

Para o Tribunal, no entanto, a avaliação do padrão de vida anormalmente baixo ou de sério subemprego deveria ser feita tendo em vista os níveis da Comunidade, e não os do país em questão. *"That is the context in which the Commission has with good reason assessed the standard of living and serious under-employment in the Bergen-op-Zoom area, not with reference to the national average in the Netherlands but in relation to the Community level".*[217]

Assim, o simples fato de uma determinada região estar enfrentando sério subemprego ao nível nacional não é suficiente para a aplicação das derrogações estabelecidas no artigo 92 (3).

Pelas mesmas razões, no Caso *Itália v Comissão,*[218] o Tribunal confirmou a decisão da Comissão de não isentar o investimento feito pelo governo italiano em certas fábricas da Província de Arezzo das proibições do artigo 92.

Importante observar que, desde a entrada em vigor do Ato Único Europeu, a Comissão tem adotado um enfoque sistemático de avaliação de

---

[215] Ver Mathijsen, "The Role of Regional Policy in the European Economic Integration Process, *In Memoriam J.D.B. Mitchell*, org. John Bates *et al.*, Londres, Sweet & Maxwell, 1983, p. 174. Ponderou também o autor que, especialmente nessa área, depara a Comissão com um problema particularmente delicado. De um lado, deve assegurar que os governos nacionais cumpram as regras do Tratado no interesse comum, ou seja, *não-interferência*. De outro, compreende a Comissão que cada Estado-Membro enfrenta pressões para intervir em favor de regiões nacionais, as quais, comparadas com outras partes do país, estão sendo deixadas para trás em matéria de desenvolvimento econômico.

[216] Caso 730/79, *Philip Morris v Comissão*, [1980] *ECR* 2671, p. 2690, parágrafo 19.

[217] *Ibid.*, p. 2691/2692, parágrafos 24 e 25. Ver também o *Eighteenth Competition Report (1988)*, onde podem ser encontradas decisões aprovando subsídios regionais. Dentre essas decisões: subsídio concedido para a Província de Limbourg, na Bélgica; subsídio, na forma de uma lei grega relativa a investimento no Mediterrâneo; e subsídio para minas de carvão da Província de Ternel, na Espanha. Note-se, ainda, como explicado por Green, Hartley e Usher, que subsídios regionais, na forma do artigo 93 (2) (a), são freqüentemente considerados como parte de uma mais ampla política de subsídio regional "*under the rubric of aid to 'certain economic areas' under Article 92 (3) (c), hence the overlap between the two provisions...*". Green, Hartley e Usher, *The Legal...*, *op.cit.*, p. 293.

[218] Caso C-303/88, *Itália v Comissão*, [1991] I *ECR* 1433.

subsídios em regiões menos desenvolvidas. Em 1988, publicou um Comunicado[219] explicando em detalhes o método de aplicação do Artigo 92 (3) (a) e (c) para os subsídios regionais. De acordo com a Comissão, regiões da Comunidade nas quais o artigo 92 (3) (a) é aplicável são aquelas em que o produto interno bruto *per capita* não exceder 75% da média do poder de compra da Comunidade. Tais regiões, que representam 20% da população da Comunidade,[220] localizam-se principalmente na periferia sul e oeste da Comunidade.

5.4.3. Subsídios destinados a fomentar a realização de um projeto importante ou a sanar uma perturbação grave

A primeira exceção estabelecida nesse artigo parece ser incontroversa.[221]

Subsídios para sanar uma perturbação grave não se enquadrarão no escopo do artigo 92 (3) (b) se levarem à transferência de um investimento que poderia ter sido feito em outro Estado-Membro em situação econômica menos favorável. No Caso *Philip Morris*,[222] o Tribunal assim se pronunciou a respeito:

"As far as concerns the applicant's argument based on Article 92 (3) (b) of the Treaty the Commission could very well take the view, as it did, that the investment to be effected in this case was not 'an impor-

---

[219] Comunicado de 12 de agosto de 1988, *OJ* [1988] C 212/2, atualizado pelos Comunicados de 29 de março de 1989, *OJ [1989* C78/5, e de 4 de julho de 1990, *OJ* [1990] C163/6.

[220] Ver o *Seventeenth Competition Report (1987)*, ponto 236. Regiões abrangidas pelo artigo 92 (3)(c) são aquelas com mais problemas gerais de desenvolvimento relativamente à situação nacional e comunitária. Muito freqüentemente, enfrentam tais regiões o declínio de indústrias tradicionais e não estão localizadas nas regiões centrais e mais prósperas da Comunidade. Como acentuado por Green, Hartley e Usher, quanto melhor a posição do Estado-Membro no qual a região está localizada, relativamente à Comunidade como um todo, mais ampla deve ser a disparidade entre essa região e o Estado a fim de justificar o subsídio. "*Put in very crude terms, regions in wealthy Member States must in relative terms be worse off than regions in poorer Member States before regional aid will be permitted unde this provision*". Ver Green, Hartley e Usher, *The Legal..., op.cit.*, p. 294.

[221] Para exemplos de projetos importantes de interesse comum europeu, ver o *Second Competition Report (1972)*, ponto 100, o qual inclui aviões e peças de aviões, o *Seventh Competition Report (1977)*, ponto 250, que abrange programas de economia de energia, e o *Tenth Competition Report (1980)*, ponto 222, relativo a programas de meio ambiente.

[222] Caso 730/79, *Philip Morris v Comissão*, [1980] *ECR* 2671, p. 2692, parágrafo 25. Mais recentemente, a Comissão aplicou esse dispositivo a um subsídio destinado ao fomento de empresas em dificuldades financeiras na Grécia, em face de uma crise econômica que atingia a economia daquele país como um todo. Ver a respeito, o *Seventeenth Competition Report (1987)*, pontos 185/186. Pode-se inferir dos Casos 62 e 72/87, *Executif Regional Wallon v Comissão*, [1988] *ECR* 1573, que um projeto pode ser considerado de interesse comum europeu quando for parte de programas europeus transnacionais apoiados conjuntamente por vários governos ou quando estiver relacionado com ações de vários Estados-Membros visando a combater um problema comum, como, por exemplo, a poluição do meio ambiente.

tant project of common European interest' and that the proposed aid could not be likened to aid intended to 'remedy a serious disturbance in the economy of a Member State', since the proposed aid would have permitted the transfer to the Netherlands of an investment which could be effected in other Member States in a less favourable economic situation than that of the Netherlands where the national level of unemployment is one of the lowest in the Community".

5.4.4. Subsídio para o desenvolvimento de determinadas áreas ou atividades econômicas (subsídio setorial ou regional): artigo 92 (3) (c)

Apesar de, na prática, existir uma sobreposição entre os itens (a) e (c) do artigo 92 (3), o Tratado traça uma distinção entre subsídios regionais destinados a fomentar o crescimento econômico de regiões subdesenvolvidas (artigo 92 (2) (a)) e aqueles voltados para o desenvolvimento de outras regiões (artigo 92 (3) (c)). A diferença básica é que esses últimos somente podem ser considerados compatíveis com o mercado comum *"quando não alterem as condições das trocas comerciais de maneira que contrariem o interesse comum"*. Como bem lembrado por *Jordan,*[223] essas condições não se aplicam às regiões consideradas subdesenvolvidas.

No Caso *Alemanha v Comissão,*[224] o Tribunal distinguiu o artigo 92 (3) (a) do 92 (3) (c). Afirmou o Tribunal que a isenção prevista no último é mais abrangente, na medida em que ele permite o desenvolvimento de certas regiões sem estar limitado pelas condições econômicas estabelecidas no artigo 92 (3) (a). Dessa forma, o artigo 92 (3) (c) dá poderes à Comissão para autorizar subsídios destinados a fomentar o desenvolvimento econômico de regiões de um Estado-Membro que se encontram em situação de desvantagem relativamente à média nacional.[225]

Não há dúvidas de que é nessa área abrangida pelo artigo 92 (3) (c) que a Comissão encontra as maiores dificuldades para determinar até que ponto um programa de subsídio reflete o interesse da Comunidade.[226] O

---

[223] Ver John Jordan, "The Compatibility of regional aid systems with the Common Market", [1976] *ELRev.*, 237, p. 238.

[224] Caso 248/84, *Alemanha v Comissão*, [1987] *ECR* 4013.

[225] *Ibid.*, p. 4042, parágrafo 19. Com base nesse poder ratificado pelo Tribunal, a Comissão aprovou subsídios volumosos para a FIAT, a fábrica italiana de veículos, "*one of the largest state subsidies sanctioned by Brussels in recent years*", conforme relatou o jornal *Financial Times*, de 10 de dezembro de 1992, p.4. O subsídio constituiu parte de um amplo programa de investimento pelo grupo italiano na pobre região do sul da Itália denominada "*Mezzogiorno*". Decidiu a Comissão que parte do investimento se qualificava para obter subsídios regionais e de pesquisa. A Comissão também considerou, segundo o jornal, que "*the difficulty of opening plants in the Mezzogiorno and the region's serious economic problems justified a high level of government aid*".

[226] No Caso *Alemanha v Comissão*, [1987] *ECR* 4013, p. 4031, o Advogado-Geral Darmon sustentou que a política regional reflete um desejo de equilibrar uma tomada de decisão não

artigo 92 (3) (c) contém a mais importante exceção discricionária ao princípio geral do artigo 92 (1). Prevê tal artigo autorização tanto para subsídios regionais como setoriais (têxtil, ação, indústria naval, investimento industrial, informática, eletrônicos, etc.).[227]

Com efeito, a Comissão editou várias diretrizes para o exame de compatibilidade tanto dos subsídios regionais como dos setoriais com o artigo 92 (3) (c).[228] No que se refere aos subsídios setoriais - a categoria que requer o controle mais estrito -, a Comissão enfatizou que devem ser considerados como exceção, e não como regra, sendo somente justificáveis quando: *(a)* houver necessidade real; *(b)* puderem levar à restauração da viabilidade de longo prazo; *(c)* puderem contribuir positivamente com as políticas econômicas, sociais e regionais da Comunidade; *(d)* tiverem por objetivo a realização de alguns ajustes em estruturas econômicas em transformação, e não a preservação de setores industriais não modificados apesar de desenvolvimentos econômicos; e *(e)* forem proporcionais ao objetivo que se procura alcançar.[229]

Significativamente, tendo em vista a formação do mercado único, destacou a Comissão que, na medida do possível, devem os subsídios ser digressivos, se concedidos ao longo do tempo, não desviando mais do que o necessário do princípio básico de livre concorrência na Comunidade. Além disso, segundo a Comissão, a concessão de subsídios estatais por um Estado-Membro não deve implicar a transferência de dificuldades industriais e desemprego para outros Estados-Membros. Tampouco deve permitir que empresas ineficientes sejam artificialmente mantidas em detrimento de seus concorrentes mais eficientes de outros Estados-Membros. Por fim, aduziu a Comissão que esses aspectos devem ser duplamente ressaltados:

---

regulamentada que caracteriza o regime de mercado com a promoção da integração econômica. Segundo ele, "*the issue here is the necessary balance between free competition and solidarity. The importance of the latter depends upon the particular case; it is more likely to outweigh considerations of competition in the situations of crisis described in subparagraph (a) than in the cases provided for in subparagraph (c) relating to aid intended to assist the development of certain activities or certain economic regions*". Ver também a respeito, Evans e Martin, "Socially acceptable...", *op.cit.*, p. 98.

[227] Com relação às áreas cobertas pelos subsídios setoriais, ver o *Fifteenth Competition Report (1985)*, pontos 182 a 217. Outra área "sensível" abrangida por este artigo é a assim chamada "*R & D*" (pesquisa e desenvolvimento). São acolhidos sob essa rubrica os subsídios concedidos pelos Estados-Membros para o gigantesco projeto de desenvolvimento da aeronave Airbus.

[228] Acerca dos subsídios setoriais, ver especialmente: o *First Competition Report (1971)*, ponto 165; *Eleventh Competition Report (1981)*, ponto 180; *Thirteenth Competition Report (1983)*, ponto 223, e o *Fifteenth Competition Report (1985)*, pontos 177 *et seq.* Com relação aos subsídios regionais, ver, em especial, o *Fourteenth Competition Report (1984)*, pontos 261 a 263; o *Fifteenth Competition Report (1985)*, pontos 229 *et seq.*, e o *Sixteenth Competition Report (1986)*, pontos 262 *et seq.* Ver também o Comunicado da Comissão de 12 de agosto de 1988, *OJ* [1988] C 212/2, atualizado pelos Comunicados de 29 de março de 1989, *OJ* [1989] C 78/5, e 4 de julho de 1990, [1990] *OJ* C 163/6.

[229] Ver também a esse respeito, Green, Hartley e Usher, *Legal Foundations...*, *op.cit.*, p. 295.

"in the perspectives of 1992 as undertakings will only adjust their activities, optimise their resources allocation and bring to the Community the benefits of the single market if they can be reasonably certain of gaining the just benefits from such action and do not face unfair competition from rivals receiving state aid."[230]

Assim como no caso do artigo 92 (3) (a), na forma do artigo 92 (3) (c), a compatibilidade do subsídio com o Tratado deve ser apreciada tendo em vista o contexto da Comunidade, e não o de um único Estado-Membro.[231] Um subsídio não facilita o desenvolvimento de uma atividade ou região se tal desenvolvimento puder ocorrer independentemente de sua concessão.[232] Assim, no Caso *Philip Morris*, o subsídio destinado a aumentar a produção de cigarros foi considerado em desconformidade com o escopo do artigo 92 (3) (c), na medida em que as condições de mercado daquela indústria teriam assegurado, sem a sua concessão, um normal desenvolvimento. Nesse sentido, pronunciou-se o Tribunal:

"The finding that market conditions in the cigarette manufacturing industry seem apt, without State intervention, to ensure a normal development, and that the aid cannot therefore be regarded as 'facilitating' the development is also justified when the need for aid is assessed from the standpoint of the Community rather than of a single Member State".[233]

O conceito de "desenvolvimento" pressupõe alguma melhora no desempenho ou nas perspectivas da economia. Assim, subsídios destinados simplesmente à preservação do *status quo*, isto é, concebidos para manter

---

[230] Ver o *Seventeenth Competition Report (1987)*, ponto 206.

[231] Caso 730/79, *Philip Morris v Comissão*, [1980] *ECR* 2671, pp. 2691/2692.

[232] Isso é uma clara conseqüência do fato de o subsídio ser a exceção, e os mecanismos de mercado, a regra. Ver a respeito, Aurélio Pappalardo, "State Aids and Competition Policy", *in Memoriam J.D.B.Mitchell*, org. por John Bates *et al*, Londres, Sweet & Maxwell, 1983, p. 187.

[233] Caso 730/79, *Philip Morris v Comissão*, [1980] *ECR* 2671, p. 2692, parágrafo 26. Com respeito a outras circunstâncias em que o subsídio não foi considerado como tendente a "facilitar" o desenvolvimento, ver a Decisão da Comissão (81/797/EEC) *OJ* [1981] L 296/41, p. 43, segundo a qual o subsídio em questão não tinha efeito direto e apreciável sobre o desenvolvimento regional ou setorial; Decisão da Comissão (81/716/ EEC) *OJ* [1981] L 256/22, p. 25, fundada no argumento segundo o qual as forças de mercado forneciam um meio mais adequado para o desenvolvimento em discussão; Decisão da Comissão (80/1157/EEC) *OJ* [1980] L 343/38, p. 40, que trata de subsídio notificado após a realização da atividade por ele beneficiada; Decisão da Comissão (82/829/EEC) *OJ* [1982] L 350/36, p. 38, relativa a um subsídio específico que já havia sido anteriormente concedido à mesma empresa; e Decisões da Comissão (82/774/EEC) *OJ* [1982] L 323/31, (82/775/EEC) *OJ* [1982] L 323/34 e (82/776/EEC) *OJ* [1982] L 323/37, segundo as quais, tendo em vista a previsibilidade do investimento em questão, seria do próprio interesse da empresa realizar a expansão de capacidade proposta. Ver também Freeman e Whish, *Butteworths Competition Law, op.cit.*, p. viii/115/116. Ver também Casos 62 e 72/87, *Executif Regional v Comissão*, [1988] *ECR* 1573, nos quais um subsídio para renovação de equipamento não foi considerado como destinado a facilitar o desenvolvimento de certas atividades econômicas.

viva uma empresa "adoecida" durante um período de recessão, não se enquadram nos termos do artigo 92 (3) (c).

É preciso notar, no entanto, que o requisito "desenvolvimento" não significa necessariamente novo investimento de expansão de capacidade. Como acentuado pelo Advogado-Geral *Gordon Slynn*, no Caso *Alemanha v Comissão,*[234] "desenvolvimento" significa um aprimoramento da maneira pela qual uma atividade econômica é realizada, ou seja, modernização ou racionalização.

Como precedentemente mencionado, à diferença do artigo 92 (3) (a), um subsídio concedido na forma do artigo 92 (3) (c) não pode alterar as condições do comércio de maneira que contrarie o interesse comum. No entender da Comissão, isso requer um equilíbrio entre os efeitos benéficos do subsídio sobre o desenvolvimento de certas atividades econômicas ou regiões e os efeitos adversos sobre as condições de comércio e a manutenção da livre concorrência.[235]

Esse aspecto foi examinado pelo Tribunal no Caso *França v Comissão.*[236] No referido caso, o subsídio envolvia a promoção de pesquisa e a reestruturação de algumas empresas do setor têxtil da França. Apesar de a Comissão ter considerado o subsídio em si compatível com o artigo 92 (3) (c), não concordou com seu método de financiamento, a saber um tipo de tarifa imposta sobre produtos têxteis domésticos e importados.

O Tribunal ratificou o entendimento da Comissão segundo o qual, em sua avaliação, se o subsídio tem ou não efeito contrário ao interesse comum, todos os fatores direta ou indiretamente envolvidos, inclusive o método de financiamento, tinham de ser levados na devida conta. Na visão do Tribunal, o método de financiamento em questão tinha um efeito protetor que ia além do subsídio propriamente dito, na medida em que os importadores também contribuíam com tal tarifa sem receber, como contrapartida, nenhum tipo de benefício. Nessa conformidade, a Comissão *"has rightly decided that this aid, whatever might be the rate of the said charge, has the effect, because of the method by which it is financed, of adversely affecting trade to an extent contrary to the common interest within the meaning of Article 92 (3) (c)".*[237]

Ao aplicar a exceção estabelecida no artigo 92 (3) (c), devem também ser levados em consideração quaisquer outros fatores que possam mitigar o impacto anticompetitivo de um subsídio. No Caso *Intermills,*[238] o Tribunal chegou à conclusão de que a liquidação de um débito de uma empresa com

---

[234] Caso 84/82, *Alemanha v Comissão*, [1984] *ECR* 1451, pp. 1501/1502.

[235] Ver a respeito, o *Fourteenth Competition Report (1984)*, ponto 202.

[236] Caso 47/69, *França v Comissão*, [1970] *ECR* 487.

[237] *Ibid.*, p. 496, parágrafo 23.

[238] Caso 323/82, *Intermills v Comissão*, [1984] *ECR* 3809, p. 3832.

o propósito de assegurar sua sobrevivência não implicava necessariamente um efeito adverso sobre as condições do comércio e, portanto, contrariamente ao interesse comum, como previsto no artigo 92 (3) (c), quando tal operação fosse, por exemplo, acompanhada de uma plano de reestruturação daquela empresa.

É preciso lembrar que a incapacidade de demonstrar que os possíveis efeitos moderados de um plano de reestruturação tinham sido levados na devida conta foi uma das razões pelas quais o Tribunal anulou as decisões da Comissão tanto no Caso *Intermills* como no Caso *Leewarder*.[239]

A Comissão, no entanto, em sua Decisão 89/58/EEC de 13 de julho de 1988, relativa a subsídios concedidos pelo governo britânico ao Grupo Rover, parece ter levado na devida consideração os possíveis efeitos moderados do pertinente plano de reestruturação.

Com o objetivo de desfazer-se de sua participação acionária de 99,8% no capital do Grupo Rover, o governo britânico alienou-a à British Aerospace por um valor total de cento e cinqüenta milhões de libras esterlinas. Como parte do negócio, o governo britânico comprometeu-se a repassar ao Grupo Rover oitocentos milhões de libras esterlinas para o pagamento de todas as suas dívidas. Ao notificar essa sua intenção à Comissão, esta última recalculou as dívidas do Grupo Rover tendo chegado ao valor de quinhentas e sessenta e nove libras esterlinas. Após a dedução de cem milhões de libras esterlinas, valor que, segundo a Comissão, deveria ser pago pelo grupo adquirente, a Comissão liberou o repasse de quatrocentos e sessenta e nove milhões de libras esterlinas como subsídio autorizado na forma do artigo 92 (3) (c).

Dentre as várias condições restritivas contidas na Decisão da Comissão, ao governo britânico foi solicitado que se abstivesse de conceder qualquer subsídio sob a forma de capital ou sob qualquer outra forma discricionária, excetuada a concessão de um subsídio regional, não excedente a setenta e oito milhões de libras esterlinas, a ser destinado a um plano de reestruturação do Grupo Rover até 1992.[240]

5.4.5. Subsídios destinados à cultura e à conservação do patrimônio: artigo 92 (3) (d)

Como precedentemente mencionado, trata-se de novo item introduzido pelo Tratado da União Européia. Da mesma forma que o artigo 92 (3)

---

[239] Casos 296 e 318/82, *Leewarder v Comissão*, [1985] *ECR* 809.

[240] Não obstante, um valor adicional de quarenta e quatro milhões de libras esterlinas acabou sendo repassado ao Grupo Rover. A Comissão determinou que o governo britânico recuperasse referido valor dos beneficiários, em vista de ser ilegal o subsídio. O Tribunal, contudo, anulou a Decisão da Comissão por razões processuais Ver Caso C- 292/90, *British Aerospace e Rover Group v Comissão*, [1992] 1 *CMLR* 853. Como, subseqüentemente, tais requisitos processuais foram cumpridos pela Comissão, o Tribunal, em março de 1993, finalmente decidiu que a British Aerospace deveria restituir o subsídio que lhe havia sido concedido.

(c), sua concessão somente será autorizada pela Comissão na medida em que não afetar o comércio e a concorrência no âmbito da Comunidade. Sua aplicação ainda necessita de maior orientação, quer por parte da Comissão, quer por parte do Tribunal.

5.4.6. Categorias de subsídio especificadas pelo Conselho: artigo 92 (3) (e)

Nos termos deste artigo, o Conselho, deliberando por maioria qualificada, sob proposta da Comissão, pode especificar outras categorias de subsídios que podem ser consideradas compatíveis com o mercado comum. Tem editado o Conselho várias Diretivas relativas à construção naval.[241] Tais medidas não poderiam ter sido adotadas com base nas disposições do artigo 92 (3) (c), uma vez que incluíam os chamados subsídios de produção. É o tipo de medida que não poderia ser considerada como incentivadora do desenvolvimento na forma do artigo 92 (3) (c).

5.4.7. A autorização do Conselho em circunstâncias excepcionais: artigo 93 (2), parágrafo terceiro

De acordo com o terceiro parágrafo deste artigo, a pedido de qualquer Estado-Membro, pode o Conselho, deliberando por unanimidade, decidir que um subsídio, instituído ou a ser instituído por esse Estado, deve ser considerado compatível com o mercado comum, se circunstâncias excepcionais justificarem tal decisão.

Como asseverado por *Bellamy e Child*, as dificuldades na obtenção de tal autorização devem ser decorrência do fato de a decisão do Conselho requerer unanimidade *"in a situation where the Commission will almost certainly have taken the view or adopted a decision that the aid is contrary to Article 92"*.[242] Dito de outra forma, as decisões do Conselho nesse sentido terão sempre um conteúdo marcadamente político.

5.5. A VALIDADE DOS PRINCÍPIOS DO ARTIGO 92

Nos últimos anos, vários tipos de preocupações têm sido externadas acerca da política comunitária relativamente aos subsídios e, em especial, no concernente aos critérios da Comissão na adoção das exceções previstas no artigo 92 (2). Existe certo consenso de que a Comissão cometeu vários erros. Em 1992, como já mencionado, a Comissão deu início a um processo

[241] Ver, por exemplo, a sétima Diretiva do Conselho relativa à construção naval (90/684/EEC) [1990] *OJ* L 380/27.

[242] Ver Bellamy e Child, *Common Market...*, *op.cit.*, p. 625.

de revisão dos subsídios autorizados, o que foi um sinal de que ela própria admitia ter cometido alguns erros. Naquela ocasião, discutiu-se intensamente o equívoco que foi a aprovação de subsídios, sob a rubrica R&D (pesquisa e desenvolvimento), para que as gigantes Philips e Siemens pudessem desenvolver seu *megachip*. Além do fato de ambas as empresas gozarem, à época, de boa saúde financeira, a tecnologia não era propriamente nova. A Philips e a Siemens teriam de ter desenvolvido tal tecnologia de qualquer maneira, com ou sem recursos governamentais.

Atualmente, os chamados programas de "salvação" de empresas são uma das principais fontes de preocupação da Comissão. No período de 1990 a 1994, o volume aplicado na recuperação de empresas ou de setores em dificuldades passou de 6% do total para 36%, atingindo a astronômica cifra de US$ 18,3 bilhões.[243] Grande parte desses recursos foi aplicada na restauração do parque industrial da antiga Alemanha Oriental, não sendo desprezíveis, no entanto, os valores aplicados por outros Estados-Membros como a França, por exemplo. Em 1996, o governo francês destinou cerca de US$ 15 bilhões para a recapitalização de empresas, dentre as quais a Air France. Em toda a Comunidade, existem, pelo menos, 7.000 programas de ajuda a empresas.[244]

Em vista desse quadro, a Comissão decidiu exercer um controle mais rigoroso desses programas de ajuda financeira dos governos dos Estados-Membros às suas indústrias. Para a Comissão, segundo relata o Jornal *Folha de São Paulo*, *"o volume aplicado nesses programas - cerca de US$ 51 bilhões ao ano - e os tipos de ajuda ameaçam a unificação monetária e econômica européia e a concorrência em condições de igualdade entre os países"*.[245]

Existem, pois, sérias dúvidas acerca da aplicabilidade ou adequação das exceções previstas no artigo 92 (3) em face do atual contexto da economia mundial, que coloca a Comunidade diante da necessidade (ou tentação) de recorrer a medidas protecionistas para manter sua capacidade competitiva.[246] Como diz *Pappalardo*, *"whereas special measures to favour undertakings in difficulty are certainly justified, the principle that State aids should be temporary,and also not merely conservatory, remains entirely valid: otherwise serious risks could be incurred supporting companies*

---

[243] Cf. Jornal *Folha de São Paulo*, de 04 de maio de 1997, p. 2/5.

[244] *Ibid.*

[245] *Ibid.*

[246] Pode-se argumentar, nesse passo, ser extremamente difícil coibir, ao nível nacional, subsídios destinados à pesquisa e desenvolvimento, freqüentemente tidos como "*sacred cow*" da política comunitária - já que tais programas já operam no âmbito da Comunidade. Como observado por Gilchrist e Deacon ("Curbing Subsidies", *op.cit.*, p. 48), "*the idea of public finance for R & D enjoys strong support in the Community from those who believe it is needed to help Europe catch up with a perceived Japanese and US advantage in high technology*".

whose eventual failure is inevitable".[247] Além disso, um amplo desenvolvimento ou expansão da intervenção estatal, mais cedo ou mais tarde, eliminaria o espírito empresarial.

Vale aduzir, finalmente, que o caráter protecionista inerente a quase todo subsídio estatal não deveria ter o apoio da Comunidade, quer em suas relações internas, quer nas externas. Em nível interno, o alto grau de integração existente entre os Estados-Membros poderia claramente fortalecer a tendência no sentido de se transferir, de um Estado-Membro para outro, dificuldades que cada Estado enfrenta internamente. Em nível internacional, as conseqüências não seriam menos sérias. Deve-se lembrar, como arremata *Pappalardo*, que a Comunidade *"is a net industrial exporter and must remain so, if only because it has insufficient resources or raw materials, and so it can only lose by turning inwards upon itself".*[248] Essa visão só tende a fortalecer, inclusive, o crescente estreitamento das relações comerciais entre a Comunidade e o Mercosul.

[247] Pappalardo, "State Aids and Competition Policy", *op.cit.*, p. 188.
[248] *Ibid.*

6. Conclusões

6.1. O EQUILÍBRIO INSTITUCIONAL COMUNITÁRIO E O CONTROLE DA APLICAÇÃO DAS REGRAS DE CONCORRÊNCIA

Há quem sustente que o fenômeno da globalização da economia estaria provocando um esvaziamento da função dos sistemas legais de controle ou de defesa da livre concorrência. Isso porque, em uma economia aberta, a competição internacional se encarregaria de substituir esses sistemas.

Iniciado bem antes, mas programado para atingir seu apogeu enquanto ainda estiverem se manifestando as conseqüências desse fenômeno, o processo de integração da Comunidade revela exatamente o contrário. Em vez de perderem importância, esses sistemas de controle têm-se tornado cada vez mais necessários, pois, para os governos dos Estados-Membros, tem sido difícil sucumbir à tentação de favorecer ou proteger, de alguma forma, suas empresas domésticas, em claro detrimento dos concorrentes de outros Estados-Membros.

Os Estados-Membros têm, assim, demonstrado uma inexorável tendência no sentido de frustar a aplicação das normas de concorrência. Por isso é que o controle da aplicação dessas normas têm de ser exercido por instituições supranacionais, como a Comissão e, sobretudo, o Tribunal. Trata-se de função que, em nenhuma hipótese, deve ser esvaziada ou conferida aos Estados-Membros.

De um modo geral, os Estados-Membros têm reagido negativamente a quaisquer decisões tomadas pela Comissão que possam limitar seu poder de regular ou intervir em suas respectivas economias. Afinal, essas decisões, quando plenamente corroboradas pelo Tribunal, implicam o nem sempre assimilável reconhecimento de que parte de sua soberania tem de ser transferida para a Comunidade.

Surpreendentemente, essa é ainda, em que pese o estágio avançado do processo de integração da Comunidade, uma questão controvertida e que tem suscitado inúmeras polêmicas. Constata-se aqui uma situação, no mínimo, paradoxal: quanto mais a competência legislativa da Comunidade se expande, mais os Estados-Membros se esforçam para manter suas prerrogativas.

A denominada decisão de *Maastricht* proferida por um tribunal alemão com lastro no princípio da subsidiariedade, que tem provocado tanta preocupação no âmbito da Comunidade, é um reflexo desse esforço. Nos termos dessa decisão, caberá ao Tribunal Federal Constitucional da Alemanha examinar se os atos legislativos emanados dos órgãos e instituições da Comunidade estão em conformidade ou extrapolam os poderes soberanos a ela transferidos.

Além disso, os atos legislativos da Comunidade que, no entendimento de referido tribunal alemão, excederem as competências delineadas no Tratado da União Européia, não terão efeito vinculante naquele Estado-Membro. As implicações dessa decisão do Tribunal Federal Constitucional da Alemanha são profundas, podendo colocar em risco a uniformidade do Direito Comunitário e o próprio futuro da integração.

É justamente em face dessa "disputa pelo poder" que o papel do Tribunal em assegurar um equilíbrio institucional no âmbito da Comunidade, principalmente em matéria de concorrência em que o controle sobre as atividades dos Estados-Membros tendentes ao seu falseamento deve ser exercido com rigor, se torna ainda mais fundamental.

A dificuldade dessa função será justamente a de se criar uma fórmula, sob o Direito Comunitário, que venha a permitir um equilíbrio entre os estragos feitos à livre concorrência pela intervenção dos Estados-Membros e as vantagens dessa intervenção na forma, por exemplo, de proteção social.

6.2. O PROTOCOLO DE DEFESA DA CONCORRÊNCIA DO MERCOSUL: MODELO DE INTEGRAÇÃO COOPERATIVO E CONSENSUAL

Por fim, vale aduzir, que esse modelo de controle da aplicação das regras de concorrência da Comunidade, calcado na delegação de poderes supranacionais às instituições comunitárias, talvez não sirva exatamente para o Mercosul. Com a assinatura do Protocolo de Ouro Preto em 1994, o Mercosul ganhou nítidos contornos de um modelo de integração cooperativo e consensual, abandonando o caminho da supranacionalidade das instituições da Comunidade.

Esse modelo de integração cooperativo e consensual está claramente refletido no Protocolo de Defesa da Concorrência firmado entre os Estados-Membros em dezembro de 1996. Esse Protocolo tem por objeto a defesa da concorrência no âmbito do Mercosul, competindo à Comissão de Comércio e ao Comitê de Defesa da Concorrência aplicá-lo. Trata-se o Comitê de Defesa da Concorrência de um órgão de natureza governamental integrado pelos órgãos nacionais de aplicação do Protocolo em cada Estado-Membro.

Para assegurar a implementação do Protocolo, os Estados-Membros, por meio dos respectivos órgãos nacionais de aplicação, deverão adotar mecanismos de cooperação e consultas no plano técnico "*no sentido de sistematizar e intensificar a cooperação entre os órgãos e autoridades nacionais responsáveis com vistas ao aperfeiçoamento dos sistemas nacionais e dos instrumentos comuns de defesa da concorrência...*". As eventuais divergências relativas à aplicação, interpretação ou descumprimento das condições estabelecidas no Protocolo serão resolvidas por mecanismos de arbitragem, na forma do Protocolo de Brasília para a Solução de Controvérsias, celebrado em 1991.

Bibliografia

ACCIOLY, Elizabet. *Mercosul & União Européia (estrutura jurídico-institucional)*. Curitiba: Juruá Editora, 1996.

ALEXANDER, W. *The EEC Rules of Competition*. Londres: Kluver Harrap Handbooks, 1973.

ALLOT, P. "The European Community is not the true European Community". [1991] vol. 100, n.8, *YLJ*.

ALMEIDA, Paulo Roberto. *O Mercosul no contexto regional e internacional*. São Paulo: Aduaneiras, 1993.

——. "Mercosul e União Européia: Vidas Paralelas?", *in Boletim de Integração Latino Americana*, nº 14, Brasília, Ministério das Relações Exteriores, julho/setembro, 1994.

ANDRIESSEN, F. "The Role of Anti-Trust in the face of economic recession: State aids in the EEC", [1983] 4 *ECLR*.

ARMIN TREPTE, P. "Article 90 and service monopolies", [1991] *ULR*.

BAEL, I.; BELLIS, JF. *Competition Law of the EEC*, 2ª ed. Reino Unido: CCH Editions Limited, 1990.

BAPTISTA, Luiz Olavo. *et al*, *Mercosul: das negociações à implantação*. São Paulo: LTr, 1994.

——. "Impacto do Mercosul sobre o Sistema Legislativo Brasileiro", *in Mercosul: das negociações à implantação*, org. Luiz Olavo Baptista *et al*, São Paulo, LTr, 1994.

—— (coord.). *Mercosul: a estratégia legal dos negócios*. São Paulo: Maltese, 1995.

——. "As instituições do MERCOSUL: comparações e prospectiva", *in O Mercosul em movimento (Série Integração Latino-Americana)*, Deisy de Freitas Lima Ventura, org., Porto Alegre: Livraria do Advogado Editora, 1995.

——. "OMC: Canadá v. Brasil", relatório analítico (PROEX/ EMBRAER), preparado em 1997.

BARAV, A.; WYATT, D. (org.). *Yearbook of European Law*. Oxford: Clarendon Press, 1992.

BARBOSA, Rubens Antonio. *América Latina em Perspectiva: a integração regional da retórica à realidade*. São Paulo: Aduaneiras, 1991.

BAROUNOS, D.; HALL, D.F.; RAYNER JAMES, F., *EEC Anti-Trust Law*. Londres: Butterworths, 1975.

BASSO, Maristela, (org.). *Mercosul: seus efeitos jurídicos, econômicos e políticos nos Estados-Membros*. Porto Alegre: Livraria do Advogado, 1995.

——. "Livre circulação de mercadorias e a proteção ambiental no Mercosul", *in Mercosul: seus efeitos jurídicos, econômicos e políticos nos Estados-Membros*. Porto Alegre: Livraria do Advogado, 1995.

BATES, J.(org.) e outros. *In Memoriam J.D.B.Mitchell*. Londres: Sweet & Maxwell, 1983.

BELLAMY, C. W.; CHILD, G. D. *Common Market Law of Competition*, 3ª ed. Londres: Sweet & Maxwell, 1987.

——; ——. *Common Market Law of Competition (first supplement to the third edition)*, Londres: Sweet & Maxwell, 1991.

BENTIL, J. K. "Common Market Anti-Trust Law and Restrictive Business Agreements or Practices prompted by national regulatory measures", [1988] *ECLR*.

BESELER, J. F.; WILLIANS, A. N. *Anti-dumping and Anti-Subsidy Law: the European Communities*. Londres: Sweet & Maxwell, 1986.

BOOM, S. J. "The European Union after the Maastricht decision: is Germany the 'Virginia of Europe'?", Harvard Law School, 1995.

BOURGEOIS, J. H. J. "Regras Multilaterais de Concorrência: ainda uma busca do Santo Graal?", *in Contratos Internacionais e Direito Econômico no Mercosul*, org. Paulo B. Casella *et al*, LTr, 1996.

BREALEY, M.; QUIGLEY, C. *Completing the Internal Market of the European Community (1992 handbook)*, Londres/Dordrecht/Boston: Graham & Trotman, 1989.

BROTHWOOD, M. "Equal Treatment of Public and Private Enterprises", *in Federation pour le Droit European (rapport du 8me Congrès 22-24 Juin 1978/vol.2)*, Copenhague, 1978.

——; DERINGER, A. "Definition of the four terms relating to undertakings used in Article 90: Identification of undertakings in the United Kingdom falling within the definitions", *Federation pour le Droit European (rapport du 8me Congrès 22-24 Juin, 1978/vol. 2)*, Copenhague, 1978.

——. "The Commission Directive on Transparency of Financial relations between Member States and Public Undertakings", [1981] 18 *CMLRev*.

BROWN, J.; ROBERT, G. "The European Economic Area: how important is it?", [1992] 11 *European Intellectual Property Review*.

BROWN, L. N. *The Court of Justice of the European Communities*, 3ª ed. Londres: Sweet & Maxwell, 1989.

CALINGAERT, M. *The 1992 Challenge from Europe: Development of the European Community's Internal Market*. Washington: National Planning Association, 1989.

CAMPBELL, A. "The SEA and its implications", [1986] 35 *International Comparative Law Quarterly*.

CAMPOS, R. "As siglas perigosas", *Jornal Folha de São Paulo (17/03/96)*.

CAPOTORTI, F. *et al*, org., *Du Droit International au Droit de l'integration: Liber Amicorum Pierre Pescatore*. Baden-Baden: Nomosverlagesellschaft, 1987.

CARTOU, L. *Communautés Européennes*, 10ª ed. Paris: Dalloz, 1991.

CASELLA, P. B. *Comunidade Européia e seu Ordenamento Jurídico*. São Paulo: LTr, 1994.

——. *et al*, org., *Contratos Internacionais e Direito Econômico no Mercosul*. São Paulo: LTr, 1996.

CASPARI, M. "The aid rules of the EEC Treaty and their application", *in Discretionary Powers of Member States in the field of Economic Policies and their limits under the EEC Treaty (contribution to an international colloquium of the European University Institut held in Florence on 14-15 May, 1987)*, ed. por Jürgen Schwarze. Baden-Baden: Nomosverlagsgesellschaft, 1988.

CECCHINI, P. *The European Challenge 1992 (the benefits of a Single Market)*. Reino Unido: Wilwood House Limited, 1988.

CLARK-JACK, S.; JACOBS, D. M. *Competition Law in the European Community*, 2ª ed. Londres: Kogan Page, 1992.

COELHO, Fabio U. *Direito Antitruste Brasileiro*. Saraiva: São Paulo, 1995.

COLEMAN, M. "European Court provides key to open public utilities to competition", [1991] *ULR*.

COLLINS, W. D., "The Coming of Age of EC Competition Policy", [1992] 17 *YJIL*.

CONSTANTINESCO, V. "L'article 5 CEE, de la bonne foi à la loyaté communautaire", *in Du Droit International au Droit de L'integration: Liber Amicorum Pierre Pescatore*, org. por F. Capotorti *"et al"*, Baden-Baden: Nomosverlagsgesellschaft, 1987.

——. "Who's afraid of Subsidiarity?, *in Yearbook of European Law*, org. A . Barav e D.A. Wyatt. Oxford: Clarendon Press, 1992.

COSTA, L. M. *OMC: manual prático da Rodada Uruguai*. São Paulo: Saraiva, 1996.

COWNIE, F. "State Aids in the Eighties", [1986] 11 *ELRev.*.

CUNNINGHAM, J. P., *The Competition Law of the EEC: a practical guide (supplement to September 13, 1975)*. Londres: Kogan Page, 1975.

CURTIN, D., "The Decentralized Enforcement of Community Law Rights: judicial snakes and ladders", *in Constitutional Adjudication in European and National Law (essays for the Hon. Mr. Justice T.F.O' Higgins)*, org. Deirdre C. e David O. K. Irlanda: Butterworths, 1992.

DASHWOOD, A. "Preliminary rulings on the EEC State aid provisions" (Note on Cases 7/76 e 78/76), [1977] 2 *ELRev.*.

DE HOUSE, "1992 and beyond: the institutional dimension of the internal market programme", [1989], *Legal Issues of European Integration*.

DENOZZA, F. *Antitrust: leggi antimonopolistiche e tutela dei consumatori nella CEE e negli USA*. Bologna: Mulino, 1988.

DERINGER, A. *The Competition Law of the European Economic Community (a commentary on the EEC rules of competition (articles 85 to 90) including the implementing Regulations and Directives*). Chicago: Estados Unidos, Commerce Clearing House, Inc., 1968.

DUBOIS, J. P. *La position dominante et son abus (dans l'article 86 du Traité de la CEE)*. Paris: Librairies Techniques, 1968.

EASSON, A. J. *The Law and Policy in the EEC*. LONDRES: Sweet & Maxwell, 1980.

ECLR. "An extension of the Commission's jurisdiction in State aids?" (editorial), [1984] *ECLR*.

EDWARD, D. "The impact of the Single Act on the institutions", [1987], 24 *CMLRev.*.

EHLERMANN, C. D., "The Internal Market following the Single European Act", [1987] 24 *CMLRev.*.

——. "The Contribution of EC Competition Policy to the Single Market", [1992] 29 *CMLRev.*.

EMILIOU, N. "Subsidiarity: an effect barrier against 'the enterprises ambition'", [1992] 17 (vol. 5) *ELRev.*.

EVANS, A.; MARTIN, S. "Socially acceptable distortion of competition: Community policy on State aid", [1991] 16 *ELRev.*.

FARIA, J. A. E. *O Mercosul: princípios, finalidades e alcance do Tratado de Assunção (apr. e rev. final de P.R. de Almeida)*. Brasília: MRE/SGIE/NAT, 1993.

FARIA, J. E. (org.). *Direito e Globalização Econômica: implicações e perspectivas*. São Paulo: Malheiros, 1996.

FARIA, W. R. *Constituição econômica, liberdade de iniciativa e de concorrência*. Porto Alegre: Fabris, 1990.

FIDLER, D. P. "Competition Law and International Relations", [1992] vol. 41, parte 3, *ICLQ*.

FLYNN, J., "State Aid and Self-Help", [1983] 8 *ELRev.*.

——. "State aids: recent case law of the European Court", [1987] 12 *ELRev.*.

——. "How will Article 100 (a) (4) work? A comparison with Article 93", [1987] 24 *CMLRev.*.
FRANCESCHINI, J. I. G. *Introdução ao Direito da Concorrência*. São Paulo: Malheiros Editores, 1996.
FRAZER, T. "Competition Policy after 1992: the next step", [1990] 53 *MLR*.
FREEMAN, P. Whish, R., org., vol. II, Division VIII, *Butterworths Competition*. Londres, 1992.
GARLAND, M. B. "Anti-trust and State action: economic efficiency and the political process", [1987] vol. 96, n.3, *YLJ*.
GERBER, D. J., "Constitutionalizing the Economy: German Neo-Liberalism, Competition Law and the 'New' Europe", [1994] 42 *American Journal of Comparative Law*.
GILCHRIST, J.; DEACON, D. "Curbing Subsidies", *in European Competition Policy*, org. Peter Montagnon, Londres, The Royal Institute of International Affairs, 1990.
GILMOUR, D. R. "The enforcement of Community Law by the Commission in the context of State Aids: the relationship between Article 93 and 169 and the choice of remedies", [1988] 18 *CMLRev.*.
GOH, J. "Enforcing EC Competition Law in Member States", [1993] 3 *ECLR*.
GOULENE, Alain. "Supranacionalidade da Justiça: efetividade da integração econômica regional e proteção dos direitos subjetivos", *in Contratos Internacionais e Direito Econômico no Mercosul*, org. Paulo Borba Casella *et al*. São Paulo: LTr, 1996.
GOYDER, D. G. *EEC Competition Law*, 1ª ed. Oxford: Clarendon Press, 1988.
——. *EC Competition Law*, 2ª ed. Oxford: Clarendon Press, 1993.
GRAUPNER, R. *The rules of competition in the European Community (a study of the substantive law on a comparative basis)*, the Hague, Holanda, Martius Nijhoff, 1965.
GREEN, N.; HARTLEY, T. C.; USHER, J. A. *The Legal Foundations of the Single European Market*. Oxford: Oxford University Press, 1991.
GYSELEN, L. "State Action and the effectiveness of the EEC Treaty's Competition Provisions", [1989] 26 *CMLRev.*.
——. "Note on Cases C-179/90 and C/18-88", [1992] 29 *CMLRev.*.
GUEDES, J. M. M. M; PINHEIRO, S. M. *Subsídios e Medidas Compensatórias*, 1ª ed. São Paulo: Ed. Aduaneiras, 1993.
HANCHER, L.; SLOT, P. J., "Article 90", [1990] 1 *ECLR*.
HARTLEY, T. C. *The Foundations of European Community Law*, 2ª ed. Oxford: Clarendon Press, 1988.
HELLINGMAN, K. "State Participation as State aid under Article 92 of the EEC Treaty: the Commission's Guidelines (1986)", 23 *CMLRev.*.
HOBSBAWN, Eric. *A Era dos Extremos: o breve século XX (1914-1991)*. São Paulo: Companhia das Letras, 1995.
HOFFMAN, A. B., "Anti-competitive State legislation condemned under Articles 5, 85 and 86 of the EEC Treaty: how far should the Court go after Van Eycke?", [1991] 1 *ECLR*.
HONIG, F.; BROWN, W. J.; CLEISS, A.; HIRSCH, M. *Cartel Law of the European Economic Community*. Londres: Butterworths, 1963.
HORNSBY, S. B. "Competition Policy in the 80's: more policy less competition", [1987] 12 *ELRev.*
HUNNINGS, N. M. "State Aids", [1981] *JBL*.
HURNITZ, L.; LEQUÈSNE, C., (org.). *The State of the European Community: Policies, Institutions and Debates in the Transition Years*, Estados Unidos/Reino Unido: Lynne Rienner Publishers-Longman, 1991.
JOLIET R. "National Anti-competitive Legislation and Community Law", [1989] *FCLI*.

JORDAN, J. "The Compatibility of regional aid systems with the Common Market", [1976] *ELRev.*.

KEEFE, D. O., "The Agreement on the European Economic Area", [1992] *Legal Issues of European Integration.*

KERSE, C. S. *EEC Antitrust Procedure,* 2ª ed. Londres: European Centre Ltd., 1988.

KOOPEMANS, T. "The Role of Law in the next stage of European Integration", [1986] 35 *International Comparative Law Quarterly.*

——. "The Future of the Court of Justice of the European Communities", *in Yearbook of European Law,* org. A. Barav e D.A. Wyatt. Oxford: Clarendon Press, 1992.

KORAH, V. *An Introductory Guide to EEC Competition Law and Practice,* 4ª ed. Oxford: ESC Publishing Limited, 1990.

LAFER, C. *Desafios: ética e política.* São Paulo: Siciliano, 1995.

LASOK, P. "State aids and Remedies under EEC Treaty", [1986] *ECLR.*

——. "The Commission's powers over illegal State Aids", [1990] 3 *ECLR.*.

LINTNER, V.; MAZEY, S. *The European Community: economic and political aspects.* Londres: MacGraw-Hill Book Company, 1991.

LIPOVETZKY, J. C.; LIPOVETZKY, D. A. *Mercosul: Estratégias para a integração.* São Paulo: LTr., 1994.

MAITLAND-WALKER, J., (org.). *Towards 1992 - The Development of International Anti-trust.* Oxford: ESC Publishing Limited, 1989.

——. "The Unacceptable face of politics in competition cases" (editorial), [1991] 1 *ECLR.*

MARENCO, G. "Public Sector and Community Law", [1982] *CMLRev.*

——. "Measures Étatiques et liberté de concurrence", [1984] 20 *RTDE.*

——. "Le Traité CEE interdit-il aux États Membres de restreindre la concurrence?", [1986] 22 *CDE.*

——. "Competition between national economies and competition between business - a response to Judge Pescatore", [1987] 10 *FILJ.*

MATHIJSEN, P. "Egalité de Traitement des Enterprises dans le Droit des Communautés Européennes", *in Egalité de traitement des enterprises publiques et privées,* (8me Congrès pour le Droit Europeen (FIDE) (vol. 2)), Copenhague, 1978.

——. "The Role of Regional Policy in the European Economic Integration Process, *in Memoriam J.D.B. Mitchell,* org. John Bates *et al,* Londres, Sweet & Maxwell, 1983.

MATTERA, V. "Les Nouvelles Formes du Protectionisme Économique e les articles 30 et suivants du Traité CEE, [1987] *RMC.*

MÉGRET, J. *et al. Le Droit de la Communauté Economique Européenne.* Bruxelas: Ed. de l' Université de Bruxelles, 1972.

MELLO, C. A. *Direito Internacional da Integração.* Rio de Janeiro: Renovar, 1996.

MORSE, G. "Article 95 EEC: the scope of discrimination" (Note on Case 74/76) [1977] 2 *ELRev.*

NAFTEL, J. M. "The Natural Death of a Natural Monopoly: Competition in EC Telecommunications after the Telecommunications Terminals Judgement", [1993] 3 *ECLR.*

NEWMAN, K., (org.). "Current Developments on European Community Law", [1992] vol. 41, parte 3, *International Comparative Law Quarterly.*

PAGE, A. C. "The new Directive on transparency of financial relations between Member States and public undertakings", [1985] 5 *ELRev.*

——. "Member States, Public Undertakings and Article 90", [1990] 7 *ELRev.*

PAPPALARDO, A. "State Aids and Competition Policy", *in Memoriam J.D.B. Mitchell,* org. por J. Bates *et al.* Londres: Sweet & Maxwell, 1983.

——. "Government Equity Participation under the EEC rules on State aids: recent developments", [1988] 11 *FILJ*.

——. "State Measures and Public Undertakings: Article 90 of the EEC Treaty Revisited", [1991] 1 *ECLR*.

PAULIS, E. "Les États peuvent-ils enfreindre les Articles 85 et 86 du Traité CEE?", [1985] 104 *JT*.

PESCATORE, P. "Some critical remarks on the 'Single European Act'", [1987] 24 *CMLRev*.

——. "Public and Private aspects of European Community Competition Law", [1987] 10 *FILJ*.

PLATTEAU, K. "Article 90 EEC Treaty after the Court judgement in Telecommunications Terminal Equipment Case", [1991] 3 *ECLR*.

QUIGLEY, C. "The notion of State Aid in the EEC", [1988] 13 *ELRev*..

RASMUSSEN, H. *On law and policy in the European Court of Justice: a comparative study in judicial policy making*. Dordrecht: Martinus Nijhoff Publishers, 1986.

——. "Between Self-restrain and Activism": a judicial policy for the European Court", [1988] 13 *ELRev*.

REICH, N. "The 'November Revolution' of the European Court of Justice: Keck, Meng, and Audi Revisited", [1994] 31 *CMLRev*..

RICUPERO, Rubens. *Visões do Brasil (ensaios sobre a história e a inserção internacional do Brasil)*. Rio de Janeiro/São Paulo: Ed. Record, 1995.

RILEY, A. J. "More radicalism, Please: the notice on co-operation between National Courts and Commission in applying Articles 85 and 86 of the EEC Treaty", [1983] 3 *ECLR*.

ROSS, M. "Challenging State Aids: the effect of recent developments", [1986] 23 *CMLRev*..

——. "A Review of Developments in State Aids 1987-88", [1989] 26 *CMLRev*.

SADURSKA, R. "Reshaping Europe - or how to keep poor cousins in (their) home: a comment on the transformation of Europe", [1991] vol. 100, nº 8, *YLJ*.

SCHINA, D. *State Aids under the EEC Treaty (Articles 92 to 94)*. Oxford: ESC Publishing Limited, 1987.

SCHWARZE, J., (org.). *Discretionary Powers of the Member States in the field of Economic Policies and their limits under the EEC Treaty (contribution to an international colloquium of the European University held in Florence on 14-15 May, 1987)*. Baden-Baden: Nomosverlagsgesellschaft, 1988.

SHARPE, T., "Unfair Competition by public support of private enterprises", [1979] vol. 95, LQR, 205.

SINGLETON, E. S. *Introduction to Competition Law*. Londres: Pitman Publishing, 1992.

SLOT, P. J. "The application of articles 3 (f), 5 and 85 to 94 EEC", [1987] 12 *ELRev*..

——. "Procedural aspects of State aids: the guardian of competition *versus* the subsidy villains", [1990] 27 *CMLRev*..

——. "Note on Cases C-202/88, C-41/90 and C-260/89", [1991] 28 *CMLRev*.

SLYNN, G. "The Court of Justice of the European Communities", [1984] 33 *ICLQ*.

SNYDER, F. "Ideologies of Competition in European Community Law", [1989] 52 *MLR*.

SOARES, Guido F. S. "MERCOSUL - Órgãos Legisladores e Administrativos" (estudo encaminhado em maio de 1993, ao Governador André Franco Montoro, Presidente do Instituto Latino-Americano de São Paulo, ILAM, sob o contrato PNUD).

SOARES, Guido F. S. "A atividade Normativa do Mercosul, nos Dois Primeiros Anos de Vigência do Tratado de Assunção: um Balanço Positivo?", *in Boletim de Integração Latino-Americana*, nº 12 - MRE/SGIE/NAT.

STEINER, J. *Textbook on EEC Law*, 3ª ed. Londres: Blackstone Press Limited, 1992.

THORSTENSEN, V. *Comunidade Européia*, 1ª ed. São Paulo: Brasiliense, 1992.

TREPTE, P.A. "Article 90 and service monopolies", [1991] *ULR*.

USHER, J. "Challenging Commission State aid decisions", [1981] *JBL*.

VAN BAEL, I.; BELLIS, J. F., *Competition Law of the EEC*, 2ª ed. Reino Unido: CCH Editions Limited, 1990.

VAN DER ESCH, B. "The system of undistorted competition of article 3 (f) of the EEC Treaty and the duty of Member States to respect the central parameters thereof", [1988] 11 *FILJ*.

VANDENCASTEELE, A. "Libre concurrence et intervention des Etats dans la vie économique", [1979] 15 *CDE*.

VAZ, I. *Direito Econômico da Concorrência*. Rio de Janeiro: Forense, 1993.

VERSTRYNGE, J. F. "Current Anti-Trust Policy Issues in the EEC: some reflections on the second generation of Competition Policy", [1984] *FCLI*.

——. "The Obligations of Member States as regards competition in the EEC Treaty, [1988] *FCLI*.

WAELBROECK, D. "Application des règles de concurrence du Traité de Rome à l'autorité publique", [1987] 303 *RMC*.

WAELBROECK, M. "Les rapports entre les règles sur la libre circulation des merchandises et les règles de concurrence applicables aux enterprises dans la CEE", *in Du Droit International au Droit de L' Integration: Liber Amicorum Pierre Pescatore*, org. F. Capotorti, *et al*. Baden-Baden: Nomosverlagsgesellschaft, 1987.

WAINWRIGHT, R.; JESSEN, A. C. "Recent Developments in Community Law on Telecommunications", *Yearbook of European Law*, org. A. Barav e D.A. Wyatt, Clarendon Press, Oxford, 1992.

WALLACE, H. "The Council and the Commission after the Single European Act", *in The State of the European Community: Policies, Institutions and Debates in the Transitions years*, org. Leon Hrwitz e Christian Lequèsne, Estados Unidos/Reino Unido, Lynne Riennen Publishers/Longman, 1991.

WEATHERILL, S. *Cases and Law Materials on EEC Law*. Londres: Blackstone Press Limited, 1992.

——.; BEAUMONT, P. *EC Law: the essencial guide to the legal workings of the European Community*, Londres, Penguin Books, 1993.

WEILER, J. H. H. "The transformation of Europe", [1991] *The YLJ*, vol. 100, nº 8.

WHEELER, S. "Note on Case C-202/88, [1992] 17 *ELRev.*.

WHISH, R. *Competition Law*. Londres/Edimburgo: Butterworths, 1989.

WOUDE, M. "Article 90: Competing for Competence", [1992] *ELRev. (Competition Check List 1991)*.

——; JONES, C.; LEWIS, X. *EEC Competition Law Handbook - 1992 Edition*. Londres: Sweet & Maxwell, 1992.

WYATT, D.; DASHWOOD, A. *The Substantive Law of the EEC*, 1ª ed. Londres: Sweet & Maxwell, 1987.

——; ——. *European Community Law*, 3ª ed. Londres: Sweet & Maxwell, 1993.

Jurisprudência do Tribunal

(Ordem Alfabética)

Ahmed Saeed Flugreisen e Silverline Reisebüro GmbH v Zentrale zur Bekämpfung unlauteren Wettbewervs C.V, Caso 66/86, [1989] *ECR* 803.

A. Ashlström Oy v Comissão (Wood Pulp), Casos 89, 104, 114, 116-17, 125-9/85, [1988] 4 *CMLR* 901.

Alemanha v Comissão, Caso 84/82, [1984] *ECR* 1451.

Alemanha v Comissão, Caso 248/84, [1987] *ECR* 4013.

Amministrazione delle Finanze dello Stato v Denkavit Italiana SRL, Caso 61/79, [1980] *ECR* 1205.

Amministrazione delle Finanze dello Stato v Simmenthal, Caso 106/77, [1978] *ECR* 629.

Association des Centres Distributeurs Édouard Leclerc and Others v Sàrl "Au blé vert" e Outros, Caso 229/83, [1985] *ECR* 1.

Beguelin Import v GL Import Export, Caso 22/71, [1971] *ECR* 949.

Bélgica v Comissão, Caso 40/85,[1986] *ECR* 2321.

Bélgica v Comissão, Caso C-142/87, [1990] I *ECR* 959.

Bélgica v Comissão, Caso 234/84, [1986] *ECR* 2263.

Belgische Radio en Televisie e Société Belge des Auteurs, Compositeurs et Éditeurs v SV SABAM e NV Fonior, Caso 127/73, [1974] *ECR* 313.

Benedetti v Munari, Caso 52/76,[1977] *ECR* 163.

British Aerospace Plc e Rover Group Holdings Plc v Commissão, Caso C-292/90, [1992] 1 *CMLR* 853.

Bundesanstalt für den Gütterfernverkehr v Gebrüder Reiff GmbH & Co. KG, Caso C-185/91, [1995] 5 *CMLR* 145.

Bureau National Interprofessionnel du Cognac v Guy Clair, Caso 123/83, [1985] *ECR* 391.

Bureau National Interprofessionnel du Cognac v Yves Aubert, Caso 136/86,[1988] 4 *CMLR* 331.

Comissão v Alemanha, Caso 70/72, [1973] *ECR* 813.

Comissão v França, Casos 6 e 11/69, [1969] *ECR* 523.

Comissão v França, Caso 290/83, [1985] *ECR* 439.

Comissão v Grécia, Caso 226/87, [1988] *ECR* 3611.

Comissão v Irlanda ("Buy Irish"), Caso249/81,[1983] *ECR* 4005.

Comissão v Itália, Caso 73/79, [1980] *ECR* 1533.

Comissão v Itália, Caso 203/82, [1983] *ECR* 2525.

Comissão v Itália, Caso 103/84, [1987] 2 *CMLR* 825.

Comissão v Itália, Caso 118/85, [1987] *ECR* 2599.

Coöperatieve vereniging "Suiker Unie" VA e Outros v Comissão, Casos 40 a 48, 54 a 56,111, 113 e 114/73,[1975] *ECR* 1663.

Capolongo v Maya, Caso 77/72, [1973] *ECR* 611.
Corinne Bodson v Pompes Funèbres des Regions Liberées SA, Caso 30/87, [1989] 4 *CMLR* 560.
Costa v ENEL, Caso 6/64, [1964] *ECR* 585.
Deufil GmbH & Co.KG v Comissão, Case 310/85, [1988] 1 *CMLR* 553.
Dip SpA e Comune di Bassano del Grappa, LIDL Italia Srl e Comune di Chioggia, Lingral Srl e Comune di Chioggia, Casos Conjuntos C-140/94, C-141/94 e C-142/94, julgamento de 17 de outubro de 1995.
Elliniki Radiophonia Tiléorassi-Anonimi Etairia v Dimotiki Etairia Pliroforissis (DEP) e Outros, Caso C-260/89, [1994] 4 *CMLR*. 540.
European Sugar Industry, in Official Journal of the European Communities, 1973, L140/17.
Europemballage e Continental Can v Comissão, [1973] *ECR* 215.
Executif Regional Wallon v Comissão, Casos 62 e 72/87, [1988] *ECR* 1573.
Fabricants Raffineurs d'Huile de Graissage v Interhuiles, Caso 172/82, [1983] *ECR* 555.
FNCEPA v Comissão, Caso C-354/90, julgamento de 21 de novembro de 1991.
França v Comissão, Caso 47/69, [1970] *ECR* 487.
França v Comissão, Caso 102/87, [1988] *ECR* 4067.
França v Comissão, Caso C-301/87, [1990] I *ECR* 307.
França, Itália e Reino Unido v Comissão, Casos 188 a 190/80, [1982] *ECR* 2545.
Giuseppe Sacchi, Caso 155/74, [1974] *ECR* 409.
Grécia v Comissão, Case 57/86, [1988] *ECR* 2875.
Heintz van Landewyck Sàrl e Outros v Comissão ("Fedetab"), Casos 209 a 215 e 218/78, [1980] *ECR* 3125.
Henri Cullet and Chambre Syndicale des Réparateurs Automobiles et Détaillants de Produits Pétroliers v Centre Leclerc Toulose e Centre Leclerc Saint-Orens-de-Gameville, Caso 231/83, [1985] *ECR* 305.
ICI v Comissão, Caso 48/69, [1971] *ECR* 619.
Internationale Handelsgesellschaft v Einfuhr-und Vorrastsstelle für Getreide und Futtemittel, Caso 11/70, [1970] *ECR* 1125; [1972] *CMLR* 255.
Intermills v Comissão, Caso 323/82, [1984] *ECR* 3809.
Itália v Comissão, Caso 48/71, [1972] *ECR* 527.
Itália v Comissão, Caso 173/73, [1974] *ECR* 709.
Itália v Comissão ("British Telecommunications"), Caso 41/83, [1985] *ECR* 873.
Itália v Comissão, Caso C-303/88, [1991] I *ECR* 1433.
Itália v Comissão, Caso 261/89, julgamento de 3 outubro de 1991.
Itália v Comissão, Caso C-305/89, [1991] I *ECR* 1603.
Jan van de Haar and Kaveka de Meern BV, Casos 177 e 178/82, [1984] *ECR* 1797.
Klaus Höfner e Fritz Elsner v Macroton GmbH, Caso C-41/90, [1992] *ECR* I 1979;[1993] 4 *CMLR* 306.
Kwekerij Gebroeders van der Kooy BV v Comissão, Casos 67,68,70/85, [1988] *ECR* 219.
Meng, Caso C-185/91, julgamento de 17 de novembro de 1993.
Merci Convenzionali Porto di Genova SpA v Siderurgica Gabrielli SpA, Caso C-179/90, [1991] *ECR* I-5889; [1994] 4 *CMLR* 422.
Ministère Publique v Lucas Asjes e Outros, Andrew Gray e Outros, Jacques Maillot e Outros e Léo Ludwig e Outros, Casos Conjuntos 209 a 213/84, [1986] *ECR* 1425.
Ministère Publique of Luxembourg v Madeleine Hein, née Müller, e Outros, Caso 10/71,[1971] *ECR* 723.
Netherlands and Leeuwarder Papierenfabrik v Comissão, Casos 296 e 318/82, [1985] *ECR* 809.

Holanda, Koninklijke PTT Nederland NV e PTT Post BV v Commissão ("Dutch Courier Services"), Casos C-48 and 66/90, julgamento de 12 fevereiro de 1992.

Norddeutsches Vieh-und Fleischkontor v Balm, Casos 213-215/81, [1982] *ECR* 3583.

NVGB-INNO-BM v Vereniging van de Kleinhandelaars in Tabak (ATAB), Caso 13/77, [1977] *ECR* 2114.

NV Pascal Van Eycke v ASPA NV, Caso 267/86,[1988] *ECR* 4769.

Ohra, Caso C-245/91, julgamento de 17 de novembro de 1993.

Openbaar Ministerie of the Netherlands v Van Tiggele, Caso 82/77, [1978] *ECR* 25.

Paola Faccini Dori v Recreb Srl, Caso C-91/92, [1994] *ECR* I- 3325.

Paul Corbeau, Caso C-320/91, julgamento de 19 de maio de 1993.

Philip Morris Holland BV v Comissão, Caso 730/79, [1980] *ECR* 2671.

Prantl, Caso 16/83, [1984] *ECR* 1299.

Pubblico Ministero v Flavia Manghera e Outros, Caso 59/75, [1976] *ECR* 91.

Pubblico Ministero v Sail, Caso 82/71, [1972] *ECR* 119.

Régie des Télégraphes et des Téléphones v SA "GB-Inno-BM", Caso C-18/88, julgamento de 13 de dezembro de 1991.

Rijn-Schelde-Verolme(RSV) Machine Fabrieken en Scheepswerven NV v Comissão, Caso 223/85, [1987] *ECR* 4617.

Sloman Neptun Schiffahrts AG e Seebetriebsrat Bodo Ziesemer der Sloman Neptun Schiffahrts AG, Casos conjuntos C-72/91 e C-73/91, julgamento de 17 de março de 1993.

Steenkolenmijnen v High Authority, Caso 30/59, [1961] *ECR* 1.

Steinike und Weinlig v Alemanha, Caso 78/76, [1977] *ECR* 595.

Stiching Sigarettenindustrie e Outros (SSI) v Comissão, Casos 240 a 242,261,262,268 e 269/82, [1985] *ECR* 3831.

Telecommunications Terminal Equipment: França (Itália, Bélgica, Alemanha e Grécia intervenientes) v Comissão, Caso C-202/88, [1992] 5 *CMLR* 552.

United Brands v Comissão, Casi 27/76, [1978] 207 *ECR* 277.

Van Gend en Loos v Nederlandse Administratie der Belastingen, [1963] *ECR* 1.

Volk v Vervaecke, Caso 5/69, [1969] *ECR* 295.

VZW Vereniging van Vlaamse Reisbureaus v VZW Sociale Dienst van de Plaatselijken en Gewestelijke Overheidsdiensten, Caso 311/85, [1987] *ECR* 3801.

Wilhelm v Bundeskartellant, Caso 14/68, [1969] *ECR* 1.

Züchner v Bayerische Vereinsbank, Caso 172/80, [1981] *ECR* 2021.

Tribunal de Primeira Instância

(Ordem Alfabética)

BBC v Commissão, Caso T-70/89, [1991] 4 *CMLR* 669.

Independent Television Publications Limited v Comissão (Magill TV Guide interveniente), Caso T-76/89, [1991] 4 *CMLR* 745.

Radio Telefis Eireann v Commission(Magill TV Guide Limited interveniente), Caso T-69/89, [1991] 4 *CMLR* 586.

Rua Waldomiro Schapke, 77
Porto Alegre - RS
Fone: (051) 336.2466
Fax: 336.0422